# 산 보는 법 혈 찾는 법

권재주 지음

백산출판사
BAEKSAN Publishing

**지산(池山) 권재주(權在珠)**

1936년 경북 상주군 공검 출생

- 홍역학회 "대산 김석진 선생" 주역 3년 사사
- 한국자연지리학회 "금호 신광주 선생" 풍수지리 3년 사사
- 이수학회 "수강 유종근 선생" 풍수지리 12년 사사
- "양백당 문상호 선생" 한학 6년 사사
- 온지학회 "일평 조남권 선생" 한학 2년 사사
- 1998년 10월 11일자 〈일요저널〉 "명인 열전 72" 칼럼 중 『명당은 후손에게 미립자로 영향을 미친다』 기사화
- 『산 보는 법 혈 찾는 법』 표제로 출판
- 현재/ 후학(後學) 양성(개인 지도), 묘지 감정, 산 보는 법, 혈 찾는 비법, 신장(新葬), 이장, 개장, 비보법, 수맥, 건물 감정, 택지론, 가상론, 건물 배치, 내부 구조, 증축, 개축법, 기타

산 보는 법 혈 찾는 법

인　쇄/ 2008년 5월 25일
발　행/ 2008년 5월 30일

저　자/ 권재주
발행인/ 진욱상
발행처/ 백산출판사
주　소/ 서울시 성북구 정릉3동 653-40
대표전화/ 02)914-1621, 917-6240, FAX/ 02)912-4438
등록번호/ 제1-72호. 등록일/ 1974년 1월 9일

- Homepage/ www.baek-san.com
- E-mail/ edit@baek-san.com

ISBN/ 978-89-6183-072-0

**값 30,000원**



**저자연락처: 031-914-0164**

# 머리말

발췌(拔萃)나 모방(模倣)을 하지 않고 독창적(獨創的)으로 책(冊)을 만들려고 하니 마음이 더욱 겸허(謙虛)해진다.

풍수지리(風水地理)에 관한 글을 쓰기가 참으로 조심스럽다. 천지(天地) 자연(自然)이 오로지 사람들만을 위해 오곡백과(五穀百果), 금수초목(禽獸草木)을 생육하여 식용(食用) 및 약용(藥用)으로 쓰이도록 마련해 놓았다.

살아서는 길지(吉地)에서 삶을 풍요(豊饒)롭고 건강하도록해 주고, 죽어서는 천진지보(天珍地寶), 즉 하늘의 보배요 땅의 보배인 진혈(眞穴)을 비장(秘藏)해 놓았다. 진혈에 안장(安葬)하면 오래도록(數百年) 생골(生骨)로서 잘 보존(保存)될 뿐 아니라 자손(子孫)들까지 번창하도록 만들어 놓았다. 살아서나 죽어서나 사람들에게만 많은 혜택을 부여(賦與)했다. 이 얼마나 하늘과 땅에 감사해야 할지 모를 일이다.

풍수지리학(風水地理學)은 너무 난해(難解)하여 서자서(書自書) 산자산(山自山), 즉 글 따로 산 따로 배워야 하기 때문에 더욱 어렵다. 천하만물(天下萬物)들의 생성원리(生成原理)가 미물

(微物)에서 사람에 이르기까지 음양배합(陰陽配合)으로 이루어지지 않은 것이 없다. 이와 같이 '명당자리'도 산(陰)과 물(陽)이 잘 배합된 땅에서만 이루어진다는 사실과 산수배합(山水配合)이 안 된 땅은 진혈(眞穴)이 없다는 사실도 함께 깨닫게 되었다. 오랜 세월동안 많은 산을 밟고 글을 읽힌 보람이 아닌가 생각한다.

이 책은 가급적 어렵고 복잡한 것을 피하고 누구나 쉽게 보고 쉽게 알 수 있도록 엮어 보았다. '산 보는 법'과 '혈 찾는 법'을 형세론(形勢論)과 이법론(理法論)을 근거로 간략하게 만든 조견표(早見表)와 현지에서 직접 측정(測定)하여 산수(山水)가 배합되는 이치(理致)와 명당을 찾는 비법(秘法)을 공개(公開)하니 많이 참고(參考)하시기 바란다.

끝으로 이 책이 출판될 수 있도록 물심양면으로 협조해 주신 친지, 동료 여러분과 백산출판사 진욱상 사장님, 그리고 편집부 여러분께도 심심한 사의(謝意)를 표한다. 다소 미진한 점이 있더라도 독자제현(讀者諸賢)들께서 큰 이해와 많은 격려를 보내주시기를 바라면서 삼가 필(筆)을 놓는다.

2008년 봄

池山 權在珠

# 차례

## 제一장 쌍산오행

## 제二장 용수배합법을 알면 산 보는 눈이 밝아진다



## 제三장 소조산과 직산, 횡산



## 제四장 직설과 횡설

## 제五장 맥수배합법을 알면 혈 보는 눈이 밝아진다



## 제六장 좌는 단자로 정한다

## 제七장 건물배치방법

# 제 一 장
# 쌍산오행

# 1. 산경표(山經表)의 산맥도

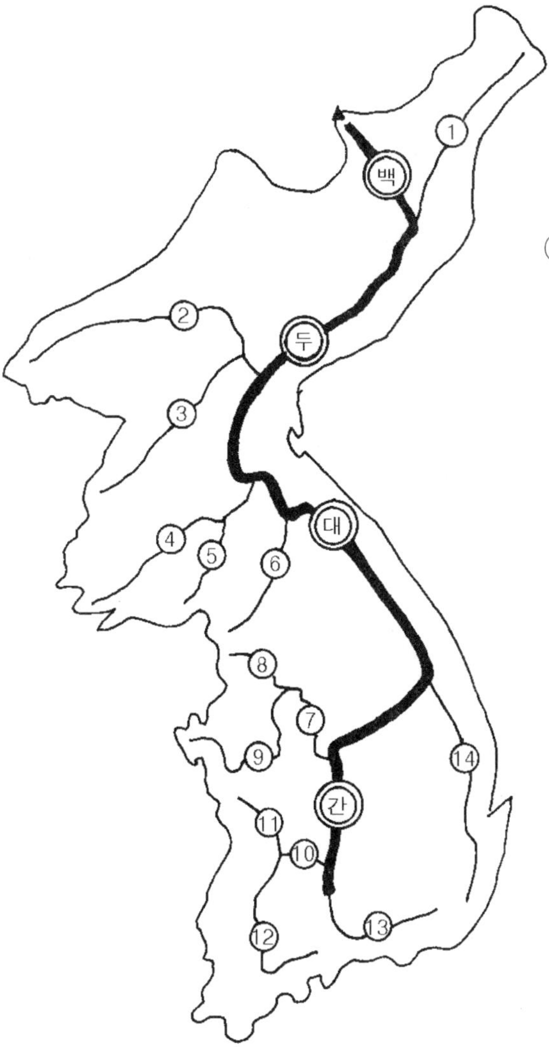


① 장백정간
② 청북정맥
③ 청남정맥
④ 해서정맥
⑤ 임진북예성남정맥
⑥ 한북정맥
⑦ 한남금북정맥
⑧ 한남정맥
⑨ 금북정맥
⑩ 금남호남정맥

⑪ 금남정맥
⑫ 호남정맥
⑬ 낙남정맥
⑭ 낙동정맥

# 2. 명당도(明堂圖)

# 3. 나경도(羅經圖)

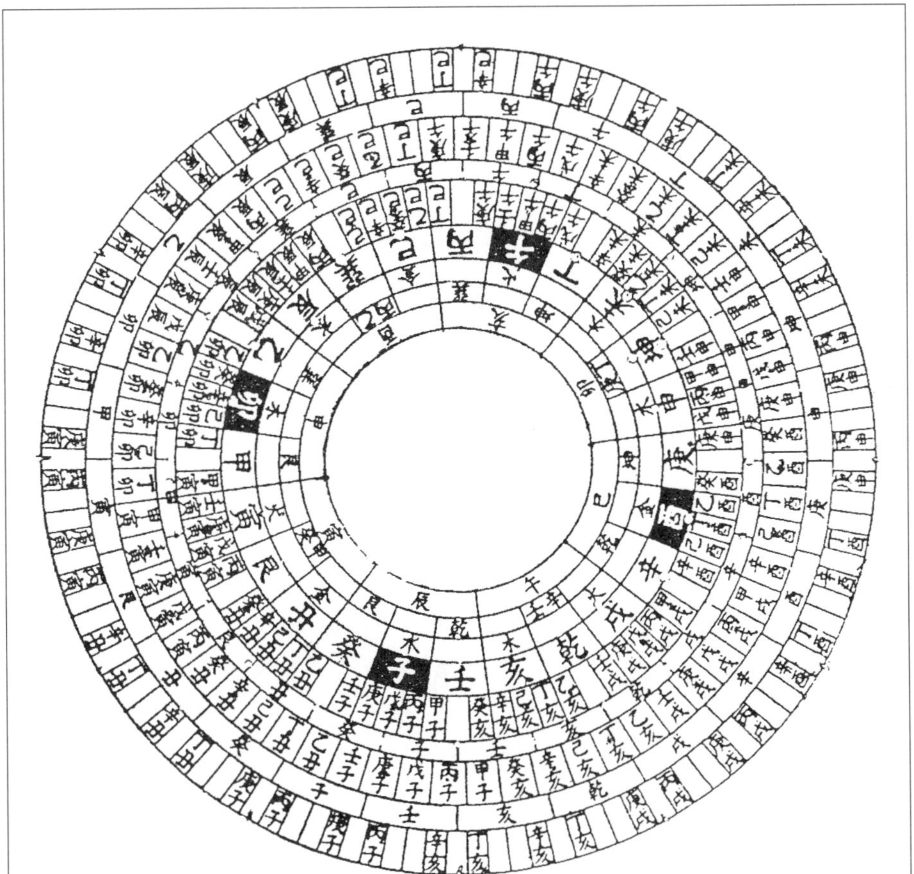

# 4. 음·양택의 길지(吉地)

## 가. 용수배합(龍水配合) : 용(龍)과 물이 짝이 된 곳

## 나. 산천정기취결(山川精氣聚結) : 산천 정기가 모인 자리

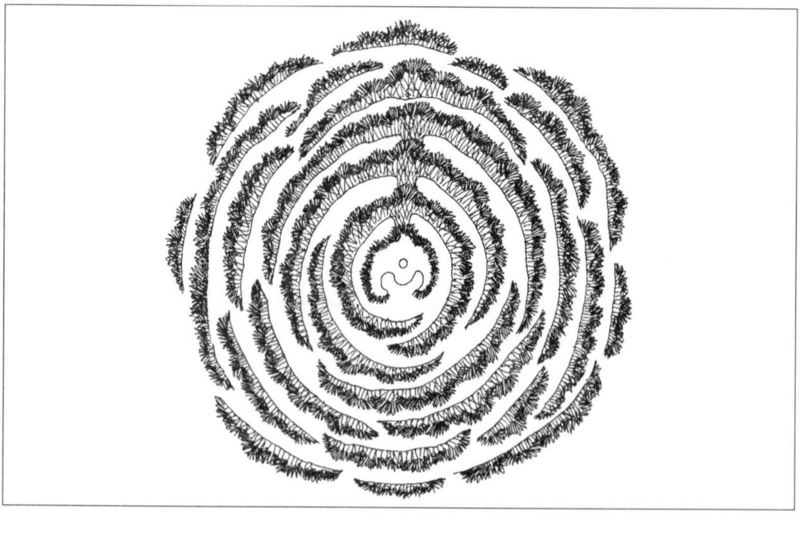

### 다. 수구관쇄(水口關鎖) : 수구는 문을 잠금과 같은 곳

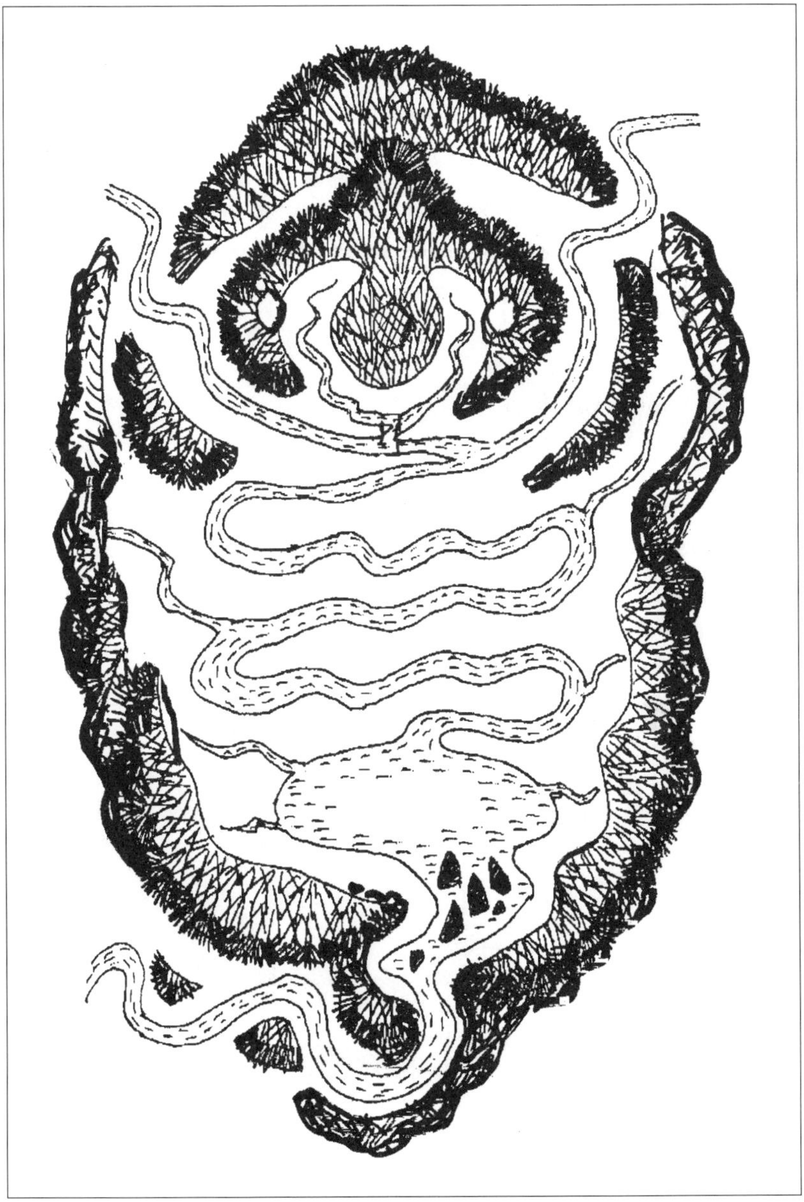

### 라. 산환수회(山環水廻) : 산이 둘러주고 물이 감싸주는 곳

마. 장풍득수(藏風得水) : 바람을 은폐하고 물을 얻어 짝이 되는 자리

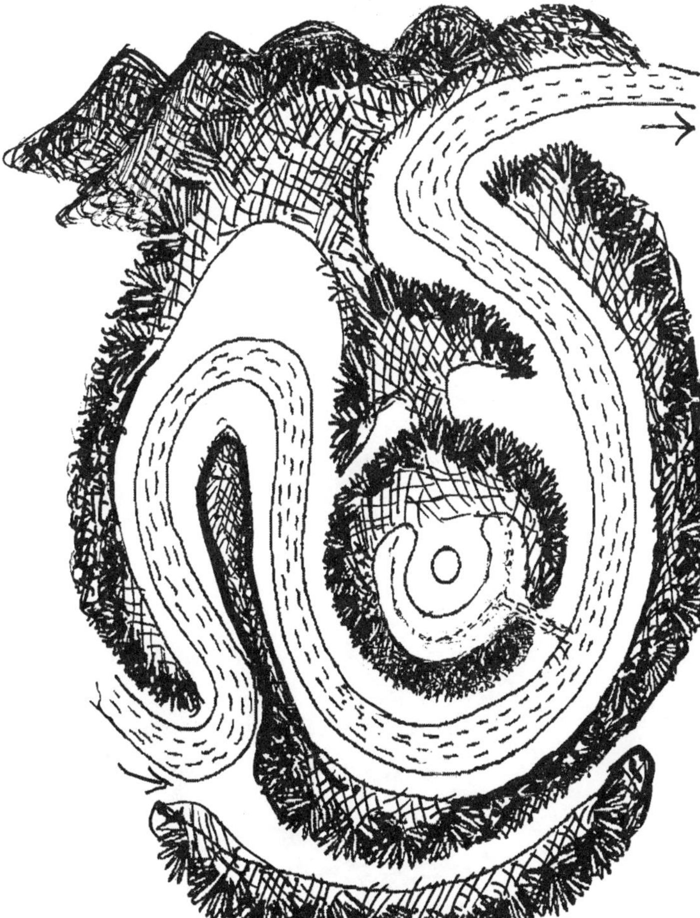

바. 국세평탄원만(局勢平坦圓滿) : 국면의 형세가 평평하고 모난 데가 없는 곳

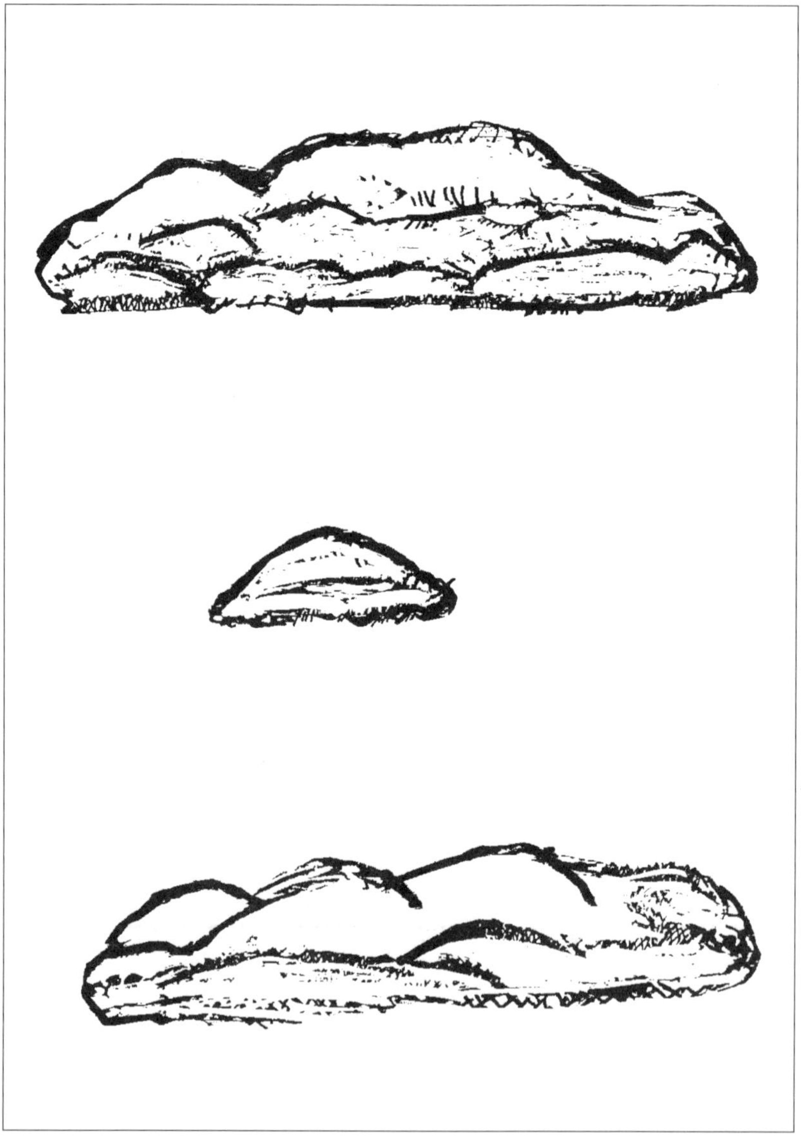

**사. 견고윤택**(堅固潤澤) : 단단하고 윤택이 나는 곳

**아. 주밀안정**(周密安定) : 허술한 곳이 없는 안정된 자리

**자. 양명수려**(陽明秀麗) : 빛이 밝고 빼어나게 아름다운 자리

**차. 길국명지**(吉局明地) : 국세가 좋은 명당자리

**카.** 형세(形勢)는 수미(秀美)하고 이법(理法)으로는 합법(合法)한 곳(處)에 진혈(眞穴)이 이루어지며, 음·양택 공히 길지에는 수맥(水脈)이 없다.

## 5. 음택지(陰宅地)와 양택지(陽宅地)

멀리서 기복굴곡(起伏屈曲)하며 힘차게 뻗어 내려 온 푸른 산은 보국이 안정된 음택지(陰宅地)를 만들며 산 아래에는 인간이 살기 좋은 양택지(陽宅地)를 만든다. 맑은 물은 길지(吉地) 가까이에서 정다운 모습으로 굽이굽이 돌아보며 떠나기를 아쉬워하는 듯 하면서 흐르는데, 그야말로 청산녹수(青山綠水)가 다정다감(多情多感)하게 잘 보호해 주는 안정된 터를 길지의 으뜸으로 삼는다.

양택지도 음택지와 대동소이(大同小異)하다. 음택지가 축소판이면 양택지는 확대판으로 보면 된다. 너무 멀지도 가깝지도 않은 거리에서 길산길수(吉山吉水)가 마을과 들판을 중중환포(重重環抱)해 주고, 도농(都農)간 계절(季節)에 따라 뒷산에는 새들의 노랫소리와 함께 백화(百花)가 만발(滿發)하고, 앞 들판에는 오곡백과(五穀百果)가 황금 물결을 이루어 평화롭고 아름다운 마을이 살기 좋은 터전이 된다.

# 6. 나경측정법(羅經測定法)

## 가. 묘지(墓地)

나경(羅經)을 혈처(穴處) 중심(中心)이나 상석(床石) 위, 또는 묘지 앞에 정치(定置)하여 자침(磁針)이 자오(子午)로 일직선(一直線)이 되게 한 후 쌍산오행(雙山五行) 위주로 측정한다.

## 나. 건물(建物)

대지(垡地) 중심점에서 측정하고, 건물 배치는 삼합법칙(三合法則)으로 한다.

**삼합법칙(三合法則)**

천지인(天地人) 삼합지리(三合之理)로서 좌삼합(坐, 得, 破), 향삼합(向, 少祖, 擁助), 좌삼자간(坐三者間), 향삼자간(向三者間), 단합(團合)과 좌향간(坐向間) 협력으로 흉(凶)을 막아주고 길(吉)이 되게 한다. 또한, 삼합법칙(三合法則)으로 묘지나 건물 배치를 하면 자연 산과 물이 앞뒤에서 보호해 준다.

# 7. 삼합오행(三合五行)

| 국별(局別) | 조합(組合) | 생(生) | 왕(旺) | 묘(墓) | 삼합(三合) | 오행(五行) |
|---|---|---|---|---|---|---|
| 木局 | 해묘미 | 亥 | 卯 | 未 | 지지 삼합 | 木 |
| | 건갑정 | 乾 | 甲 | 丁 | 천간 삼합 | |
| 金局 | 사유축 | 巳 | 酉 | 丑 | 지지 삼합 | 金 |
| | 손경계 | 巽 | 庚 | 癸 | 천간 삼합 | |
| 水局 | 신자진 | 申 | 子 | 辰 | 지지 삼합 | 水 |
| | 곤임을 | 坤 | 壬 | 乙 | 천간 삼합 | |
| 火局 | 인오술 | 寅 | 午 | 戌 | 지지 삼합 | 火 |
| | 간병신 | 艮 | 丙 | 辛 | 천간 삼합 | |

## 8. 쌍산 배합(配合)과 불배합(不配合)

혈처(穴處)나 묘지 정면(正面)에서 뒤로 맥중심(脈中心)을 정확(正確)하게 측정(測定)하여 쌍산배합(雙山配合)이 되면 좌향(坐向), 득파(得破), 소조(少祖), 옹조(擁助) 등을 모두 쌍산 배합(配合)으로 보면 된다.

천간자(天干字)는 양(陽)이고 지지자(地支字)는 음(陰)이니 음양(陰陽)이 배합(配合)을 잘 이루면, 향(向)의 쌍산삼합오행(雙山三合五行)은 용(龍)의 일가(一家)가 되고, 좌(坐)의 쌍산삼합오행(雙山三合五行)은 물의 일가(一家)가 된다.

혈기자수기야(穴氣者水氣也)라, 쌍산(雙山)과 오행(五行)은 반드시 짝이 되어야 쌍산삼합(雙山三合)이 어긋나지 않고 용(龍)과 물이 짝을 이룰 수 있다.

불배합(不配合)이 되면 쌍산, 오행, 삼합, 좌향, 득파, 소조, 옹조 등이 모두 어긋나게 된다. 따라서 용수배합(龍水配合)도 안 되고 혈(穴)도 맺을 수 없다.

## 9. 길흉화복(吉凶禍福) 연대추정(年代推定)

| 산세길흉<br>(山勢吉凶) | 혈좌길흉<br>(穴坐吉凶) | 연생인화복<br>(年生人禍福) | 연대추정<br>(年代推定) |
|---|---|---|---|
| 亥卯未<br>木 | 亥卯未<br>木 | 亥卯未<br>木 | 3. 8 |
| 巳酉丑<br>金 | 巳酉丑<br>金 | 巳酉丑<br>金 | 4. 9 |
| 申子辰<br>水 | 申子辰<br>水 | 申子辰<br>水 | 1. 6 |
| 寅午戌<br>火 | 寅午戌<br>火 | 寅午戌<br>火 | 2. 7 |

### 가. 활용 예(例) - 음택, 양택 공(共)히吉<br>凶은 유추해석(類推解釋)

**좌(坐) 기준**

- 寅午戌坐吉
- 寅午戌方秀峰
- 寅午戌年生人有貴

**향(向) 기준**

- 申子辰向有情
- 申子辰方秀峰
- 申子辰年生人有貴

**길흉화복 발응연대**

- 寅午戌 : 2대, 2년, 20년, 7년, 7월, 7일
- 申子辰 : 1대, 1년, 10년, 6년, 6월, 6일

# 10. 좌선통맥조견표

| 少祖 | 五行 | 穴坐 | 五行 |
|---|---|---|---|
| 乾亥 | 木 | 癸丑 | 金 |
| 壬子 | 水 | 艮寅 | 火 |
| 癸丑 | 金 | 甲卯 | 木 |
| 艮寅 | 火 | 乙辰 | 水 |
| 甲卯 | 木 | 巽巳 | 金 |
| 乙辰 | 水 | 丙午 | 火 |
| 巽巳 | 金 | 丁未 | 木 |
| 丙午 | 火 | 坤申 | 水 |
| 丁未 | 木 | 庚酉 | 金 |
| 坤申 | 水 | 辛戌 | 火 |
| 庚酉 | 金 | 乾亥 | 木 |
| 辛戌 | 火 | 壬子 | 水 |

# II. 우선통맥조견표

| 少祖 | 五行 | 穴坐 | 五行 |
|---|---|---|---|
| 乾亥 | 木 | 庚酉 | 金 |
| 辛戌 | 火 | 坤申 | 水 |
| 庚酉 | 金 | 丁未 | 木 |
| 坤申 | 水 | 丙午 | 火 |
| 丁未 | 木 | 巽巳 | 金 |
| 丙午 | 火 | 乙辰 | 水 |
| 巽巳 | 金 | 甲卯 | 木 |
| 乙辰 | 水 | 艮寅 | 火 |
| 甲卯 | 木 | 癸丑 | 金 |
| 艮寅 | 火 | 壬子 | 水 |
| 癸丑 | 金 | 乾亥 | 木 |
| 壬子 | 水 | 辛戌 | 火 |

# 12. 묘지조견표(墓地早見表)

## 파정대(破正對)는 직파(直破), 횡파(橫破) 공(共)히 소조(少祖)

| 파정대(破正對) | 소조(少祖) | 용(龍) | 수(水) | 혈장(穴場) | 통맥(通脈) | |
|---|---|---|---|---|---|---|
| 巽巳 | 乾亥 | 左선 | 右선 | 癸丑 | 木 | 金 |
| | | 右선 | 左선 | 庚酉 | 木 | 金 |
| 丙午 | 壬子 | 左선 | 右선 | 艮寅 | 水 | 火 |
| | | 右선 | 左선 | 辛戌 | 水 | 火 |
| 丁未 | 癸丑 | 左선 | 右선 | 甲卯 | 金 | 木 |
| | | 右선 | 左선 | 乾亥 | 金 | 木 |
| 坤申 | 艮寅 | 左선 | 右선 | 乙辰 | 火 | 水 |
| | | 右선 | 左선 | 壬子 | 火 | 水 |
| 庚酉 | 甲卯 | 左선 | 右선 | 巽巳 | 木 | 金 |
| | | 右선 | 左선 | 癸丑 | 木 | 金 |
| 辛戌 | 乙辰 | 左선 | 右선 | 丙午 | 水 | 火 |
| | | 右선 | 左선 | 艮寅 | 水 | 火 |
| 乾亥 | 巽巳 | 左선 | 右선 | 丁未 | 金 | 木 |
| | | 右선 | 左선 | 甲卯 | 金 | 木 |
| 壬子 | 丙午 | 左선 | 右선 | 坤申 | 火 | 水 |
| | | 右선 | 左선 | 乙辰 | 火 | 水 |
| 癸丑 | 丁未 | 左선 | 右선 | 庚酉 | 木 | 金 |
| | | 右선 | 左선 | 巽巳 | 木 | 金 |
| 艮寅 | 坤申 | 左선 | 右선 | 辛戌 | 水 | 火 |
| | | 右선 | 左선 | 丙午 | 水 | 火 |
| 甲卯 | 庚酉 | 左선 | 右선 | 乾亥 | 金 | 木 |
| | | 右선 | 左선 | 丁未 | 金 | 木 |
| 乙辰 | 辛戌 | 左선 | 右선 | 壬子 | 火 | 水 |
| | | 右선 | 左선 | 坤申 | 火 | 水 |

# 13. 대지조견표(垈地早見表)

**파정대(破正對)는 직파(直破), 횡파(橫破) 공(共)히 소조(少祖)**

| 파정대(破正對) | 소조(少祖) | 용(龍) | 수(水) | 혈장(穴場) | 불배합좌(不配合坐) |
|---|---|---|---|---|---|
| 巽巳 | 乾亥 | 左선 | 右선 | 癸丑 | 壬子 艮寅 甲卯 乙辰 |
| | | 右선 | 左선 | 庚酉 | 辛戌 坤申 丁未 丙午 |
| 丙午 | 壬子 | 左선 | 右선 | 艮寅 | 癸丑 甲卯 乙辰 巽巳 |
| | | 右선 | 左선 | 辛戌 | 乾亥 庚酉 坤申 丁未 |
| 丁未 | 癸丑 | 左선 | 右선 | 甲卯 | 艮寅 乙辰 巽巳 丙午 |
| | | 右선 | 左선 | 乾亥 | 壬子 辛戌 庚酉 坤申 |
| 坤申 | 艮寅 | 左선 | 右선 | 乙辰 | 甲卯 巽巳 丙午 丁未 |
| | | 右선 | 左선 | 壬子 | 癸丑 乾亥 辛戌 庚酉 |
| 庚酉 | 甲卯 | 左선 | 右선 | 巽巳 | 乙辰 丙午 丁未 坤申 |
| | | 右선 | 左선 | 癸丑 | 艮寅 壬子 乾亥 辛戌 |
| 辛戌 | 乙辰 | 左선 | 右선 | 丙午 | 巽巳 丁未 坤申 庚酉 |
| | | 右선 | 左선 | 艮寅 | 甲卯 癸丑 壬子 乾亥 |
| 乾亥 | 巽巳 | 左선 | 右선 | 丁未 | 丙午 坤申 庚酉 辛戌 |
| | | 右선 | 左선 | 甲卯 | 乙辰 艮寅 癸丑 壬子 |
| 壬子 | 丙午 | 左선 | 右선 | 坤申 | 丁未 庚酉 辛戌 乾亥 |
| | | 右선 | 左선 | 乙辰 | 巽巳 甲卯 艮寅 癸丑 |
| 癸丑 | 丁未 | 左선 | 右선 | 庚酉 | 坤申 辛戌 乾亥 壬子 |
| | | 右선 | 左선 | 巽巳 | 丙午 乙辰 甲卯 艮寅 |
| 艮寅 | 坤申 | 左선 | 右선 | 辛戌 | 庚酉 乾亥 壬子 癸丑 |
| | | 右선 | 左선 | 丙午 | 丁未 巽巳 乙辰 甲卯 |
| 甲卯 | 庚酉 | 左선 | 右선 | 乾亥 | 辛戌 壬子 癸丑 艮寅 |
| | | 右선 | 左선 | 丁未 | 坤申 丙午 巽巳 乙辰 |
| 乙辰 | 辛戌 | 左선 | 右선 | 壬子 | 乾亥 癸丑 艮寅 甲卯 |
| | | 右선 | 左선 | 坤申 | 庚酉 丁未 丙午 巽巳 |

## 14. 파구(破口)와 소조(少祖)

천하의 산모양이 천태만상(千態萬象)이라 수많은 산을 다 그려서 설명할 순 없고 전체산(全體山)을 한덩어리(一體)로 보아 산이 와서 멈춘 소조산(少祖山)과, 물이 흘러와 파구(破口)가 되는 곳을 기점(基點)으로 한 음택지선정(陰宅地選定)과 건물배치방법(建物配置方法)을 일일이 실례(實例)를 들어 기록(記錄)해 놓았으니 참고(參考)하면 쉽게 이해(理解)가 될 것이다.

부언(附言)해서 파구(破口) 정대(正對)는 곧 소조산이 되는 방위(方位)다. 앞으로 직파(直破)가 되면 소조는 뒤에 있고, 좌선수로 횡파(横波)가 되면 소조는 우선으로 온 산이고, 우선수로 횡파(横波)가 되면, 소조는 좌선으로 온 산이다.

**산이 오고 파구 되는 방위는 다음과 같다.**

**산이 오는(來龍) 방위(方位)**

- 뒤에서 오는 용이쌍산 12방위
- 좌선으로 오는 용이쌍산 12방위
- 우선으로 오는 용이쌍산 12방위
- 모두 36방위에서 온다.

**파구(破口) 방위(方位)**

- 앞으로 직파가 쌍산 12방위
- 좌선수로 횡파가 쌍산 12방위
- 우선수로 횡파가 쌍산 12방위
- 모두 36방위로 이루어진다.

# 15. 쌍산오행전비결(雙山五行全秘訣)

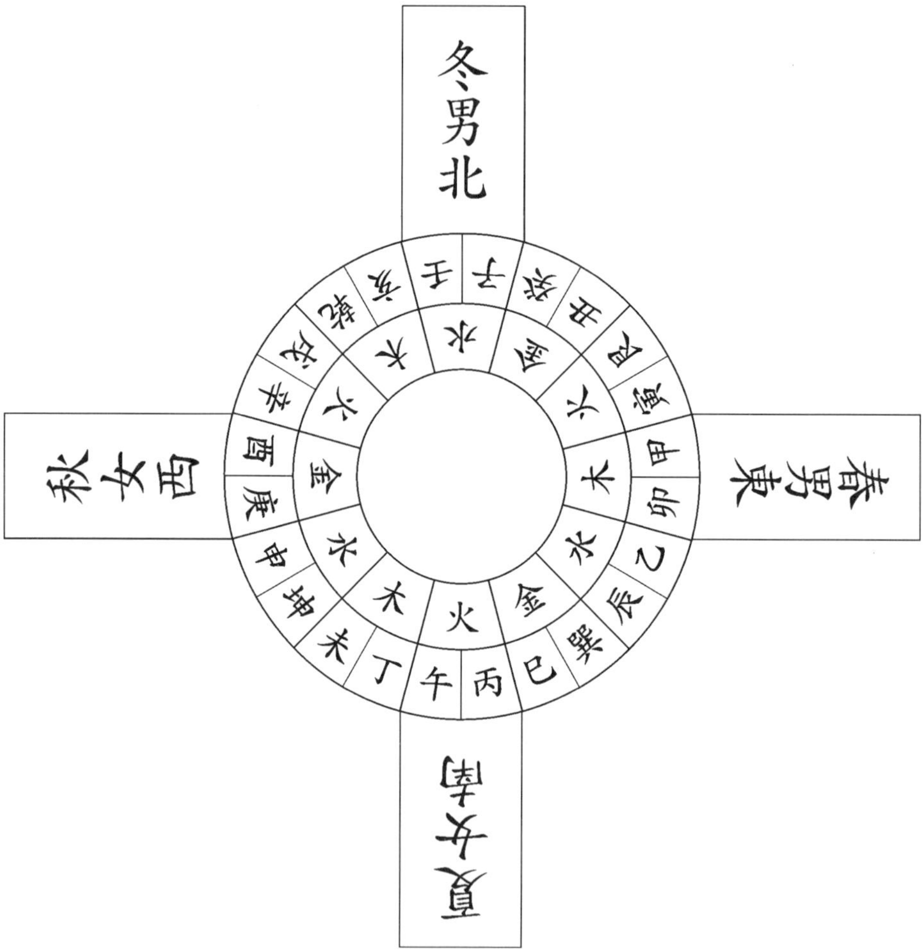

# 16-가. 쌍산오행전비결(雙山五行全秘訣)

## 가. 해설(解說)

### ⦿ 金·木간 음양배합, 水·火간 음양배합

- 목(木)에 속한 쌍산(雙山)은 남자(男子)
- 금(金)에 속한 쌍산(雙山)은 여자(女子)
- 수(水)에 속한 쌍산(雙山)은 남자(男子)
- 화(火)에 속한 쌍산(雙山)은 여자(女子)

춘하추동(春夏秋冬) 사계절이 자연계의 법칙에 따라 순환반복(循環反復)하고, 쌍산삼합(雙山三合)은 일가(一家)가 되고(同五行), 쌍산오행(雙山五行)은 남녀(男女)가 된다(金木, 水火).

金木으로나 水火로 좌향(坐向)을 정하면 부부(夫婦)가 되고 좌우(左右)로는 서로 사절기 통맥(通脈)이 되어 화목(和睦)하게 지낸다.

봄에는 씨앗을 뿌리고 여름에는 가꾸며, 가을에는 추수(秋收)하고 겨울에는 저장(貯藏)하여 가족과 함께 순환지리(循環之理)에 따라 대(代)를 이어가며 살아간다.

심오(深奧)한 쌍산오행원리(雙山五行原理)는 실로 만고불변(萬古不變)의 대경대법(大經大法)이다. 산 보는 법, 혈 찾는 법도 이 원리를 바탕으로 한 것이다.

## 16-나. 쌍산오행(雙山五行)

### 가. 나경 9층 중 3층과 4층으로 측정한다.

많은 법을 다 인용(引用)하여 해설(解說)할 수는 없고, 간단(簡斷), 명료(明瞭)한 원리와 법칙(理法)으로 쌍산 십이방위(十二方位)를 일일이 쉽게 알 수 있도록 해 놓았다.

산천(山川)을 두루 측정(測定)하여 산 보는 법과 혈 찾는 법을 궁구(窮究) 실증적(實證的) 방법을 기술(記述)하였다. 풍수지리(風水地理) 실학으로서 누구나 산안(山眼)이 열릴 수 있는 지침서(指針書)가 되었으면 하는 마음으로 이 책을 발간(發刊)한다.

# 제二장
# 용수배합법을 알면 산 보는 눈이 밝아진다

# 1. 파구(破口) 정하는 법

"먼저 수구(水口)를 보고(先看水口) 다음은 내룡(來龍)을 보라(次看來龍)"라는 말과 같이 파(破)를 알면 용(龍)을 찾고 혈(穴)을 찾는 지름길(捷徑)이 된다.

파구중심(破口中心)을 정확하게 측정(測定)한다.

파(破)에는 안 보이는 파(不見破), 좁은 파(狹破), 넓은 파(闊破), 먼 파(遠破), 가까운 파(近破) 등 여러 가지 형태(形態)가 있으나 대개 직파(直破)와 횡파(橫破)로 대별(大別)할 수 있다. 파구(破口) 정하기가 어려울 때에는 삼합(三合)으로 좌(坐), 득(得), 파(破)를 유추(類推)해 보면 쉽게 알 수 있다(1장 삼합오행표 참조).

혹시, 묘지(墓地)나 마을 입구(洞口), 수로(水路)가 변경(變更)됐거나 수로를 복개(覆蓋)하여 파구(破口)가 분간(分揀)이 안 되면 높낮이(高低)를 잘 살펴본다.

모든 파구(破口)는 삼합법칙(三合法則)으로 부합(符合), 불합(不合)에 따라 진혈지(眞穴地), 가혈지(假穴地)로 나눌 수 있다.

## 2. 용수배합법(龍水配合法)

용수 배합법을 알면 산 보는 눈이 밝아진다.

용(龍)과 물의 기준이 되는 곳

### 용(龍)

소조산(少祖山)을 기준으로 좌선룡(左旋龍)인지 우선룡(右旋龍)인지를 본다.

### 물(水)

과당수(過堂水)를 기준으로 좌선수(左旋水)인지 우선수(右旋水)인지를 본다.

좌선룡(左旋龍)은 우선수(右旋水), 우선룡(右旋龍)은 좌선수(左旋水)와 짝을 이루어 혈(穴)을 맺을 수 있다. 음택지와 양택지는 필연적(必然的)으로 배산임수(背山臨水 뒤로는 산을 등지고 앞으로는 명당수를 임한다)가 되며 지세(地勢)에 상응(相應)한다.

만약 좌선룡(左旋龍)에 좌선수(左旋水), 우선룡(右旋龍)에 우선수(右旋水)가 된다면 짝을 이룰 수 없기 때문에 혈(穴)은 없다. 즉, 용수(龍水)의 배합(配合)과 불배합(不配合)을 보면 혈(穴)이 되는지 안 되는지를 **속단(速斷)**할 수 있는 것이다.

# 3. 용수배합조견표

| 직파(直破) 및 횡파(橫破) | 정대 (正對) | 소조(少祖) | 배합 (配合) |
|---|---|---|---|
| 丙午 | 〃 | 壬子 | 〃 |
| 丁未 | 〃 | 癸丑 | 〃 |
| 坤申 | 〃 | 艮寅 | 〃 |
| 庚酉 | 〃 | 甲卯 | 〃 |
| 辛戌 | 〃 | 乙辰 | 〃 |
| 乾亥 | 〃 | 巽巳 | 〃 |
| 壬子 | 〃 | 丙午 | 〃 |
| 癸丑 | 〃 | 丁未 | 〃 |
| 艮寅 | 〃 | 坤申 | 〃 |
| 甲卯 | 〃 | 庚酉 | 〃 |
| 乙辰 | 〃 | 辛戌 | 〃 |
| 巽巳 | 〃 | 乾亥 | 〃 |

# 4. 직파-소조 배합 12

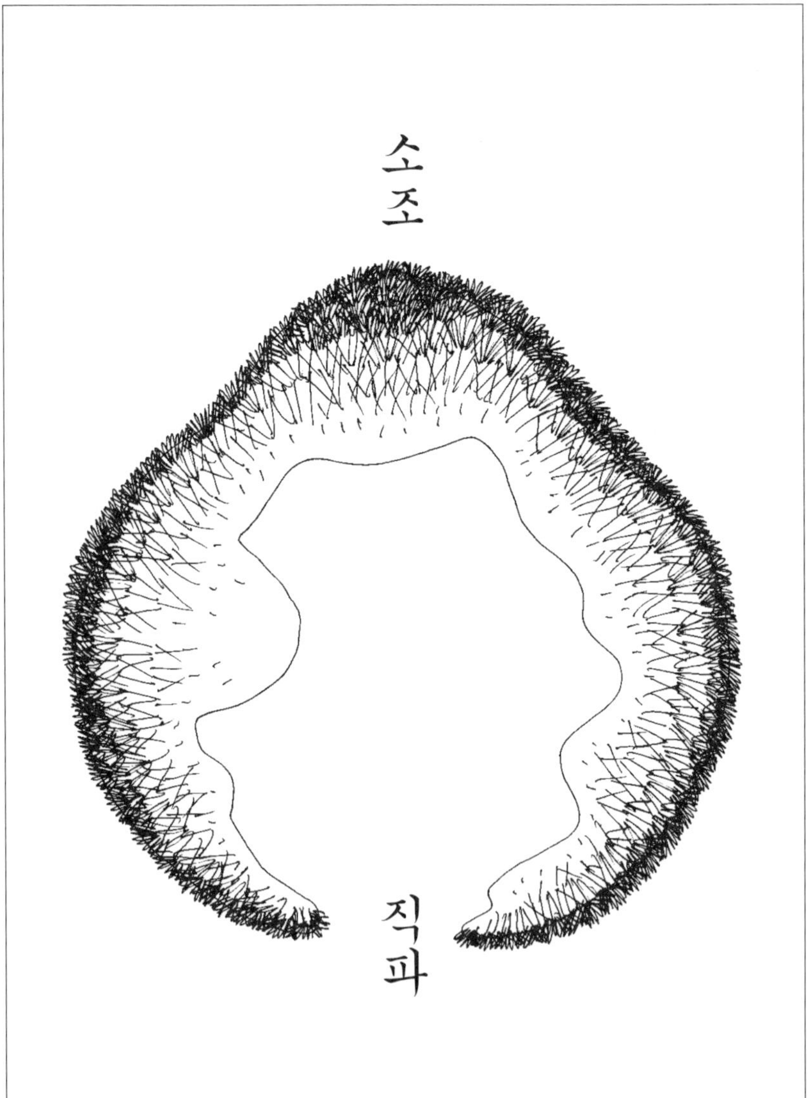

## 가. 건해(乾亥)직파 - 손사(巽巳)소조

소조(少祖)에서 좌선(左旋)한 정미(丁未)혈이 있고

소조(少祖)에서 우선(右旋)한 갑묘(甲卯)혈이 있다.

## 나. 신술(辛戌)직파 - 을진(乙辰)소조

소조(少祖)에서 좌선(左旋)한 병오(丙午)혈이 있고

소조(少祖)에서 우선(右旋)한 간인(艮寅)혈이 있다.

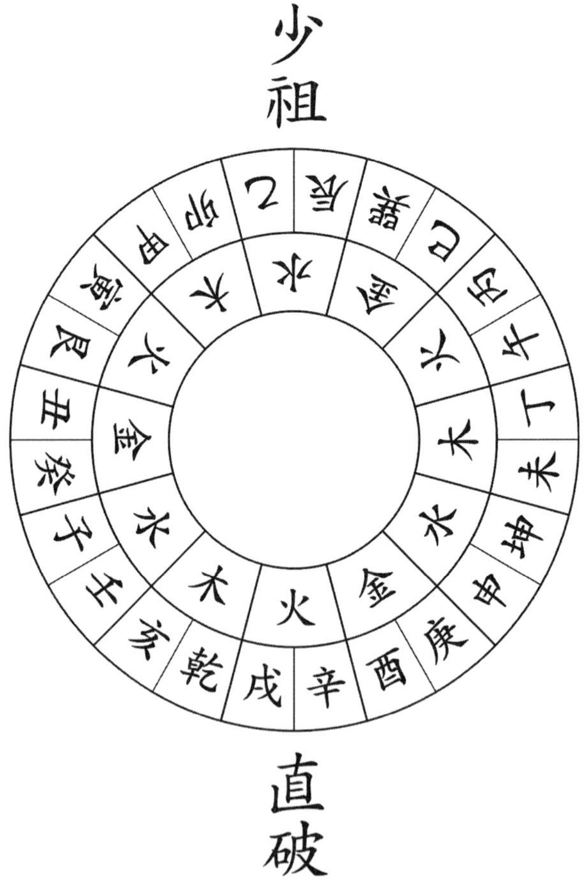

## 다. 경유(庚酉)직파 - 갑묘(甲卯)소조

소조(少祖)에서 좌선(左旋)한 손사(巽巳)혈이 있고

소조(少祖)에서 우선(右旋)한 계축(癸丑)혈이 있다.

## 라. 곤신(坤申)직파 - 간인(艮寅)소조

소조(少祖)에서 좌선(左旋)한 을진(乙辰)혈이 있고

소조(少祖)에서 우선(右旋)한 임자(壬子)혈이 있다.

## 마. 정미(丁未)직파 - 계축(癸丑)소조

소조(少祖)에서 좌선(左旋)한 갑묘(甲卯)혈이 있고

소조(少祖)에서 우선(右旋)한 건해(乾亥)혈이 있다.

## 바. 병오(丙午)직파 - 임자(壬子)소조

소조(少祖)에서 좌선(左旋)한 간인(艮寅)혈이 있고

소조(少祖)에서 우선(右旋)한 신술(辛戌)혈이 있다.

## 사. 손사(巽巳)직파 - 건해(乾亥)소조

소조(少祖)에서 좌선(左旋)한 계축(癸丑)혈이 있고

소조(少祖)에서 우선(右旋)한 경유(庚酉)혈이 있다.

## 아. 을진(乙辰)직파 - 신술(辛戌)소조

소조(少祖)에서 좌선(左旋)한 임자(壬子)혈이 있고

소조(少祖)에서 우선(右旋)한 곤신(坤申)혈이 있다.

## 자. 갑묘(甲卯)직파 - 경유(庚酉)소조

소조(少祖)에서 좌선(左旋)한 건해(乾亥)혈이 있고

소조(少祖)에서 우선(右旋)한 정미(丁未)혈이 있다.

## 차. 간인(艮寅)직파 - 곤신(坤申)소조

소조(少祖)에서 좌선(左旋)한 신술(辛戌)혈이 있고

소조(少祖)에서 우선(右旋)한 병오(丙午)혈이 있다.

### 카. 계축(癸丑)직파 - 정미(丁未)소조

소조(少祖)에서 좌선(左旋)한 경유(庚酉)혈이 있고

소조(少祖)에서 우선(右旋)한 손사(巽巳)혈이 있다.

## 타. 임자(壬子)직파 - 병오(丙午)소조

소조(少祖)에서 좌선(左旋)한 곤신(坤申)혈이 있고

소조(少祖)에서 우선(右旋)한 을진(乙辰)혈이 있다.

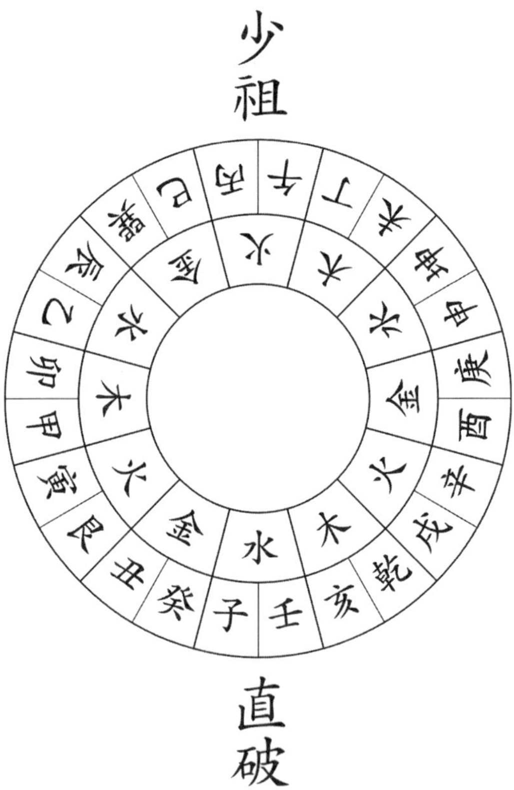

# 5. 좌선수횡파배합(左旋水橫破配合) 12

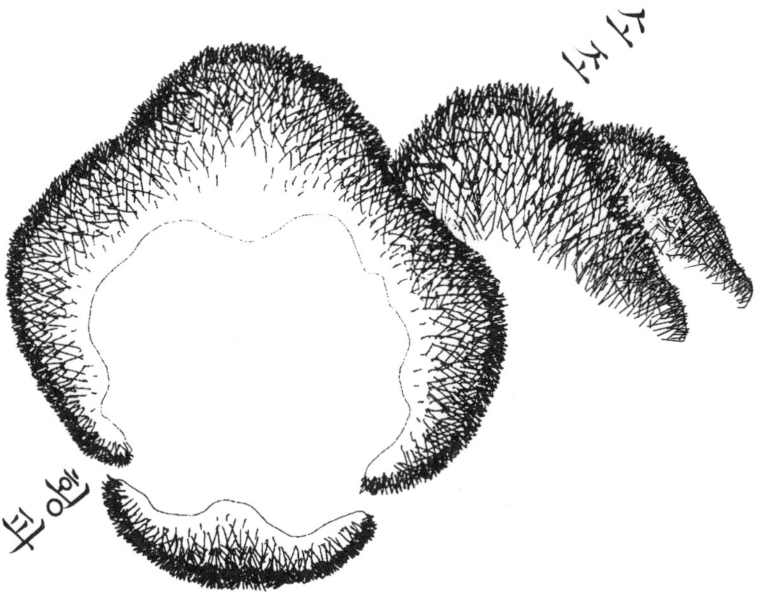

## 가. 을진(乙辰)횡파 - 신술(辛戌)소조

소조(少祖)에서 우선(右旋)한 곤신(坤申)혈은 가용(可用)하나 소조(少祖)에서 좌선(左旋)한 임자(壬子)혈은 통맥이 되어도 좌선혈(左旋穴)에 좌선수(左旋水)가 되어 불가용(不可用)이다.

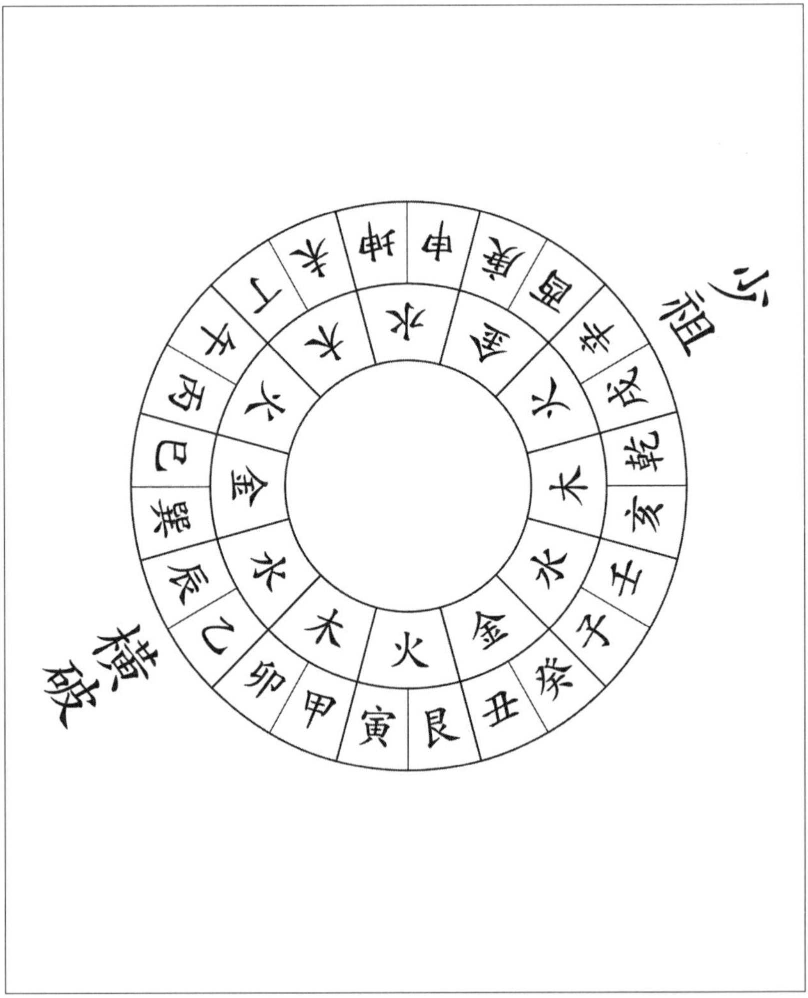

## 나. 갑묘(甲卯)횡파 – 경유(庚酉)소조

소조(少祖)에서 우선(右旋)한 정미(丁未)혈은 가용(可用)하나 소조(少祖)에서 좌선(左旋)한 건해(乾亥)혈은 통맥이 되어도 좌선혈(左旋穴)에 좌선수(左旋水)가 되어 불가용(不可用)이다.

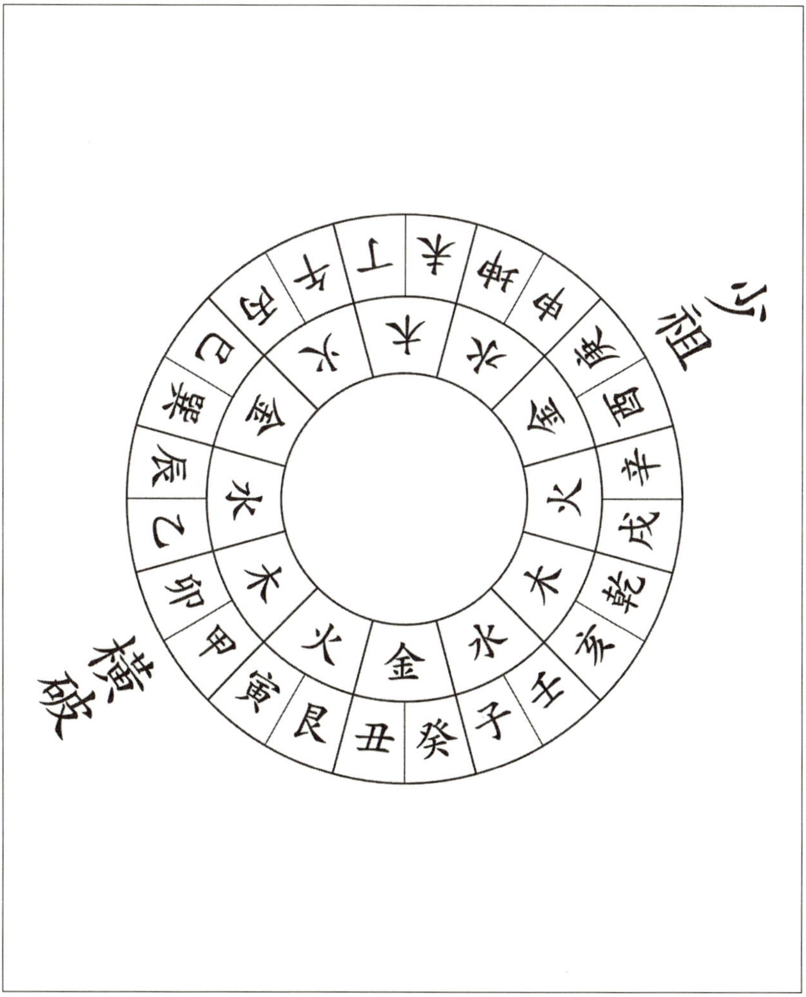

## 다. 간인(艮寅)횡파 - 곤신(坤申)소조

소조(少祖)에서 우선(右旋)한 병오(丙午)혈은 가용(可用)하나 소조(少祖)에서 좌선(左旋)한 신술(辛戌)혈은 통맥이 되어도 좌선혈(左旋穴)에 좌선수(左旋水)가 되어 불가용(不可用)이다.

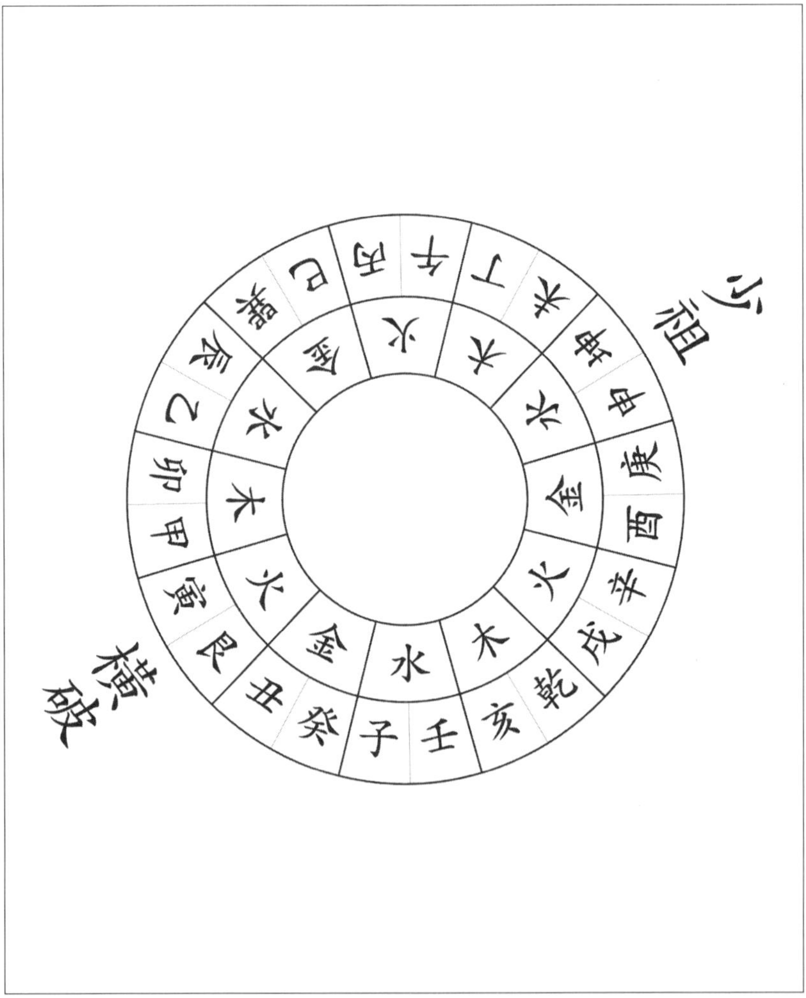

### 라. 계축(癸丑)횡파 - 정미(丁未)소조

소조(少祖)에서 우선(右旋)한 손사(巽巳)혈은 가용(可用)하나 소조(少祖)에서 좌선(左旋)한 경유(庚酉)혈은 통맥이 되어도 좌선혈(左旋穴)에 좌선수(左旋水)가 되어 불가용(不可用)이다.

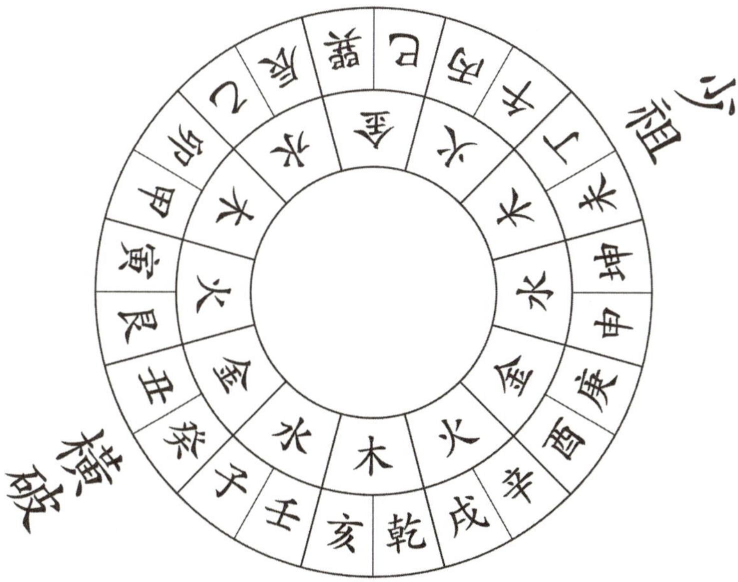

## 마. 임자(壬子)횡파 - 병오(丙午)소조

소조(少祖)에서 우선(右旋)한 을진(乙辰)혈은 가용(可用)하나 소조(少祖)에서 좌선(左旋)한 곤신(坤申)혈은 통맥이 되어도 좌선혈(左旋穴)에 좌선수(左旋水)가 되어 불가용(不可用)이다.

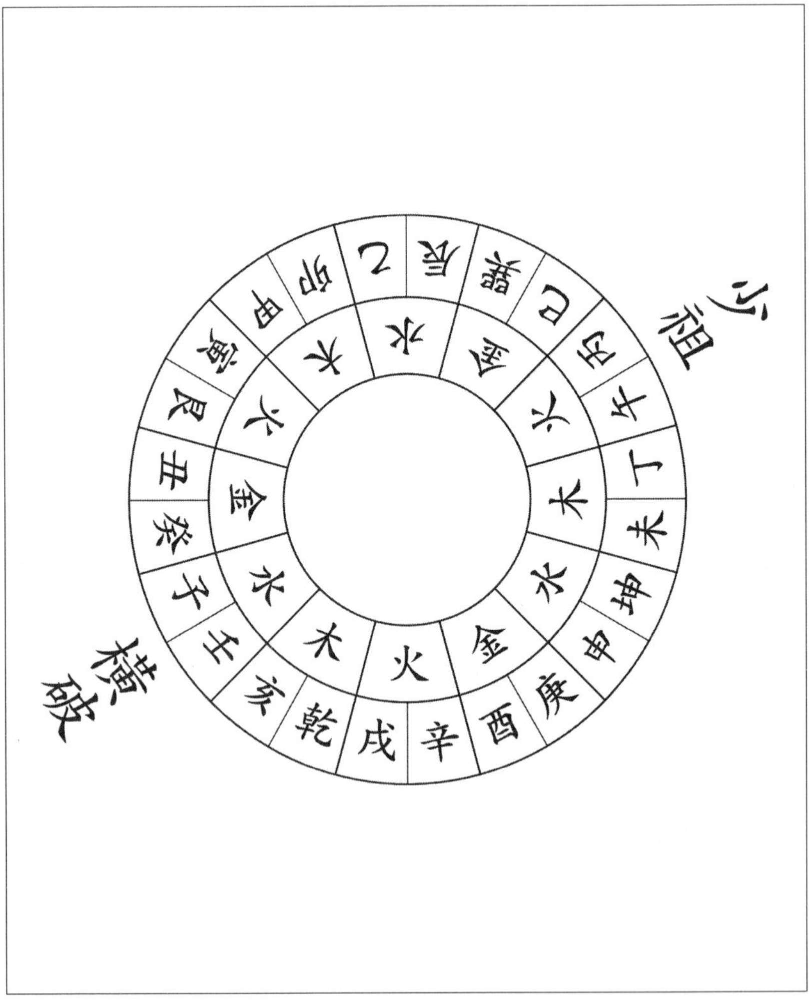

### 바. 건해(乾亥)횡파 - 손사(巽巳)소조

소조(少祖)에서 우선(右旋)한 갑묘(甲卯)혈은 우선혈(右旋穴)에 좌선수(左旋水)로 합법(合法)하지만, 좌선(左旋)한 정미(丁未)혈은 통맥이 되어도 좌선혈(左旋穴)에 좌선수(左旋水)가 되어 불합(不合)하다.

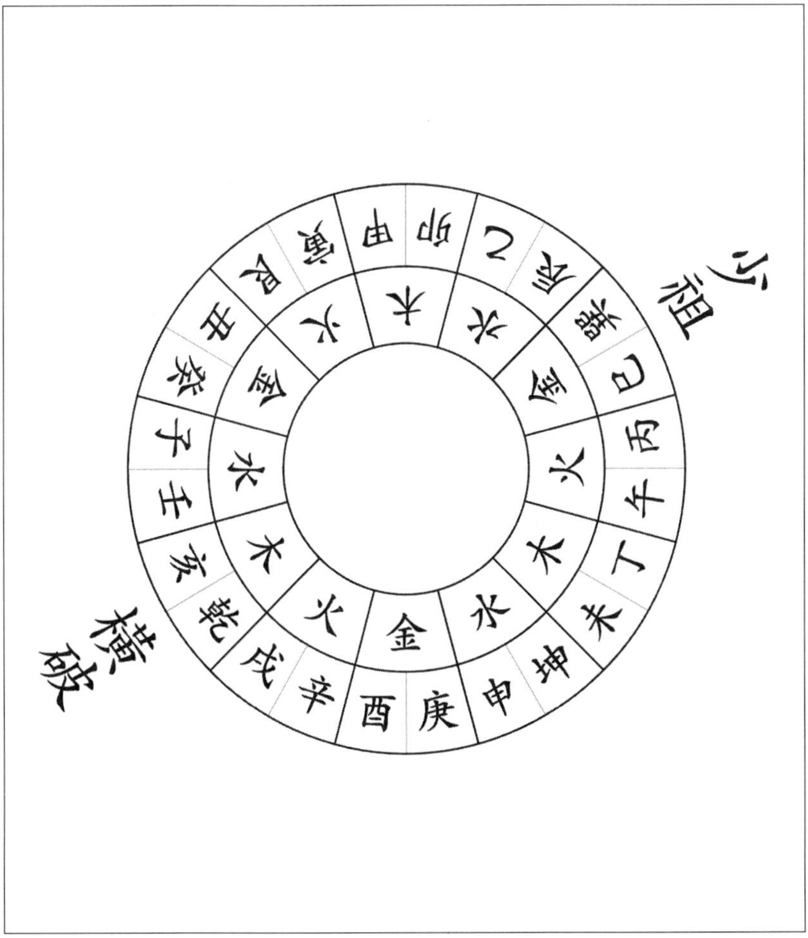

## 사. 신술(辛戌)횡파 - 을진(乙辰)소조

소조(少祖)에서 우선(右旋)한 간인(艮寅)혈은 우선혈(右旋穴)에 좌선수(左旋水)로 합법(合法)하지만, 좌선(左旋)한 병오(丙午)혈은 통맥이 되어도 좌선혈(左旋穴)에 좌선수(左旋水)가 되어 불합(不合)하다.

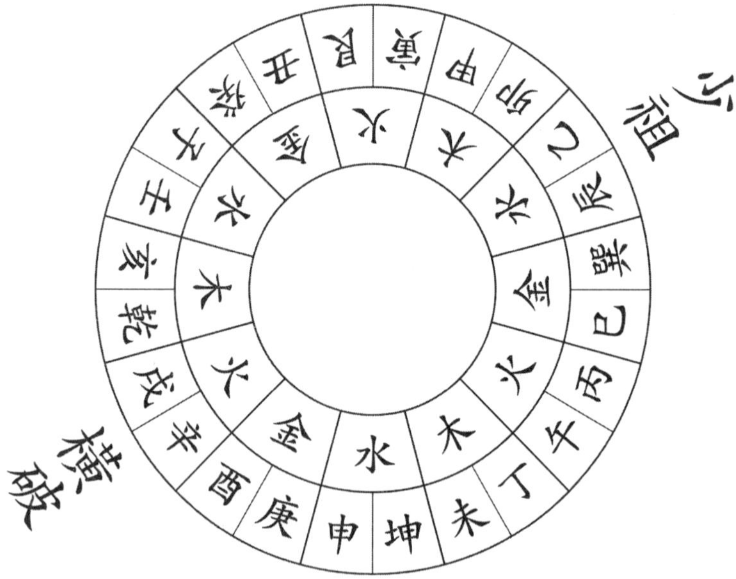

## 아. 경유(庚酉)횡파 - 갑묘(甲卯)소조

소조(少祖)에서 우선(右旋)한 계축(癸丑)혈은 우선혈(右旋穴)에 좌선수(左旋水)로 합법(合法)하지만, 좌선(左旋)한 손사(巽巳)혈은 통맥이 되어도 좌선혈(左旋穴)에 좌선수(左旋水)가 되어 불합(不合)하다.

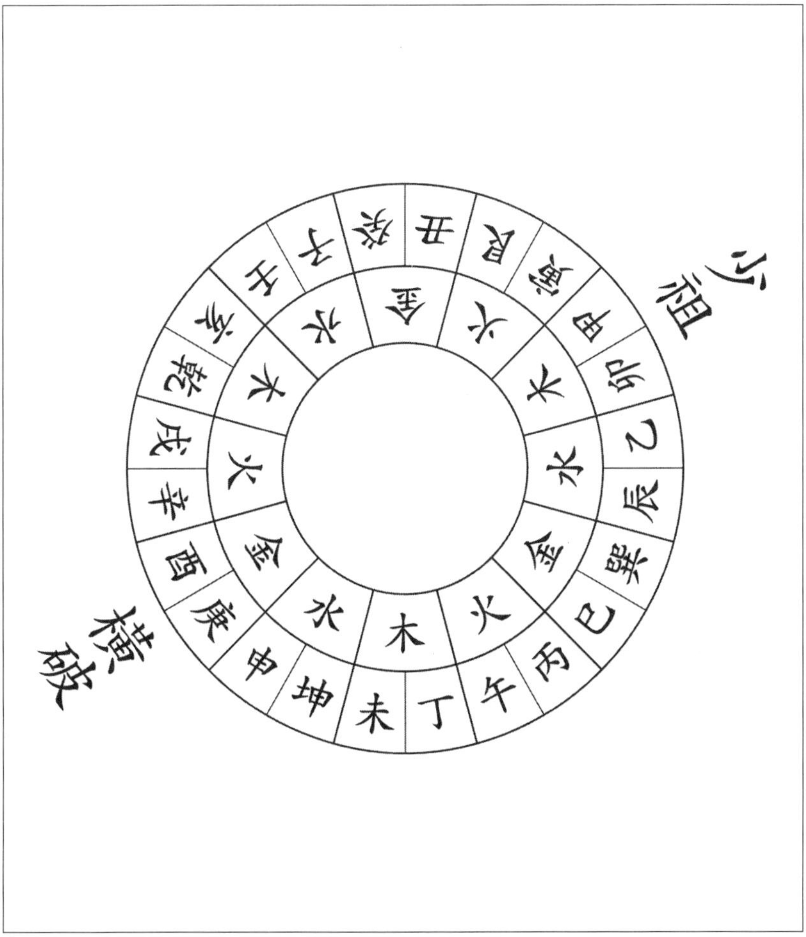

## 자. 곤신(坤申)횡파 - 간인(艮寅)소조

소조(少祖)에서 우선(右旋)한 임자(壬子)혈은 우선혈(右旋穴)에 좌선수(左旋水)로 합법(合法)하지만, 좌선(左旋)한 을진(乙辰)혈은 통맥이 되어도 좌선혈(左旋穴)에 좌선수(左旋水)가 되어 불합(不合)하다.

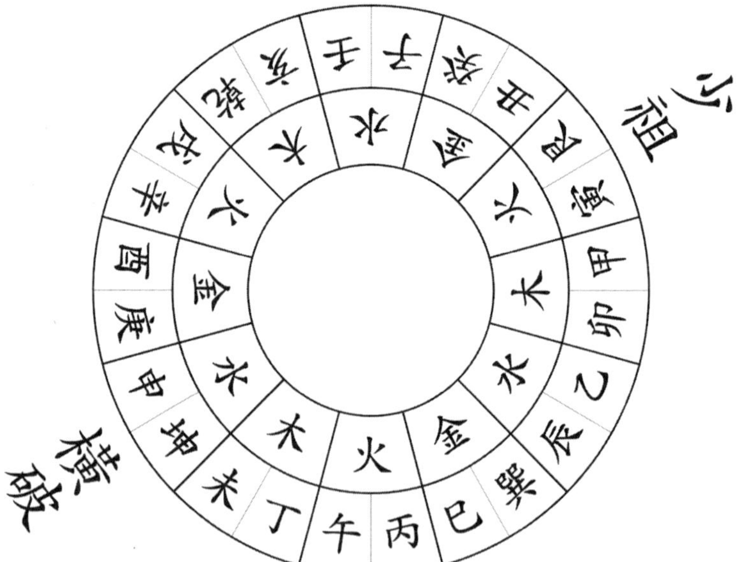

## 차. 정미(丁未)횡파 - 계축(癸丑)소조

소조(少祖)에서 우선(右旋)한 건해(乾亥)혈은 우선혈(右旋穴)에 좌선수(左旋水)로 합법(合法)하지만, 좌선(左旋)한 갑묘(甲卯)혈은 통맥이 되어도 좌선혈(左旋穴)에 좌선수(左旋水)가 되어 불합(不合)하다.

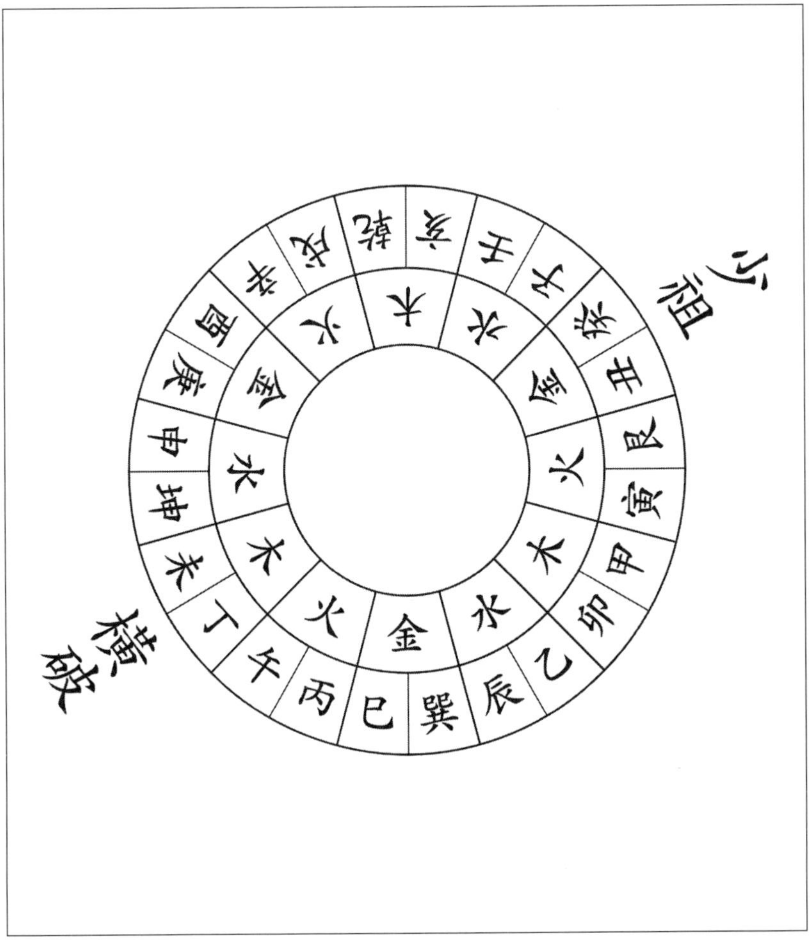

## 카. 병오(丙午)횡파 - 임자(壬子)소조

소조(少祖)에서 우선(右旋)한 신술(辛戌)혈은 우선혈(右旋穴)에 좌선수(左旋水)로 합법(合法)하지만, 좌선(左旋)한 간인(艮寅)혈은 통맥이 되어도 좌선혈(左旋穴)에 좌선수(左旋水)가 되어 불합(不合)하다.

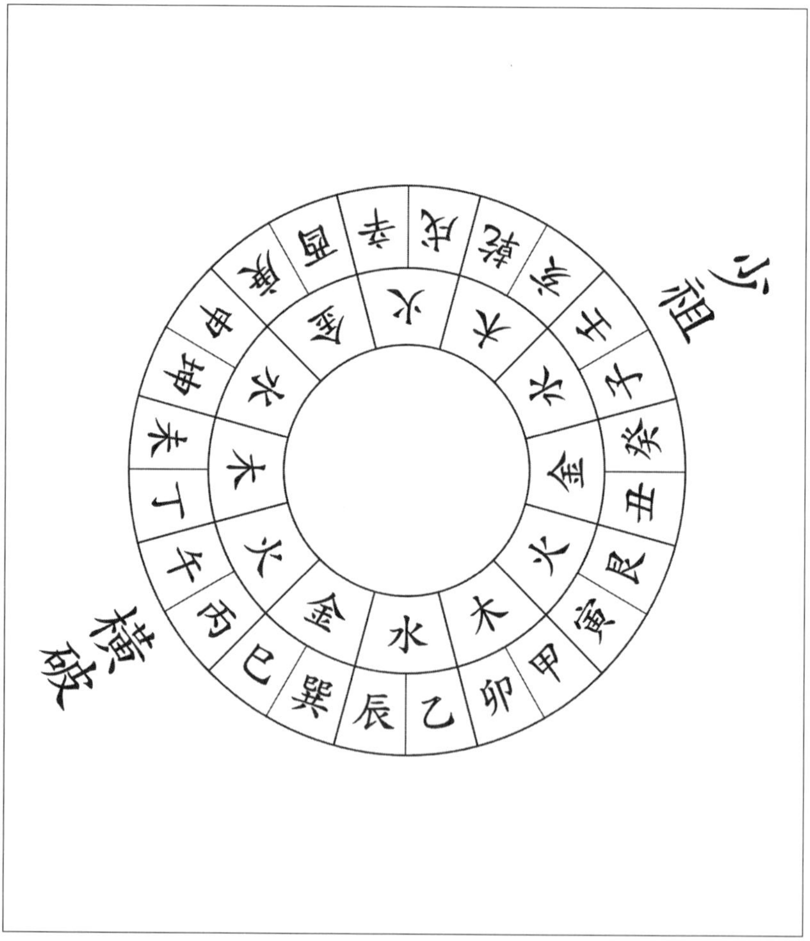

## 타. 손사(巽巳)횡파 - 건해(乾亥)소조

소조(少祖)에서 우선(右旋)한 경유(庚酉)혈은 우선혈(右旋穴)에 좌선수(左旋水)로 합법(合法)하지만, 좌선(左旋)한 계축(癸丑)혈은 통맥이 되어도 좌선혈(左旋穴)에 좌선수(左旋水)가 되어 불합(不合)하다.

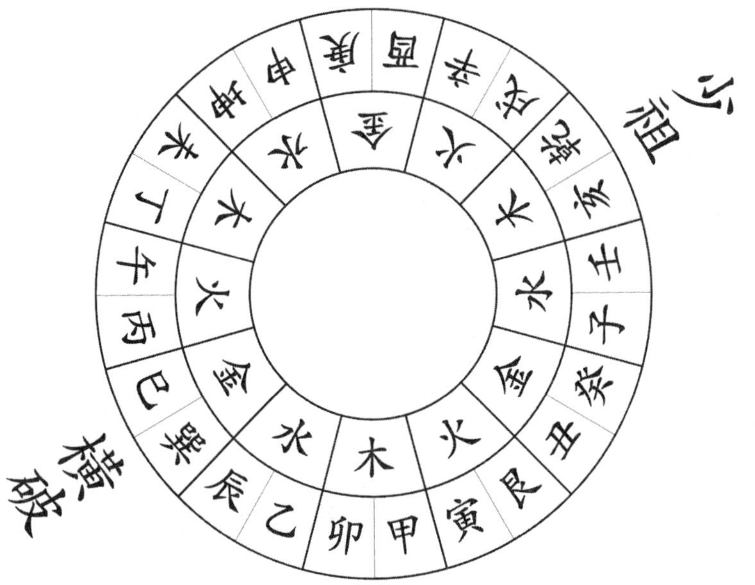

# 6. 우선수횡파배합(右旋水橫破配合) 12

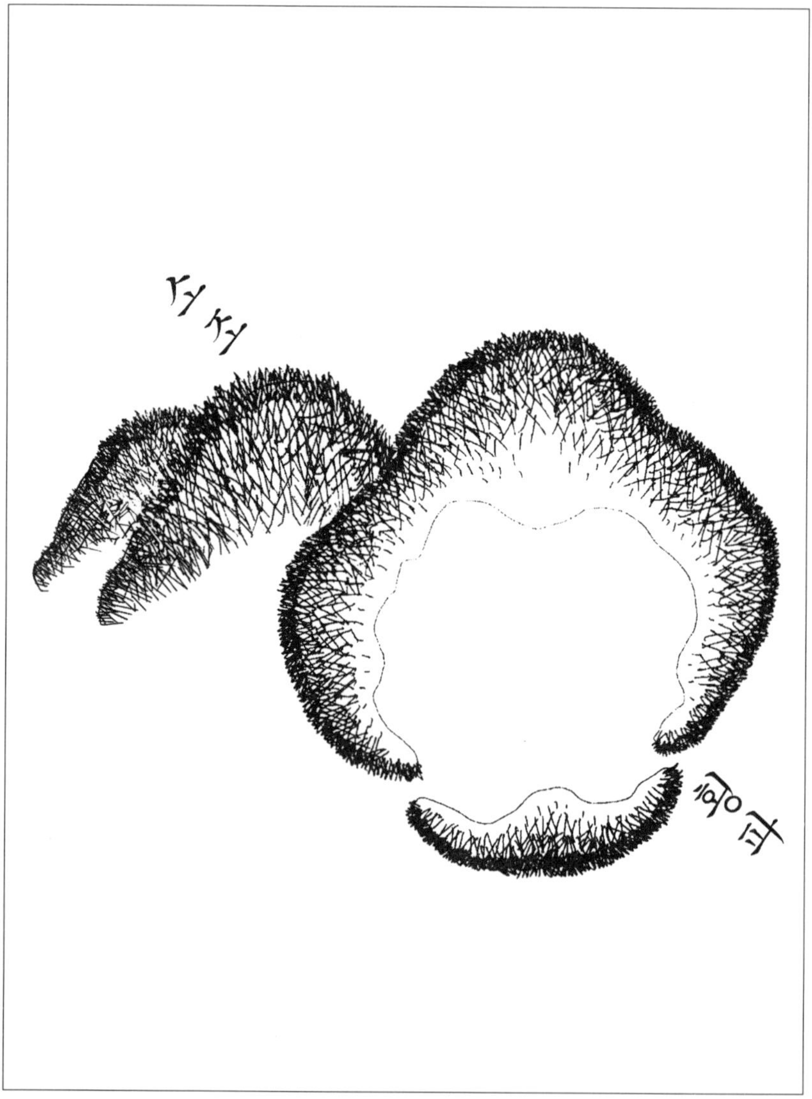

## 가. 곤신(坤申)횡파 - 간인(艮寅)소조

소조(少祖)에서 좌선(左旋)한 을진(乙辰)혈은 좌선혈(左旋穴)에 우선수(右旋水)로 합법(合法)이다. 그러나 소조(少祖)에서 우선(右旋)한 임자(壬子)혈은 통맥은 되지만 우선혈(右旋穴)에 우선수(右旋水)가 되어 불합(不合)하다.

## 나. 경유(庚酉)횡파 - 갑묘(甲卯)소조

소조(少祖)에서 좌선(左旋)한 손사(巽巳)혈은 좌선혈(左旋穴)에 우선수(右旋水)로 합법(合法)이다. 소조(少祖)에서 우선(右旋)한 계축(癸丑)혈은 통맥은 되나 우선혈(右旋穴)에 우선수(右旋水)가 되어 불합(不合)하다.

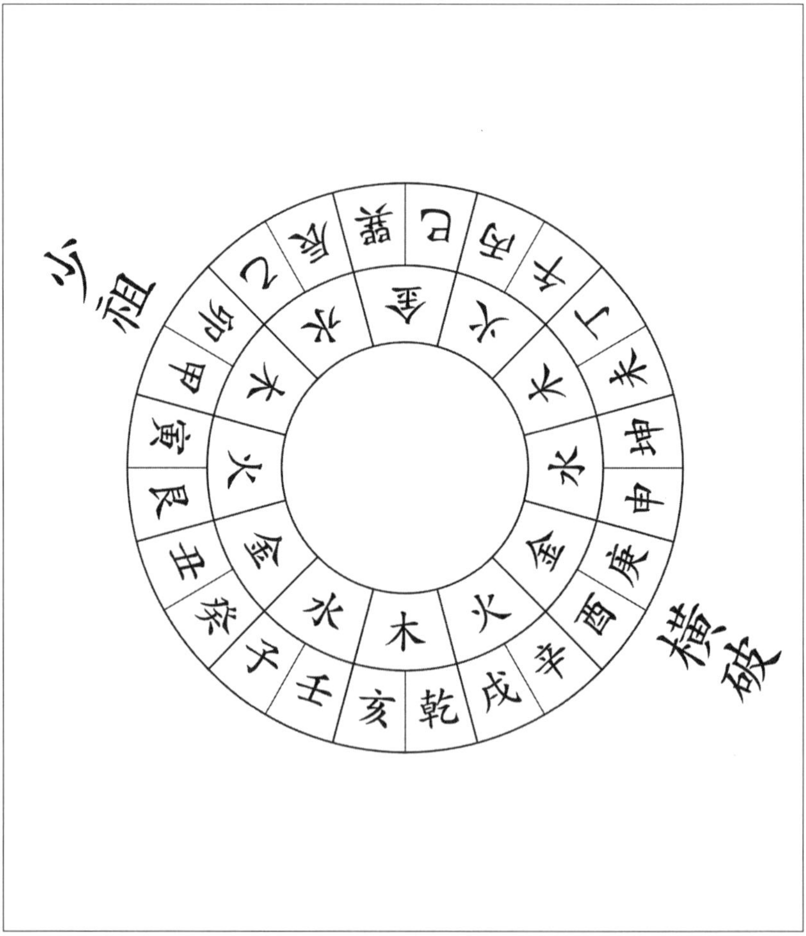

## 다. 신술(辛戌)횡파 - 을진(乙辰)소조

소조(少祖)에서 좌선(左旋)한 병오(丙午)혈은 좌선혈(左旋穴)에 우선수(右旋水)로 합법(合法)이다. 소조(少祖)에서 우선(右旋)한 간인(艮寅)혈은 통맥은 되나 우선혈(右旋穴)에 우선수(右旋水)가 되어 불합(不合)하다.

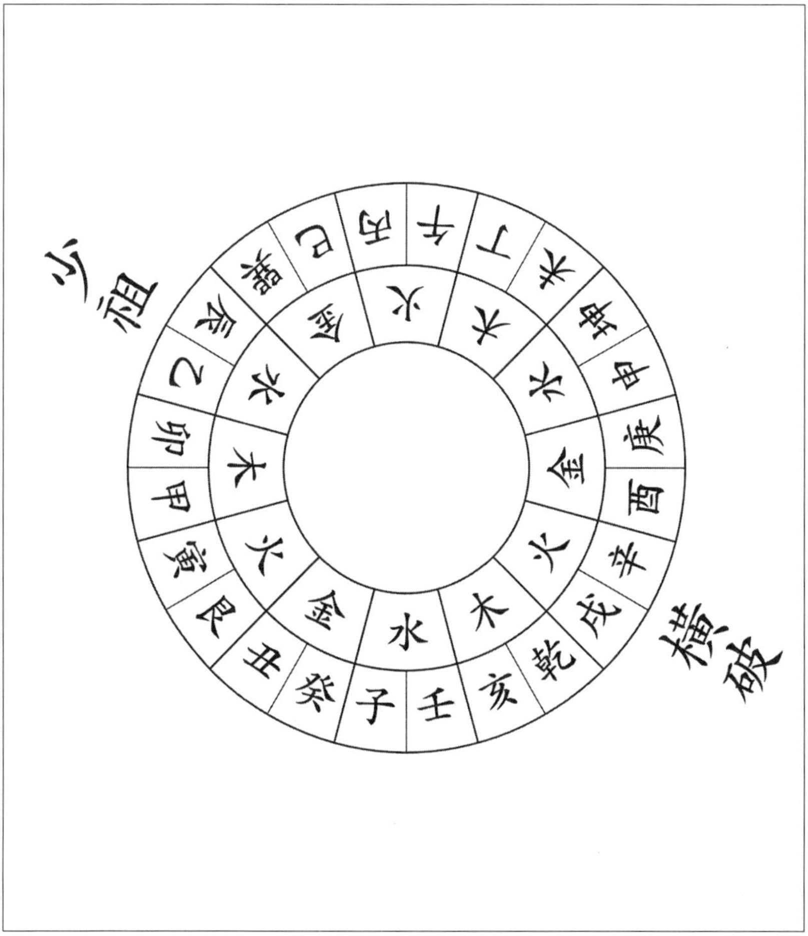

## 라. 건해(乾亥)횡파 - 손사(巽巳)소조

소조(少祖)에서 좌선(左旋)한 정미(丁未)혈은 좌선혈(左旋穴)에 우선수(右旋水)로 합법(合法)이다. 소조(少祖)에서 우선(右旋)한 갑묘(甲卯)혈은 통맥은 되나 우선혈(右旋穴)에 우선수(右旋水)가 되어 불합(不合)하다.

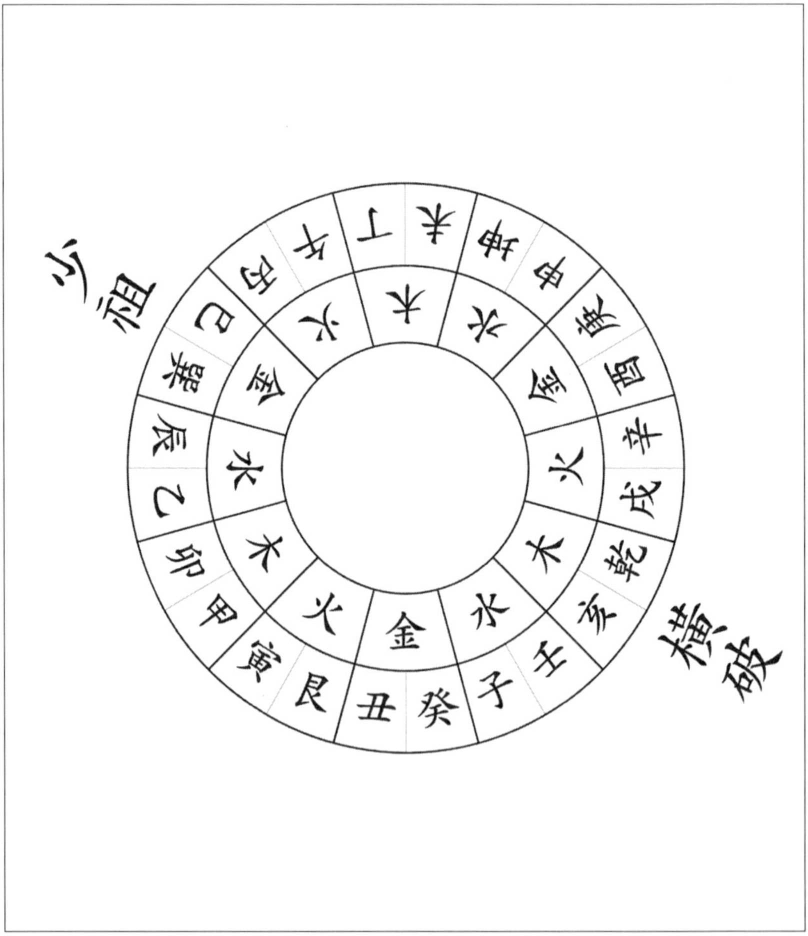

## 마. 임자(壬子)횡파 - 병오(丙午)소조

소조(少祖)에서 좌선(左旋)한 곤신(坤申)혈은 좌선혈(左旋穴)에 우선수(右旋水)로 합법(合法)이다. 소조(少祖)에서 우선(右旋)한 을진(乙辰)혈은 통맥은 되나 우선혈(右旋穴)에 우선수(右旋水)가 되어 불합(不合)하다.

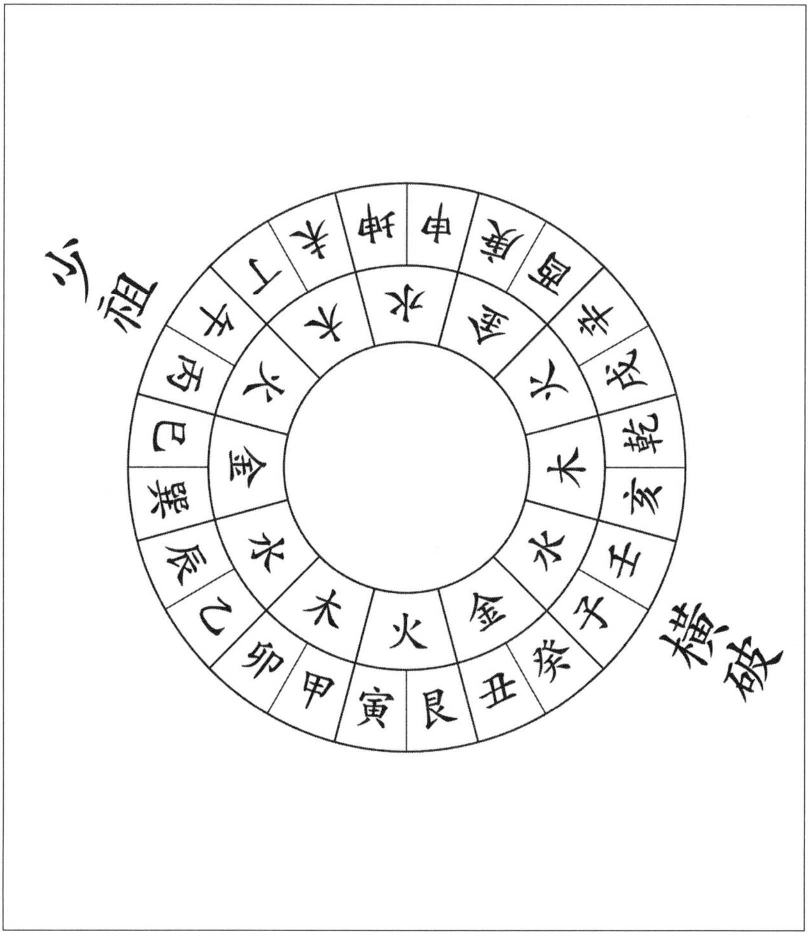

## 바. 계축(癸丑)횡파 - 정미(丁未)소조

소조(少祖)에서 좌선(左旋)한 경유(庚酉)혈은 좌선혈(左旋穴)에 우선수(右旋水)로 합법(合法)이다. 소조(少祖)에서 우선(右旋)한 손사(巽巳)혈은 통맥은 되나 우선혈(右旋穴)에 우선수(右旋水)가 되어 불합(不合)하다.

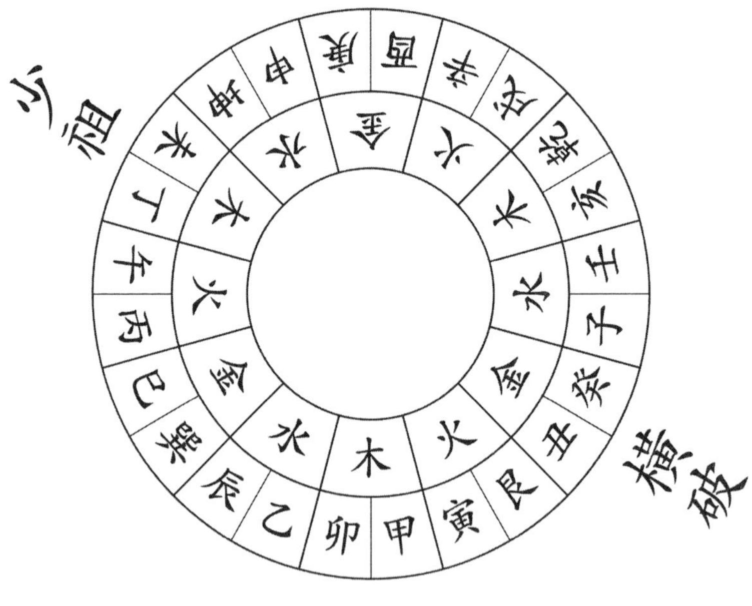

## 사. 간인(艮寅)횡파 - 곤신(坤申)소조

소조(少祖)에서 좌선(左旋)한 신술(辛戌)혈은 좌선혈(左旋穴)에 우선수(右旋水)로 합법(合法)이다. 소조(少祖)에서 우선(右旋)한 병오(丙午)혈은 통맥은 되나 우선혈(右旋穴)에 우선수(右旋水)가 되어 불합(不合)하다.

## 아. 갑묘(甲卯)횡파 – 경유(庚酉)소조

소조(少祖)에서 좌선(左旋)한 건해(乾亥)혈은 좌선혈(左旋穴)에 우선수(右旋水)로 합법(合法)이다. 소조(少祖)에서 우선(右旋)한 정미(丁未)혈은 통맥은 되나 우선혈(右旋穴)에 우선수(右旋水)가 되어 불합(不合)하다.

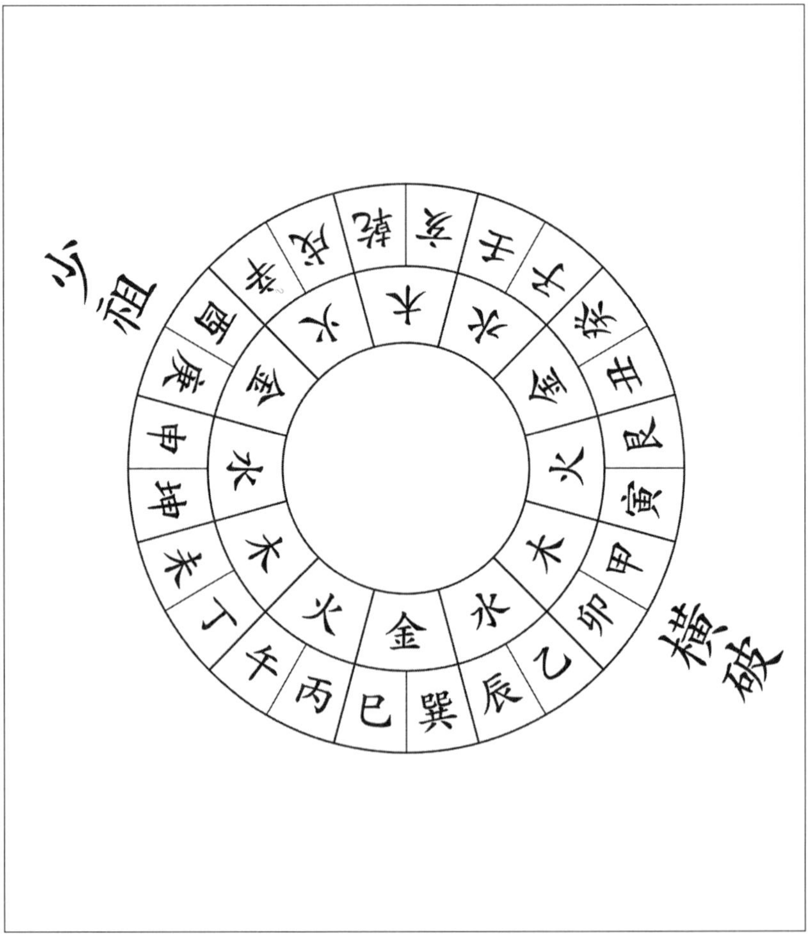

### 자. 을진(乙辰)횡파 - 신술(辛戌)소조

소조(少祖)에서 좌선(左旋)한 임자(壬子)혈은 좌선혈(左旋穴)에 우선수(右旋水)로 합법(合法)이고, 소조(少祖)에서 우선(右旋)한 곤신(坤申)혈은 통맥은 되나 우선혈(右旋穴)에 우선수(右旋水)가 되어 불합(不合)하다.

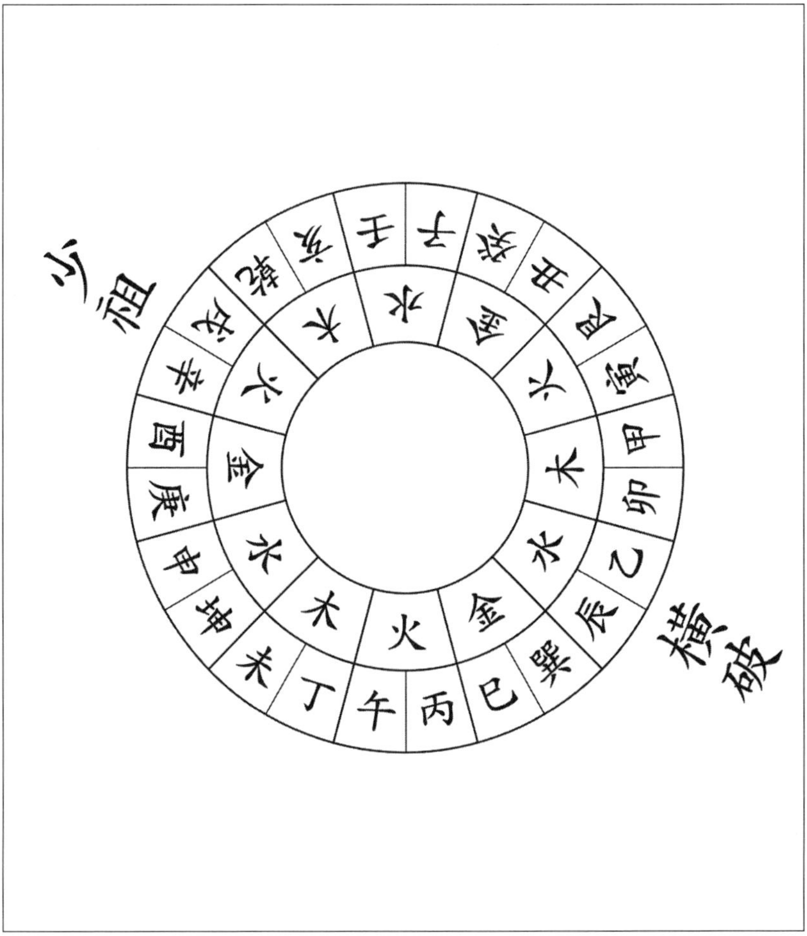

## 차. 손사(巽巳)횡파 - 건해(乾亥)소조

소조(少祖)에서 좌선(左旋)한 계축(癸丑)혈은 좌선혈(左旋穴)에 우선수(右旋水)로 합법(合法)이다. 소조(少祖)에서 우선(右旋)한 경유(庚酉)혈은 통맥은 되나 우선혈(右旋穴)에 우선수(右旋水)가 되어 불합(不合)하다.

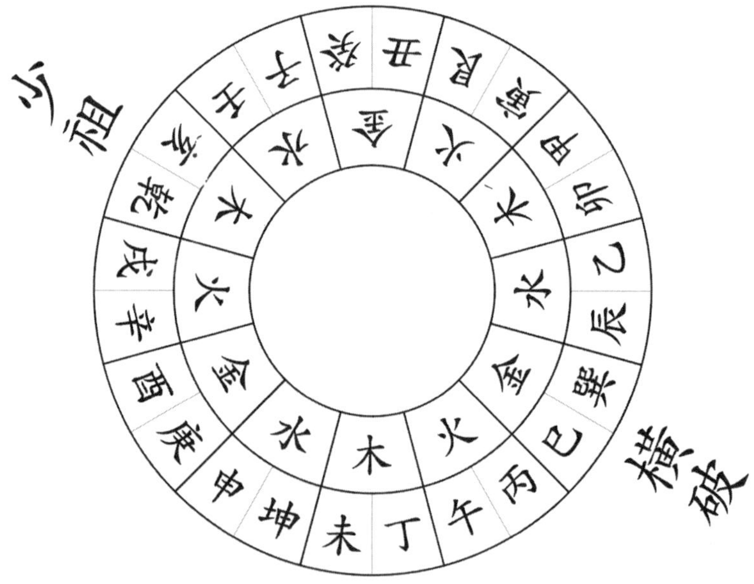

### 카. 병오(丙午)횡파 - 임자(壬子)소조

소조(少祖)에서 좌선(左旋)한 간인(艮寅)혈은 좌선혈(左旋穴)에 우선수(右旋水)로 합법(合法)이다. 소조(少祖)에서 우선(右旋)한 신술(辛戌)혈은 통맥은 되나 우선혈(右旋穴)에 우선수(右旋水)가 되어 불합(不合)하다.

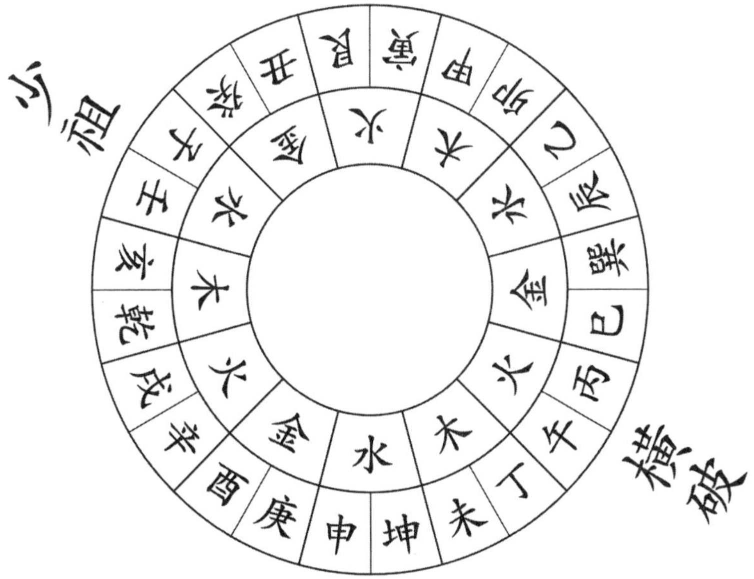

## 타. 정미(丁未)횡파 - 계축(癸丑)소조

소조(少祖)에서 좌선(左旋)한 갑묘(甲卯)혈은 좌선혈(左旋穴)에 우선수(右旋水)로 합법(合法)이다. 소조(少祖)에서 우선(右旋)한 건해(乾亥)혈은 통맥은 되나 우선혈(右旋穴)에 우선수(右旋水)가 되어 불합(不合)하다.

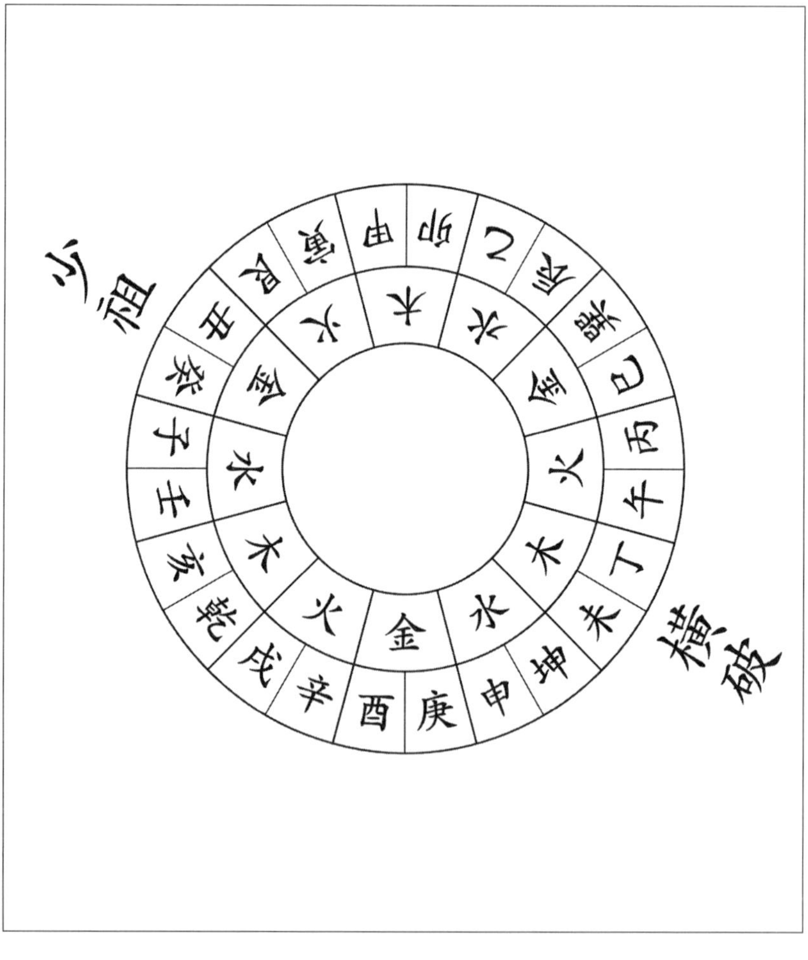

# 제 三 장
# 소조산과 직산, 횡산

# 소조산(少祖山)과 직산, 횡산

직파는 내수(內水)로 이루어지고, 횡파는 외수(外水)로 이루어진다.

직파(直破)나 횡파(橫破)에서 후산(後山)을 측정(測定)하여 정대(正對)되는 방위(方位)가 소조산(少祖山)이 된다. 소조산은 직소조 직파(直少祖 直破), 횡소조 횡파(橫少祖 橫破)가 되어 바로 묘(墓)를 쓰거나 건물을 지을 수 없고, 좌선(左旋)이나 우선(右旋)으로 통맥(通脈)되는 혈좌(穴坐)가 바른 자리이다(제1장 통맥조견표 참조).

직산이나 횡산 방위(方位)에 바로 묘(墓)를 쓰거나 건물(建物)을 짓거나 하면 직산 직파(直山 直破), 횡산 횡파(橫山 橫破) 모두 산수동거(山水同去, 산과 물이 함께 감)로 불배합, 비혈지(非穴地)이다. 즉, 소조(少祖)와 혈좌(穴坐)는 통맥이 되어 진룡 진혈(眞龍 眞穴)이 되지만 소조와 직산, 횡산은 통맥이 될 수 없어 가용 가혈(假龍 假穴)이 된다.

# 1. 직파(直破)와 횡파(橫破)

음택(陰宅), 양택(陽宅) 공(共)히 전술(前述)한 바와 같이 직파, 횡파 모두 파(破) 정대(正對) - 소조산(少祖山)은 용수배합(龍水配合)이 되고, 파(破) 정대(正對) - 직산, 횡산은 용수불배합(龍水不配合)이 된다.

직수(直水)로 된 직파(直破)는 소조(少祖)로부터 좌선(左旋)한 혈(穴)이 있고, 소조(少祖)로부터 우선(右旋)한 혈(穴)이 있다. 좌선수(左旋水)로 된 횡파(橫破)는 소조산(少祖山) 우측에 혈(穴)이 있고, 우선수(右旋水)로 된 횡파(橫破)는 소조산(少祖山) 좌측에 혈(穴)이 있다. 많은 묘지와 건물들이 용수배합법(龍水配合法)에 어긋나 있다.

진룡(眞龍)에 진혈(眞穴) 보는 법은 다음과 같다.

- 좌(坐), 정대(正對)는 향(向)이 되고
- 득(得), 정대(正對)는 옹조(擁助)가 되고
- 파(破), 정대(正對)는 소조(少祖)가 되고

좌삼합(坐三合) 정대(正對)는 향삼합(向三合)이 되고, 소조(少祖) 통맥(通脈)은 혈좌(穴坐)가 된다.

## 2. 용수불배합(龍水不配合) 조견표

| 직파(直破) | 정대(正對) | 직산(直山) | 불배합<br>(不配合) |
|---|---|---|---|
| 횡파(橫破) | 정대(正對) | 횡산(橫山) | 불배합<br>(不配合) |
| 巽巳 | 〃 | 乾亥 | 〃 |
| 丙午 | 〃 | 壬子 | 〃 |
| 丁未 | 〃 | 癸丑 | 〃 |
| 坤申 | 〃 | 艮寅 | 〃 |
| 庚酉 | 〃 | 甲卯 | 〃 |
| 辛戌 | 〃 | 乙辰 | 〃 |
| 乾亥 | 〃 | 巽巳 | 〃 |
| 壬子 | 〃 | 丙午 | 〃 |
| 癸丑 | 〃 | 丁未 | 〃 |
| 艮寅 | 〃 | 坤申 | 〃 |
| 甲卯 | 〃 | 庚酉 | 〃 |
| 乙辰 | 〃 | 辛戌 | 〃 |

## 3. 직산-직파 불배합 12

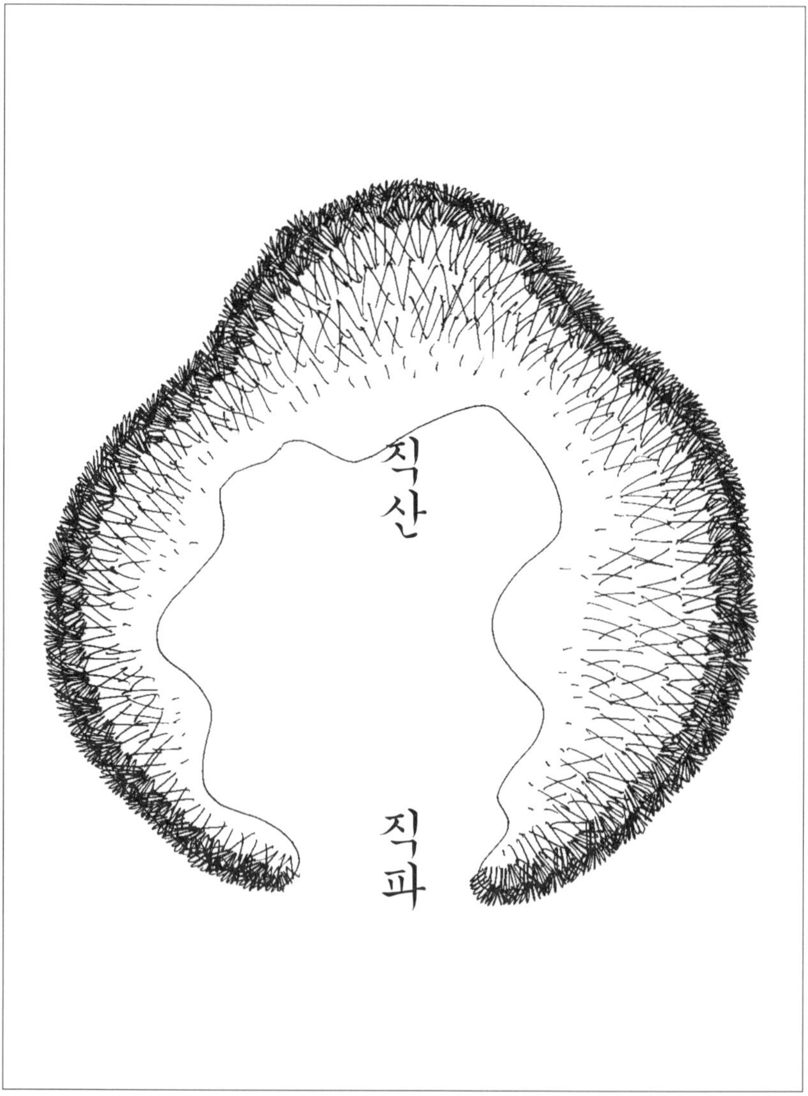

가. 직산임자 직파병오는 산수동거로 불배합이 되고, 소조와 직산은 무통맥 비혈지가 된다.

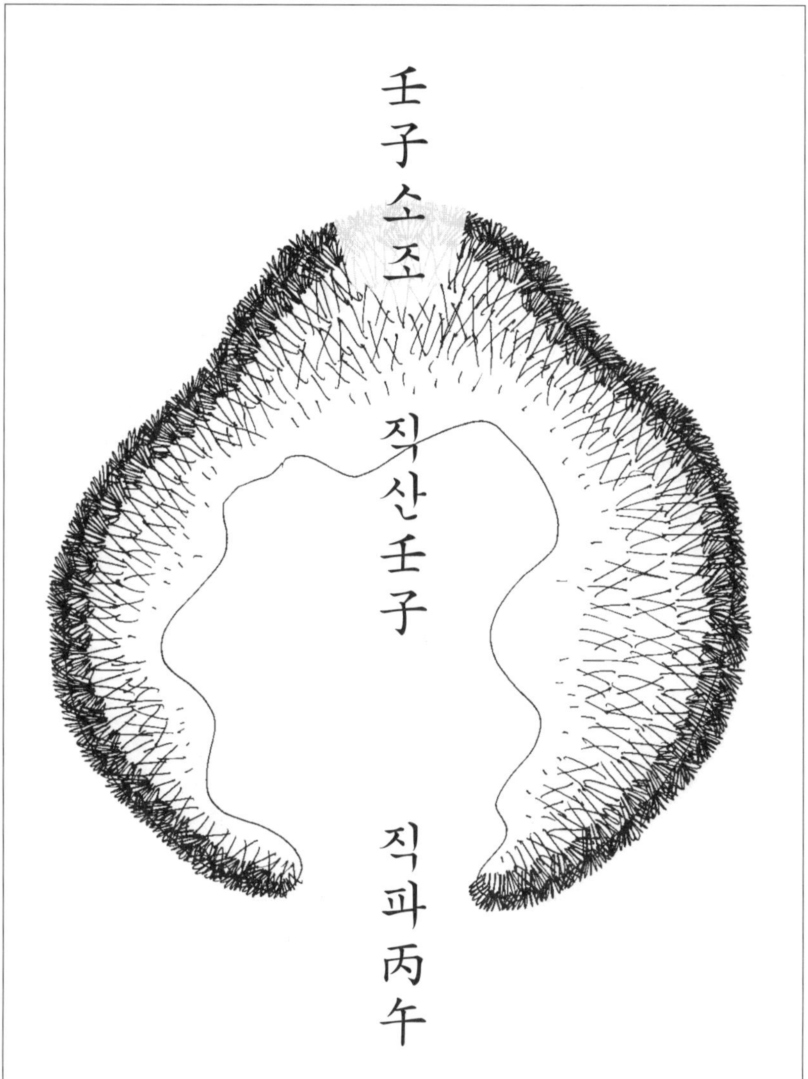

나. 직산계축 직파정미는 산수동거로 불배합이 되고, 소조와 직산은 무통맥 비혈지가 된다.

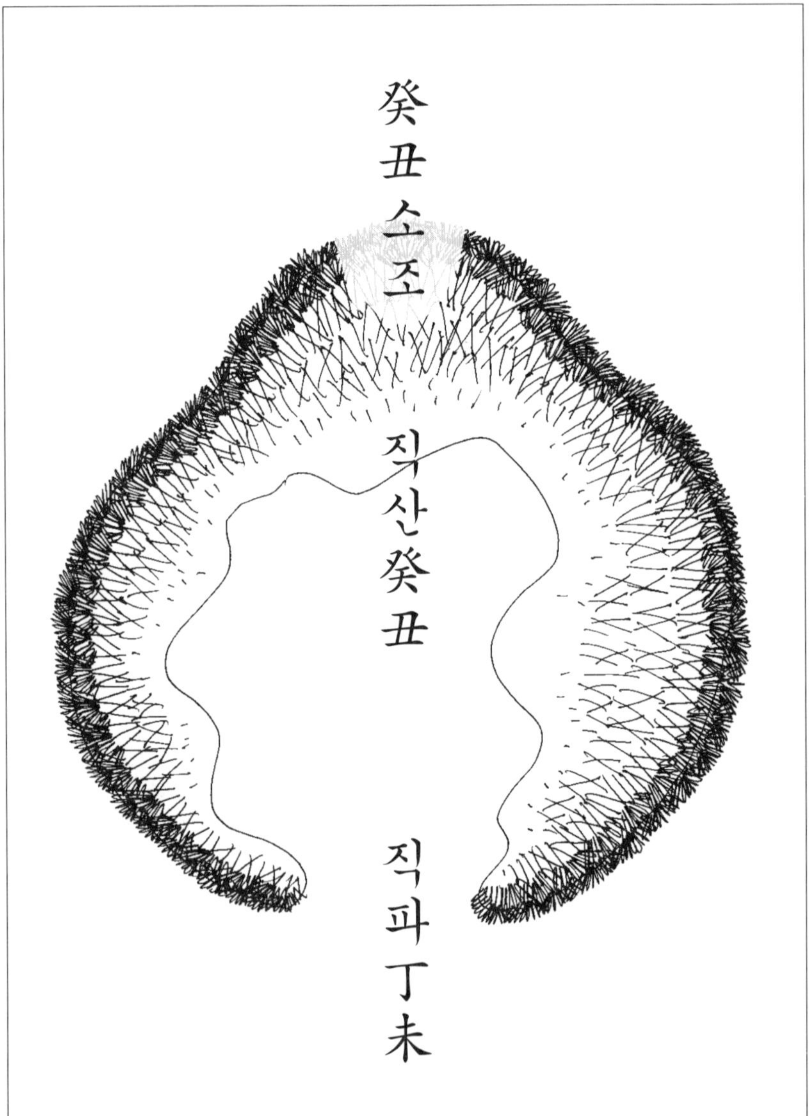

다. 직산간인 직파곤신은 산수동거로 불배합이 되고, 소조와 직산은 무통맥 비혈지가 된다.

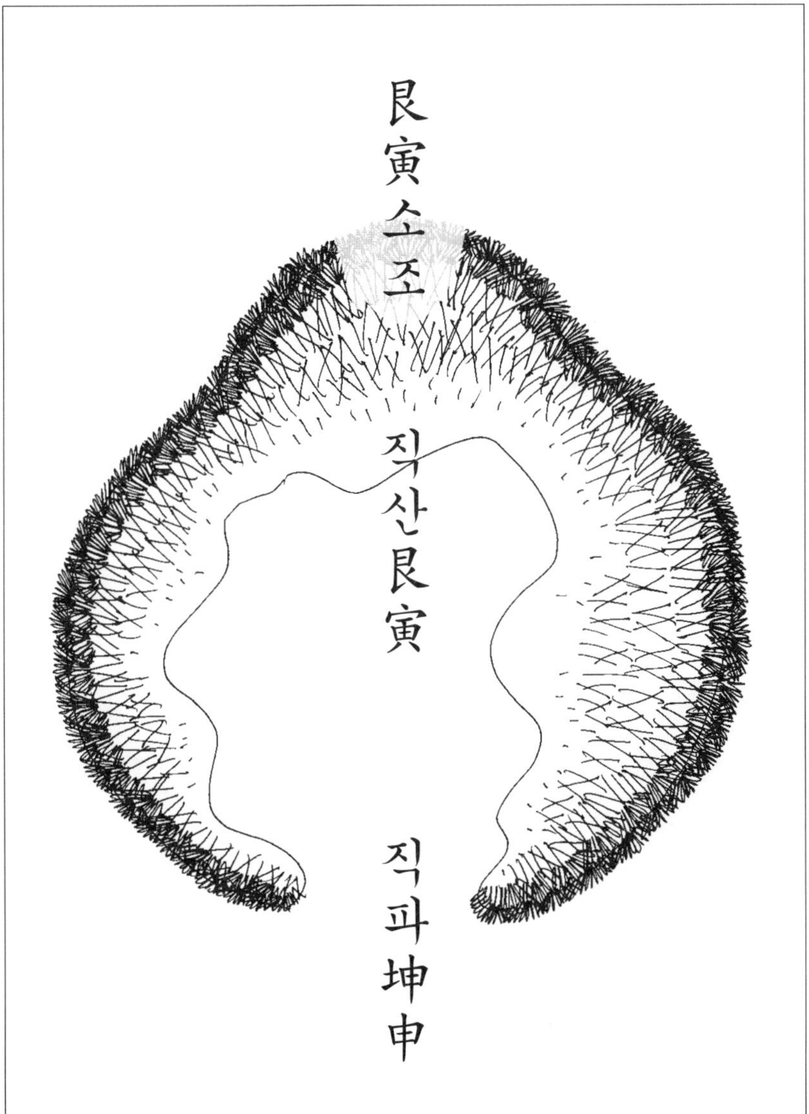

라. 직산갑묘 직파경유는 산수동거로 불배합이 되고, 소조와 직산은 무통맥 비혈지가 된다.

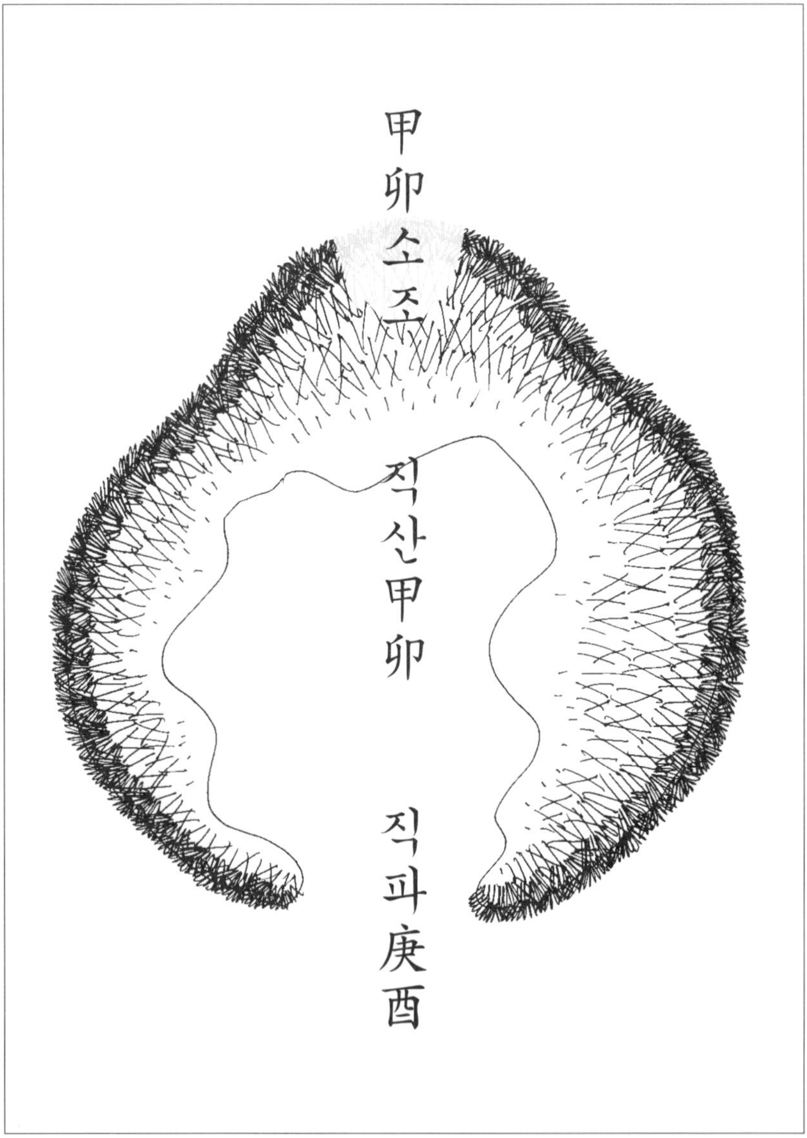

마. 직산을진 직파신술은 산수동거로 불배합이 되고, 소조와 직산은 무통맥 비혈지가 된다.

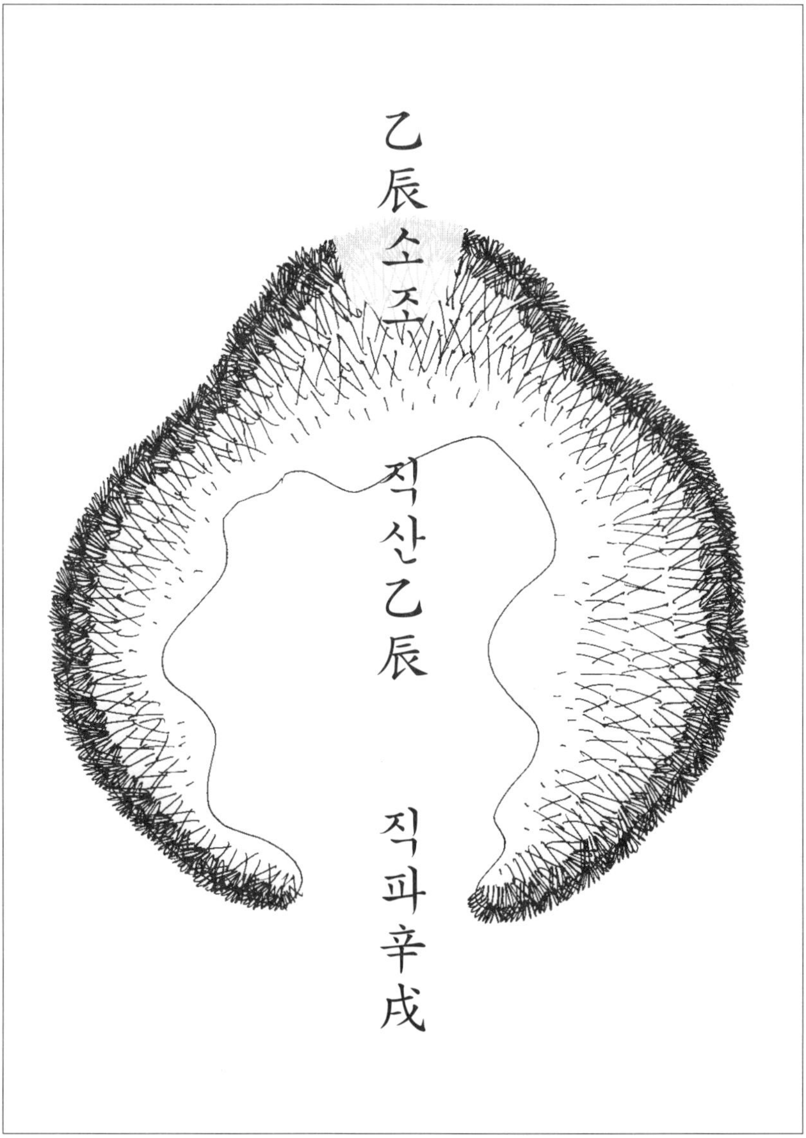

바. 직산손사 직파건해는 산수동거로 불배합이 되고, 소조와 직산은 무통맥 비혈지가 된다.

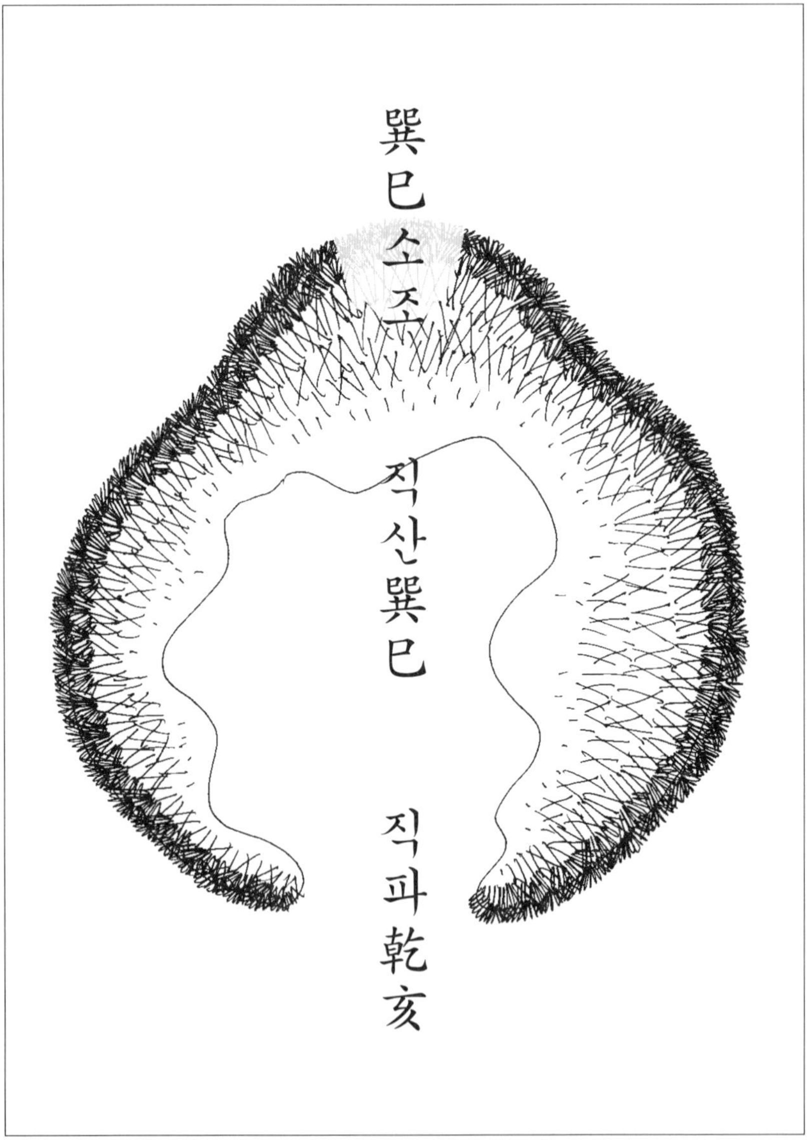

사. 직산병오 직파임자는 산수동거로 불배합이 되고, 소조와 직산은 무통맥 비혈지가 된다.

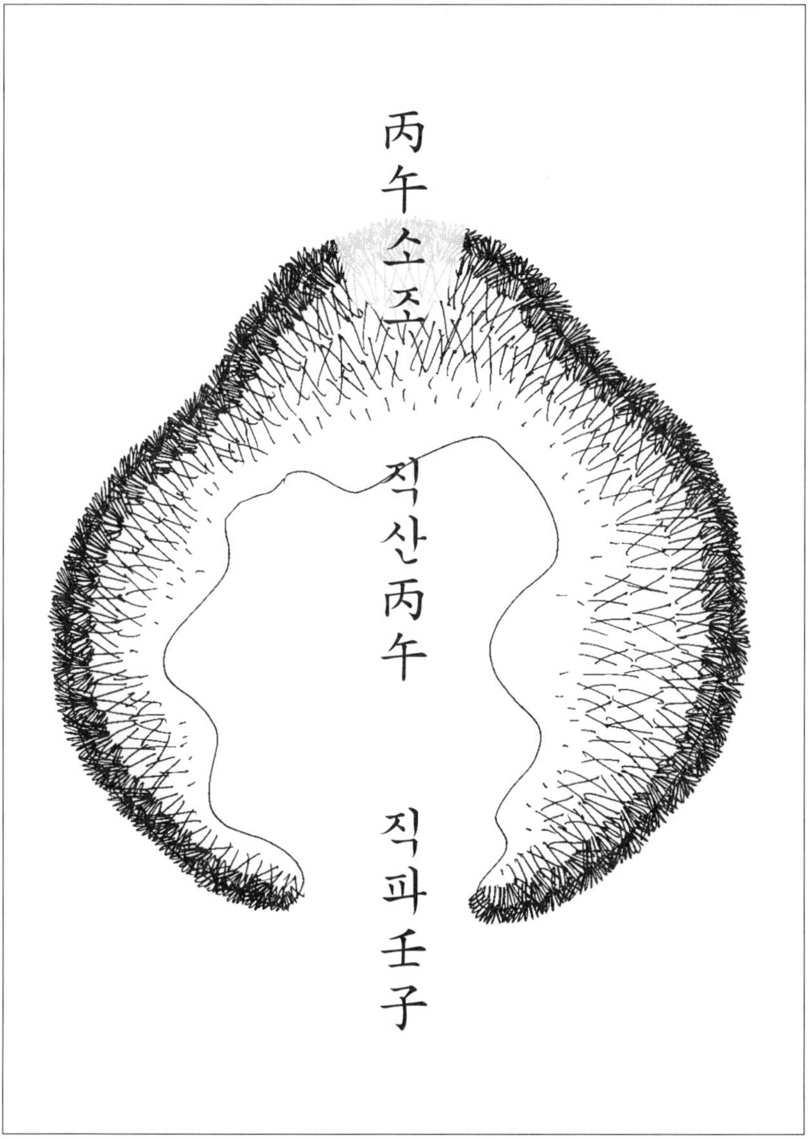

아. 직산정미 직파계축은 산수동거로 불배합이 되고, 소조와 직산은 무통맥 비혈지가 된다.

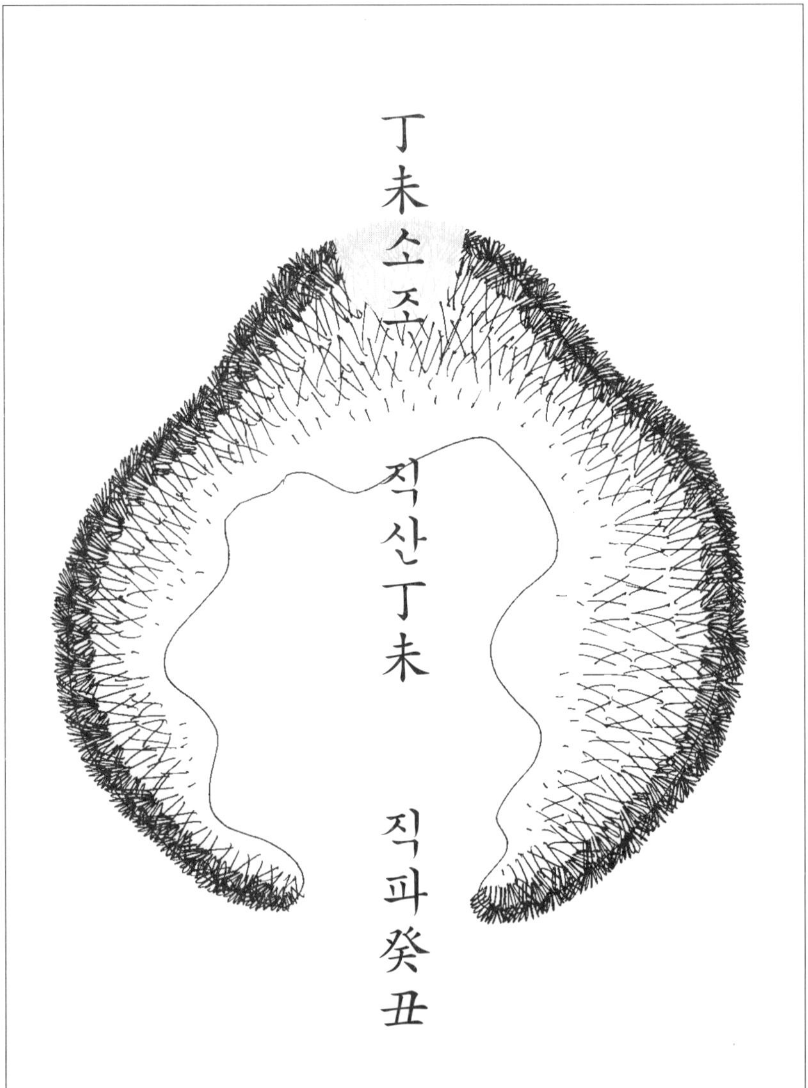

자. 직산곤신 직파간인은 산수동거로 불배합이 되고, 소조와 직산은 무통맥 비혈지가 된다.

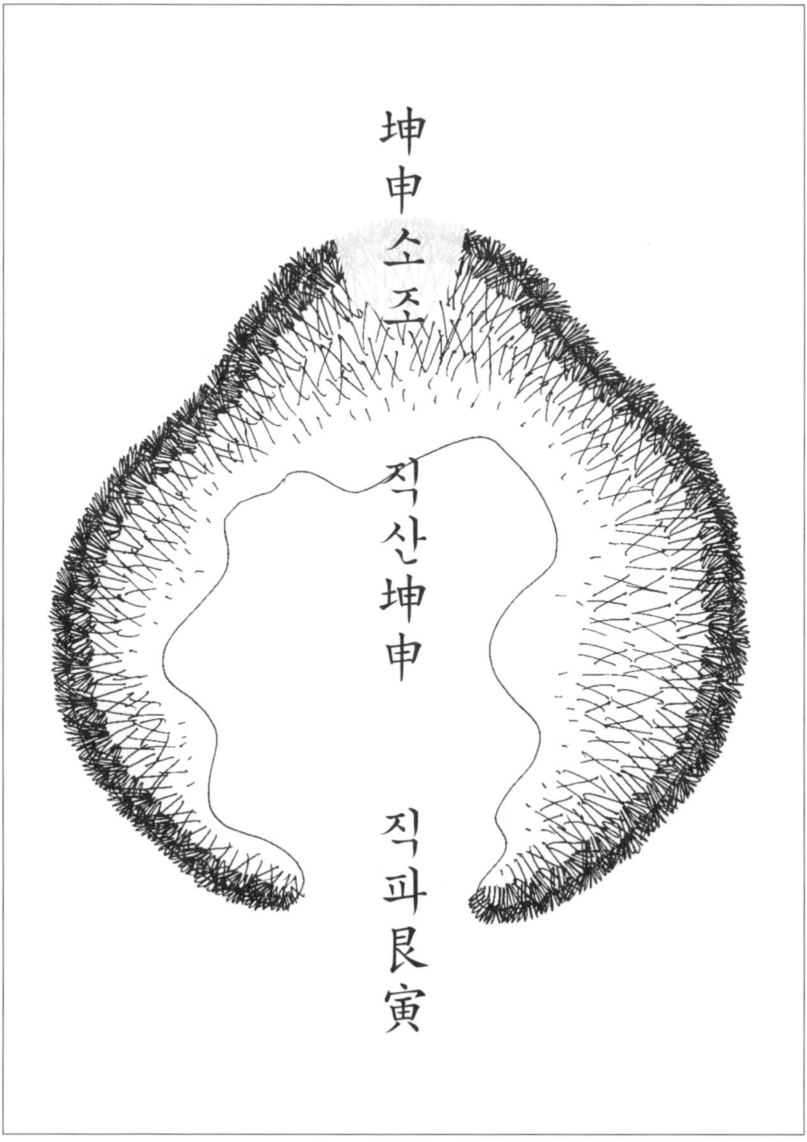

차. 직산경유 직파갑묘는 산수동거로 불배합이 되고, 소조와 직산은 무통맥 비혈지가 된다.

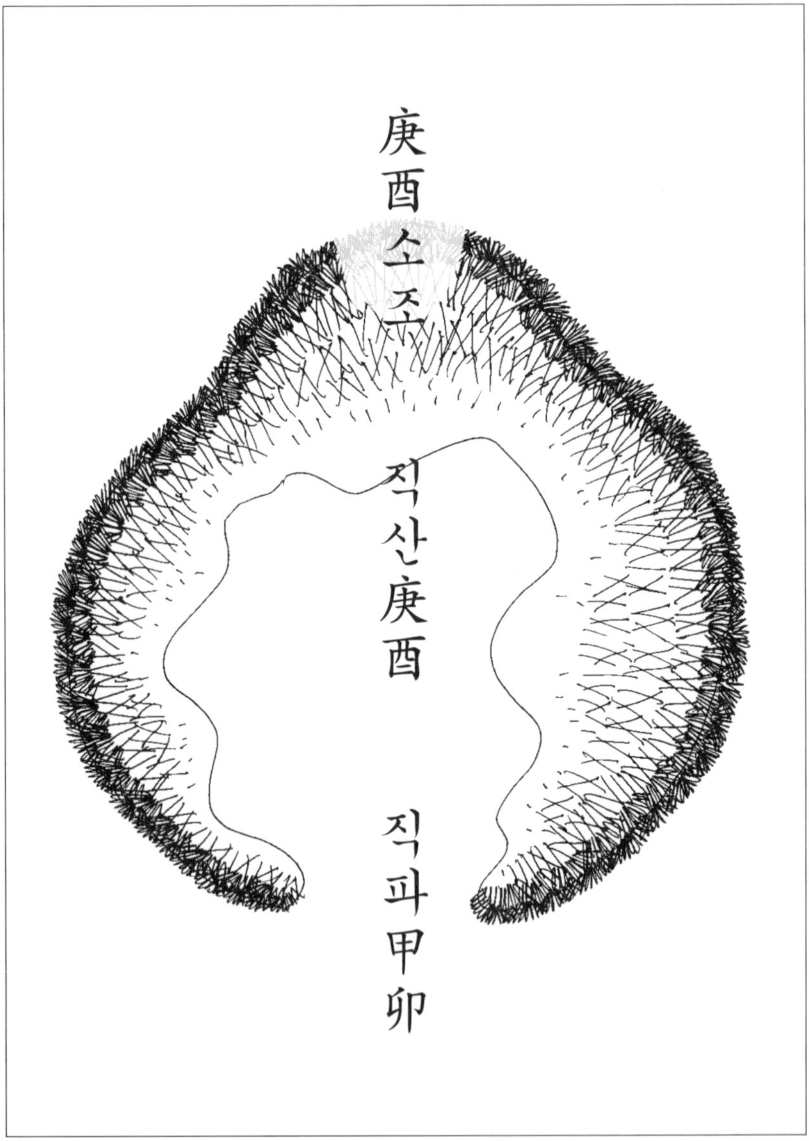

카. 직산신술 직파을진은 산수동거로 불배합이 되고, 소조와 직산은 무통맥 비혈지가 된다.

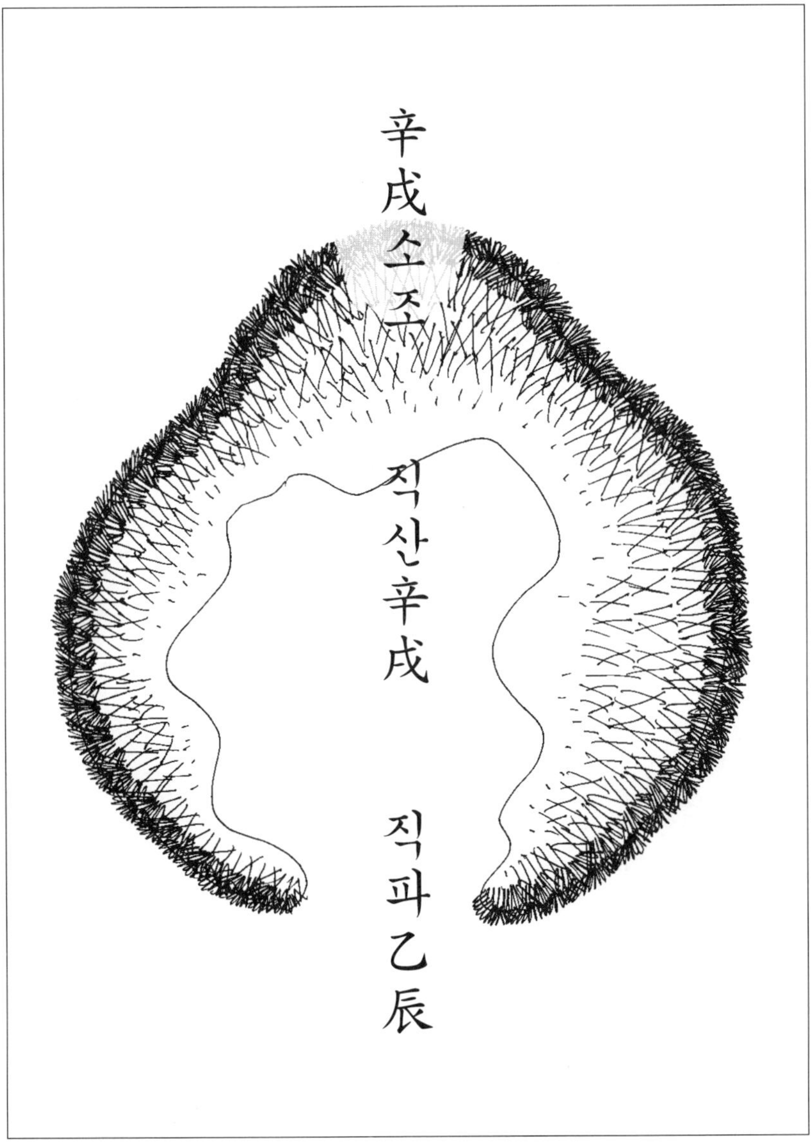

타. 직산건해 직파손사는 산수동거로 불배합이 되고, 소조와 직산은 무통맥 비혈지가 된다.

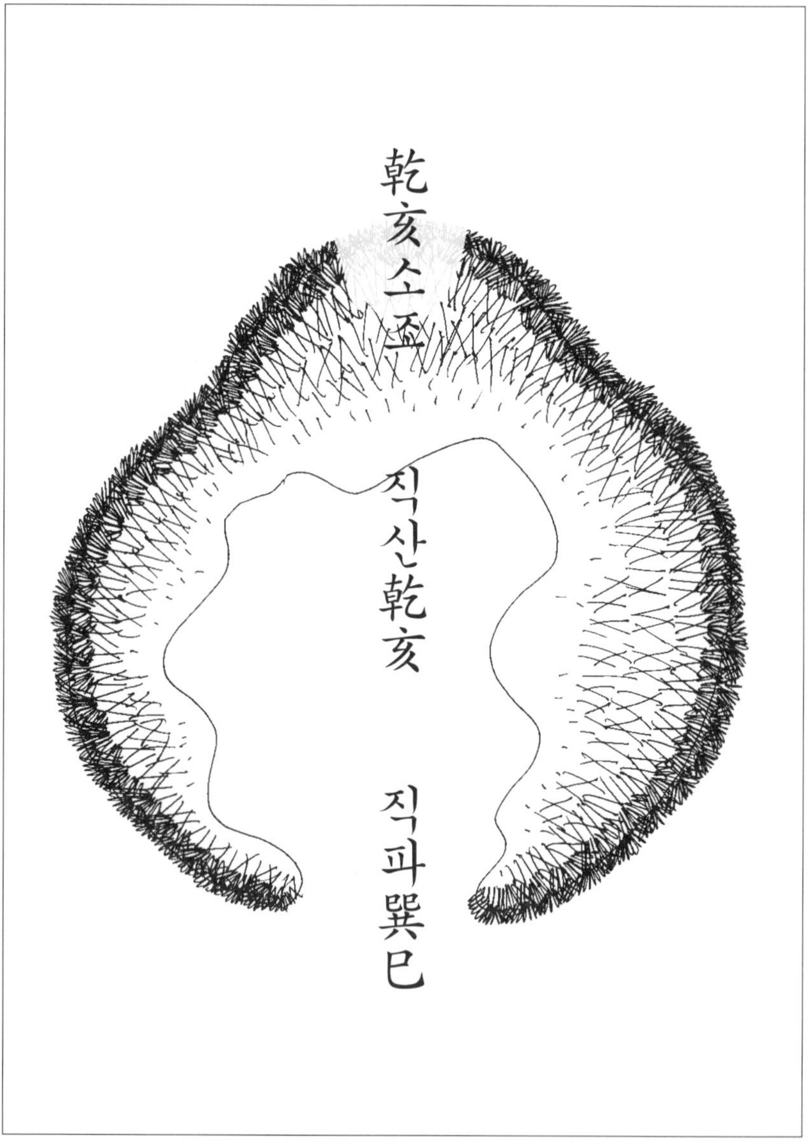

## 4. 횡산-횡파 불배합 12

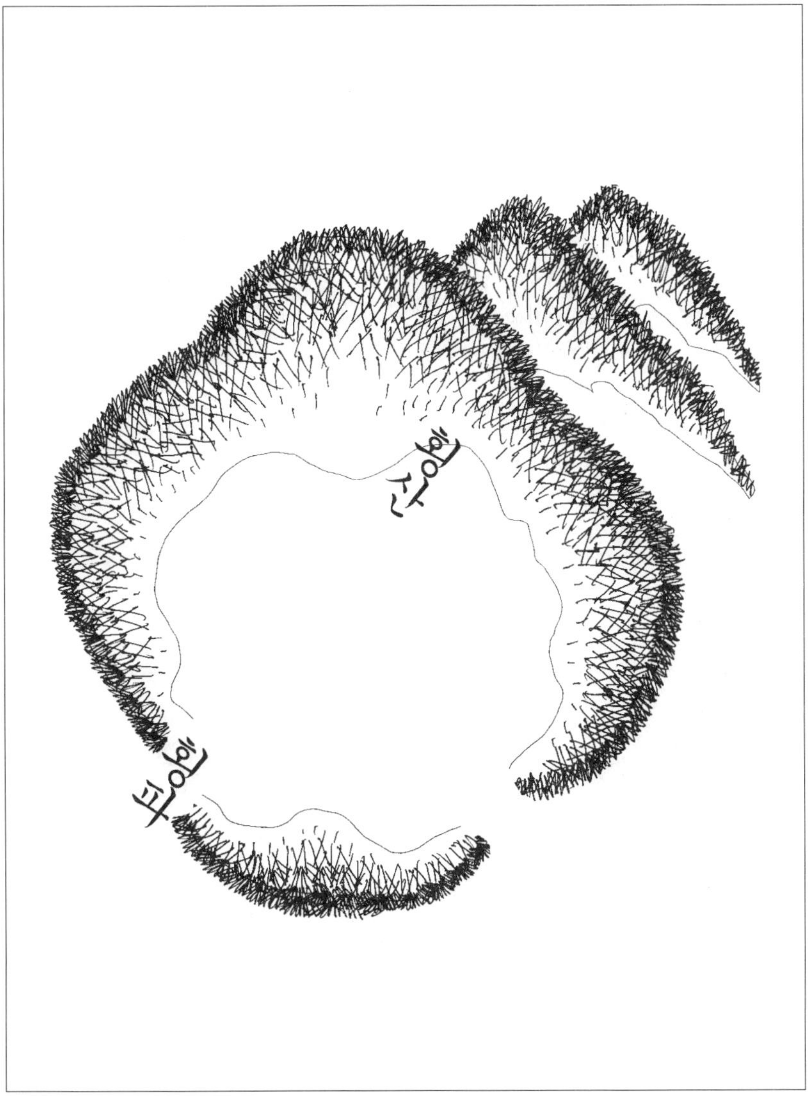

가. 횡산건해 횡파손사는 산수동거로 불배합이 되고, 소조와 횡산은 무통맥 비혈지가 된다.

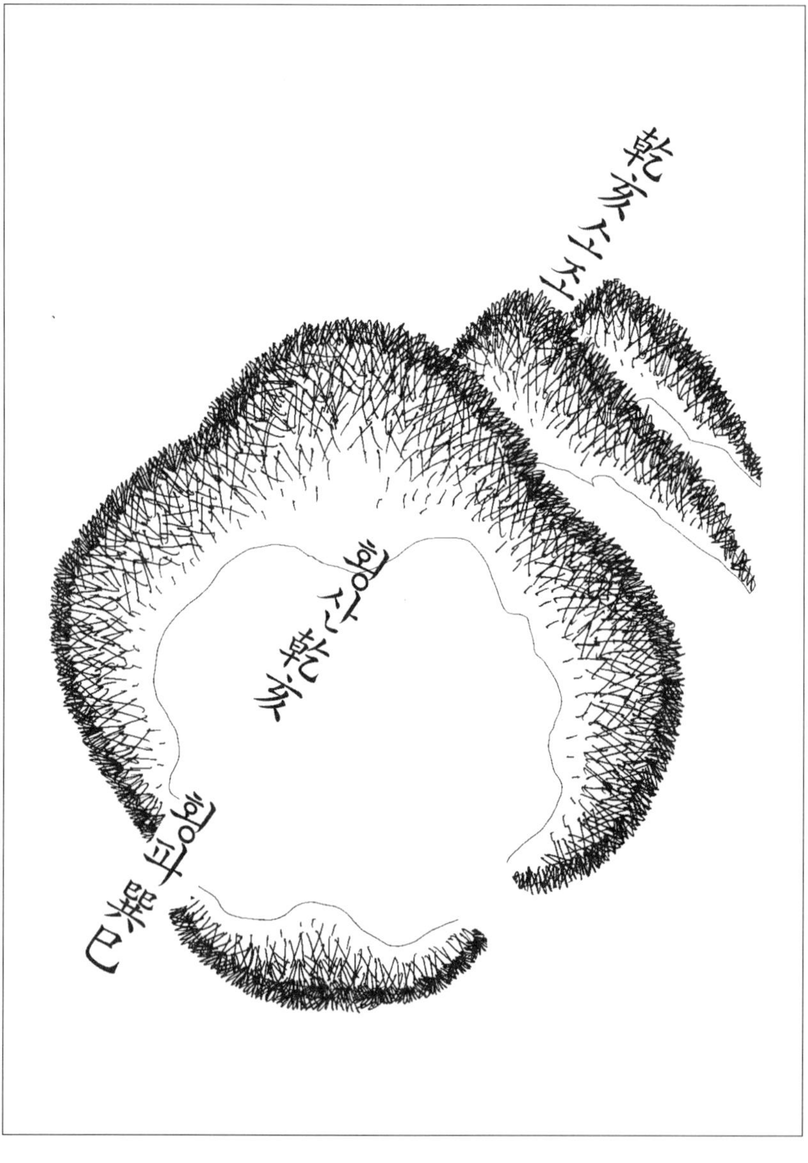

나. 횡산임자 횡파병오는 산수동거로 불배합이 되고, 소조와 횡산은 무통맥 비혈지가 된다.

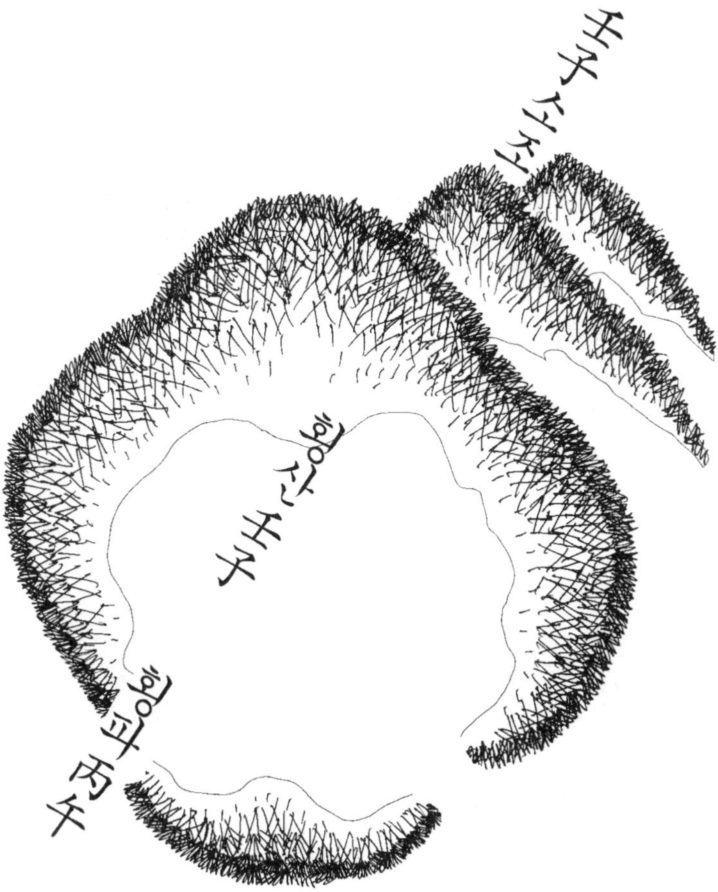

다. 횡산계축 횡파정미는 산수동거로 불배합이 되고, 소조와 횡산은 무통맥 비혈지가 된다.

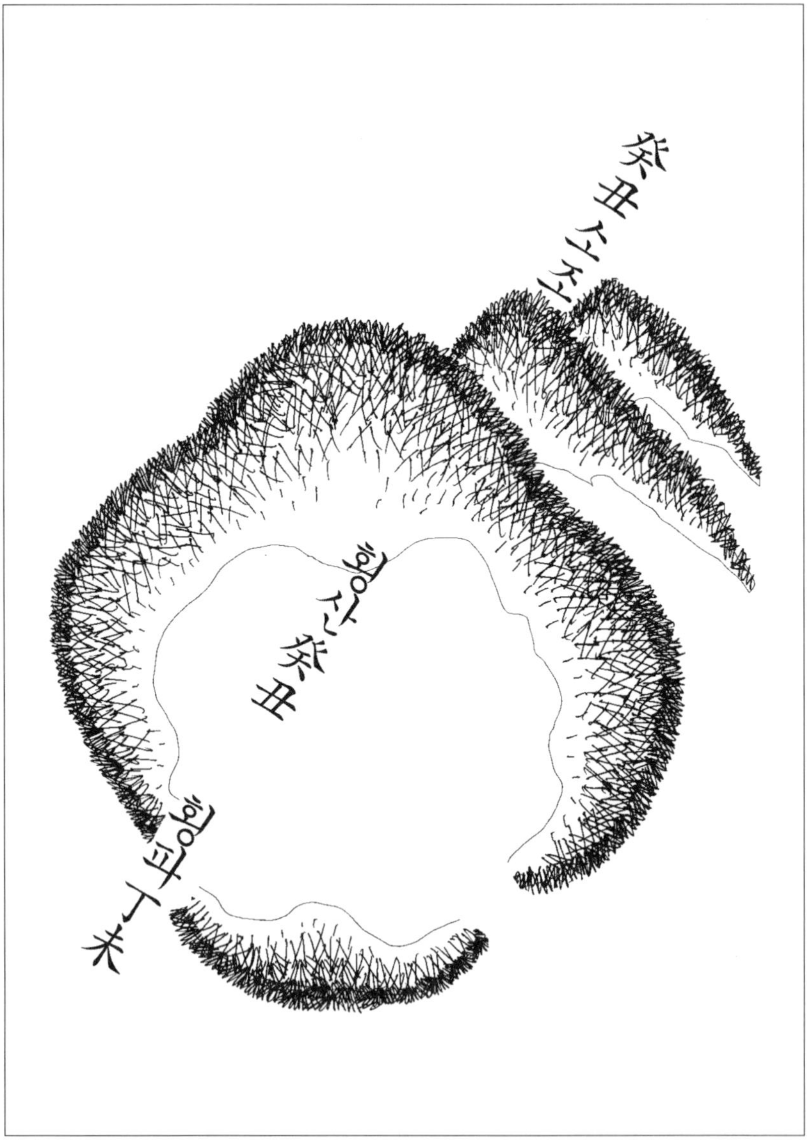

라. 횡산간인 횡파곤신은 산수동거로 불배합이 되고, 소조와 횡산은 무통맥 비혈지가 된다.

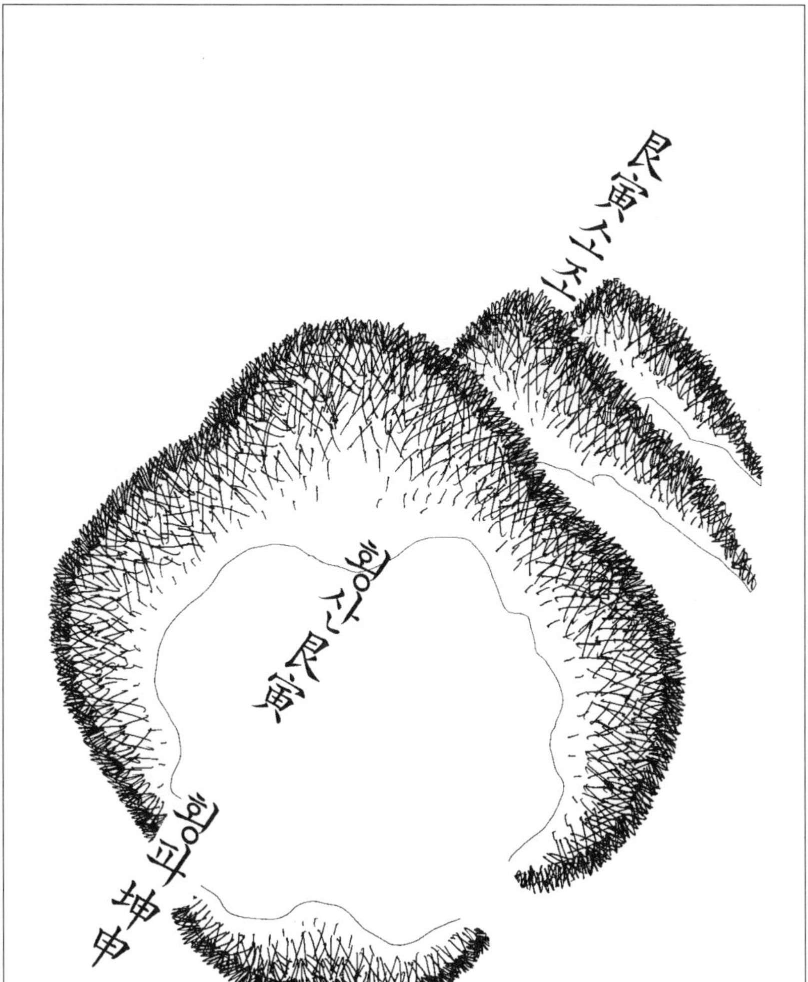

마. 횡산갑묘 횡파경유는 산수동거로 불배합이 되고, 소조와 횡산은 무통맥 비혈지가 된다.

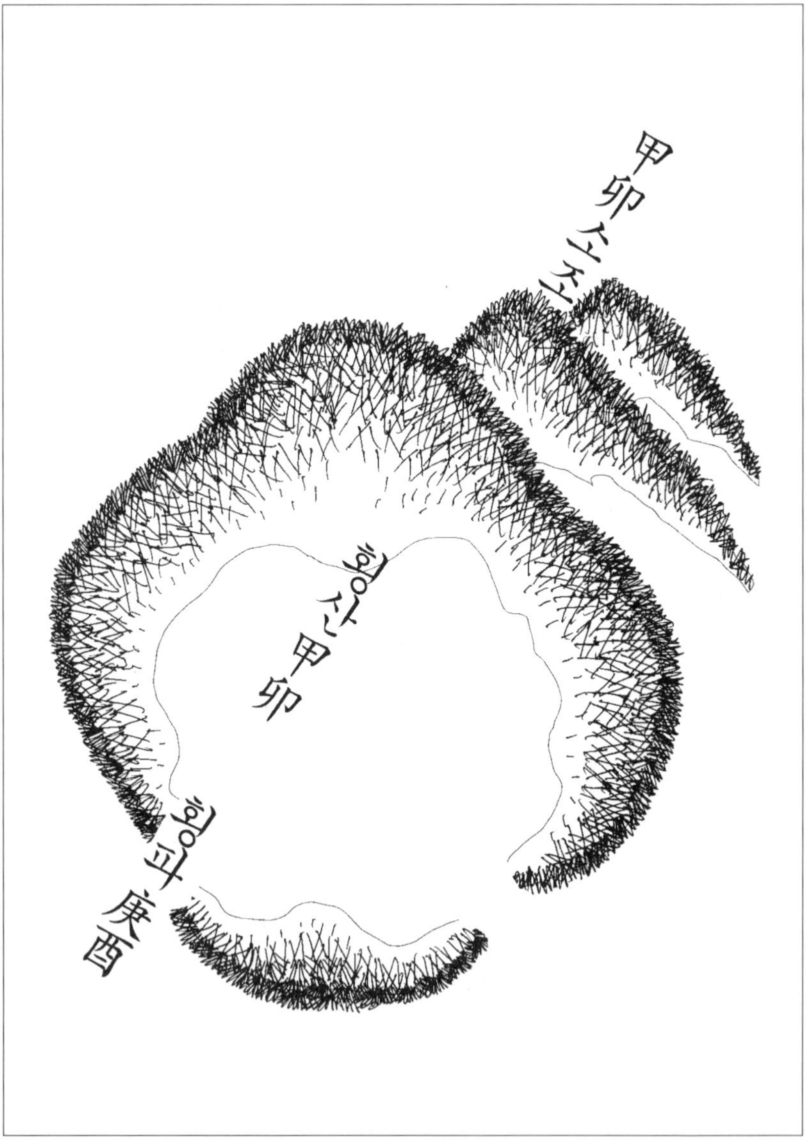

바. 횡산을진 횡파신술은 산수동거로 불배합이 되고, 소조와 횡산은 무통맥 비혈지가 된다.

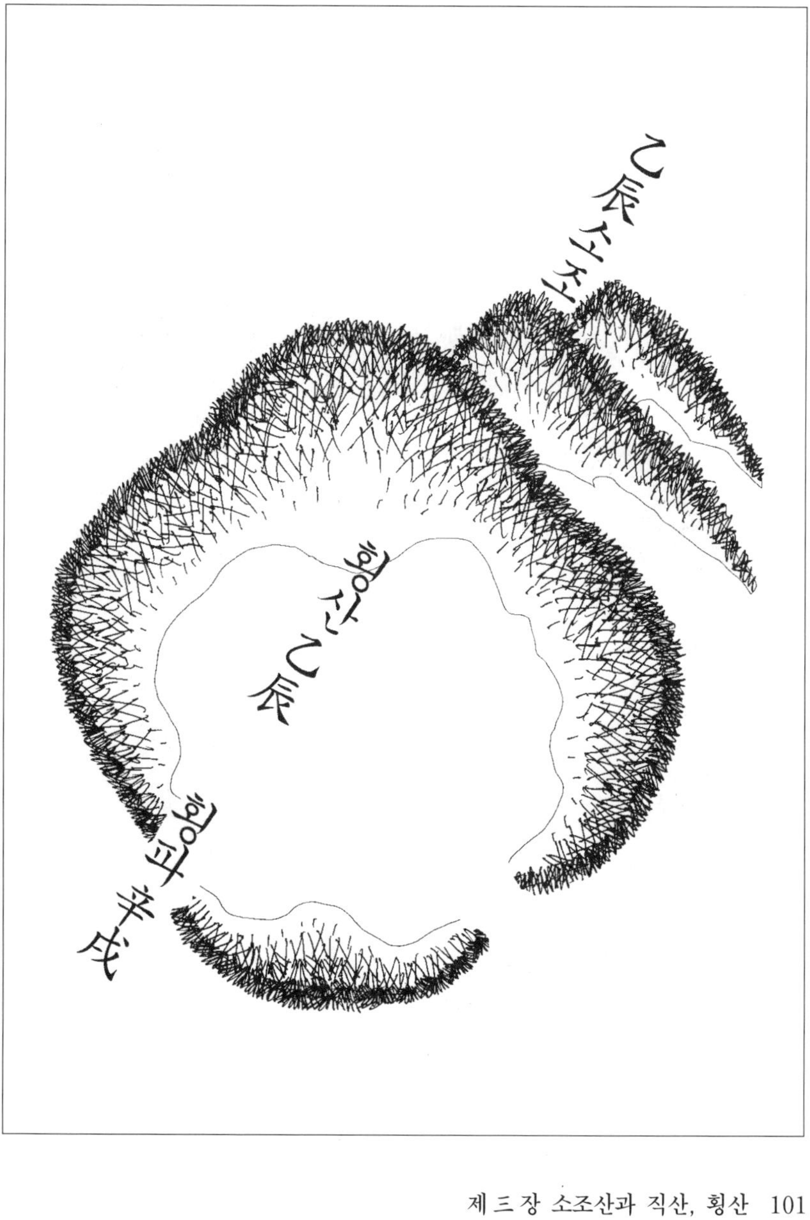

사. 횡산손사 횡파건해는 산수동거로 불배합이 되고, 소조와 횡산은 무통맥 비혈지가 된다.

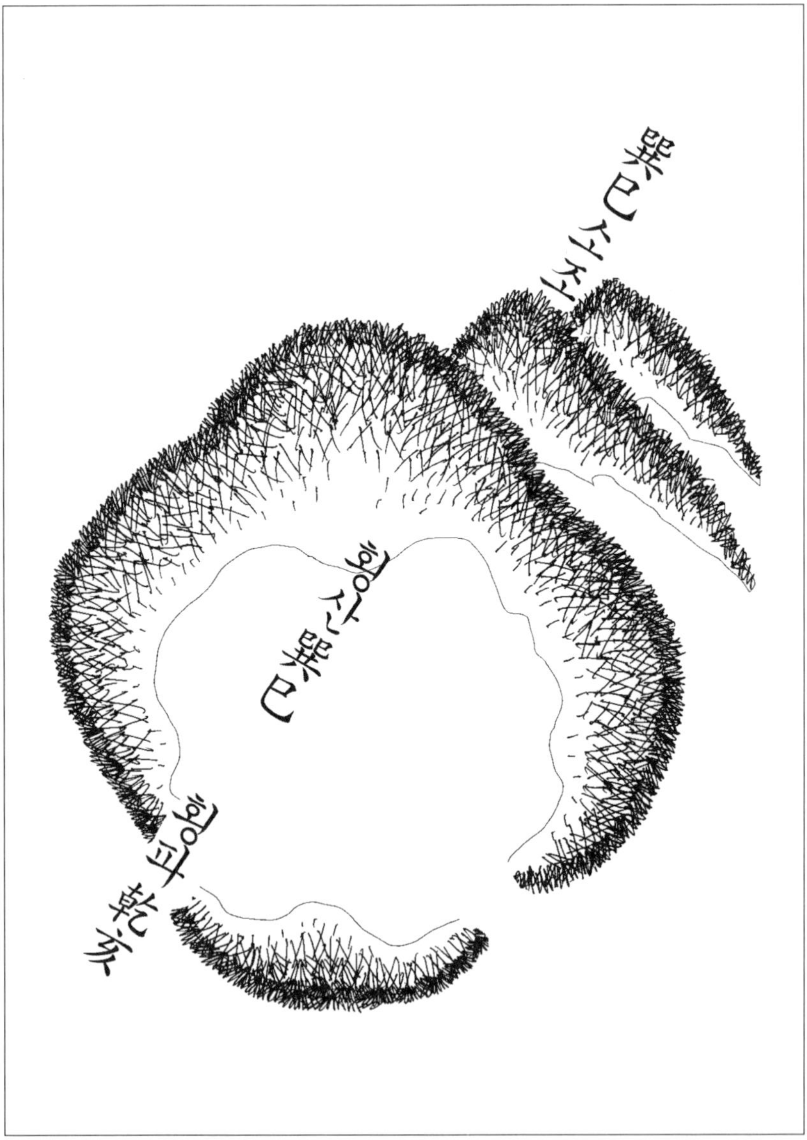

아. 횡산병오 횡파임자는 산수동거로 불배합이 되고, 소조와 횡산은 무통맥 비혈지가 된다.

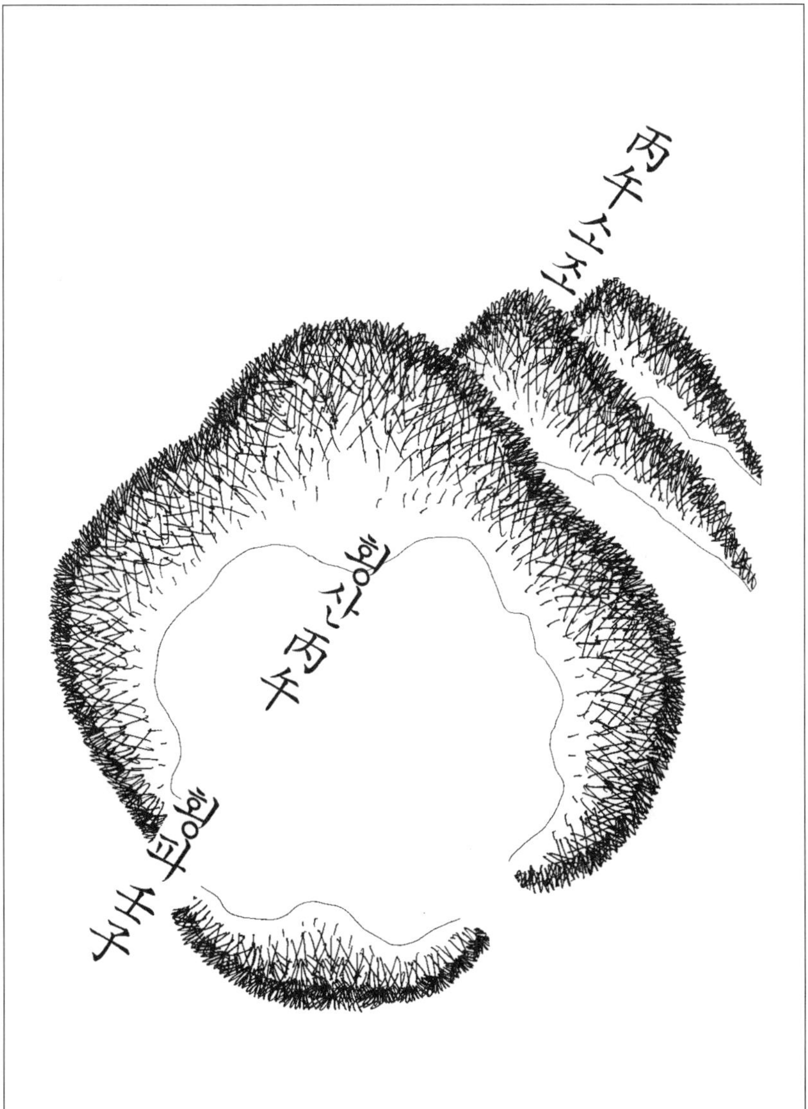

자. 횡산정미 횡파계축은 산수동거로 불배합이 되고, 소조와 횡산은 무통맥 비혈지가 된다.

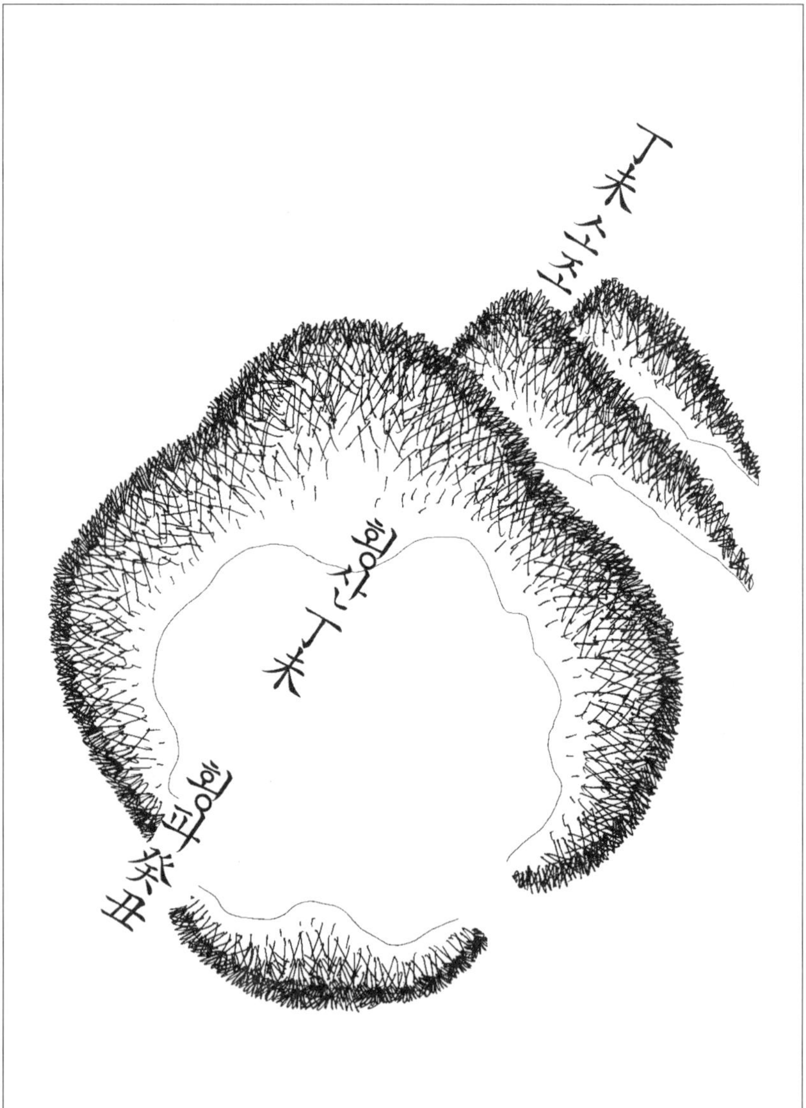

차. 횡산곤신 횡파간인은 산수동거로 불배합이 되고, 소조와 횡산은 무통맥 비혈지가 된다.

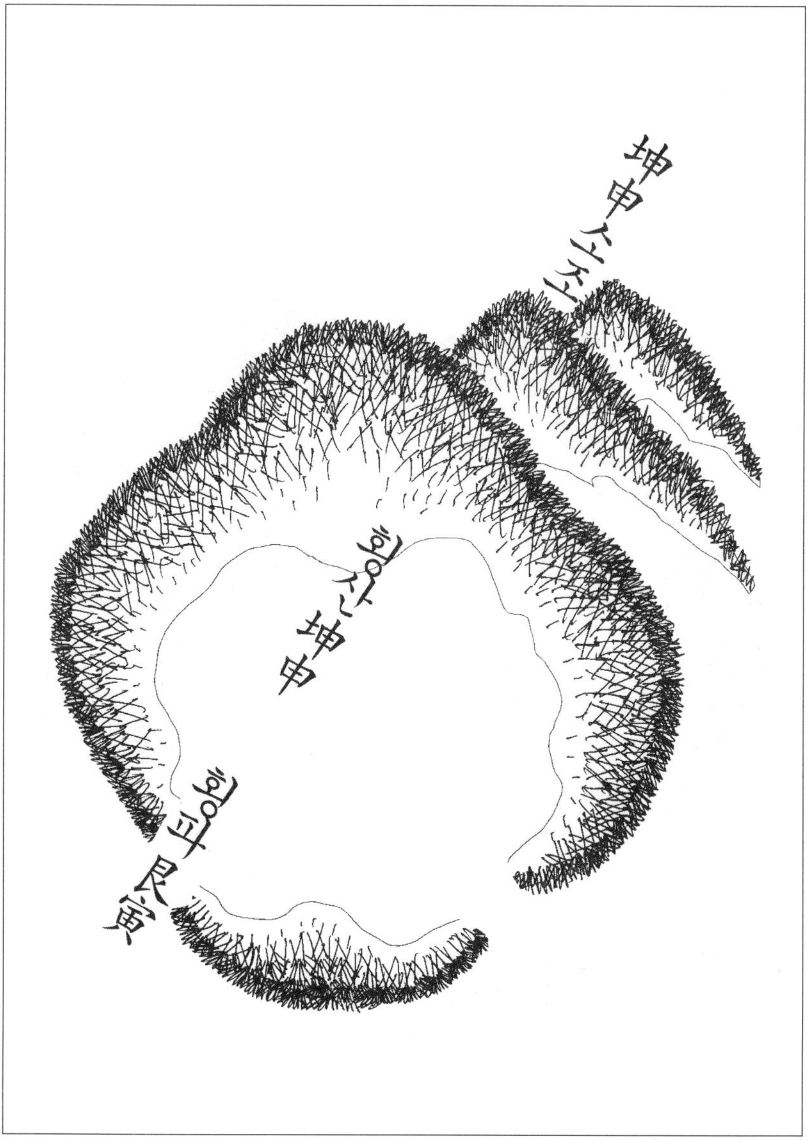

카. 횡산경유 횡파갑묘는 산수동거로 불배합이 되고, 소조와 횡산은 무통맥 비혈지가 된다.

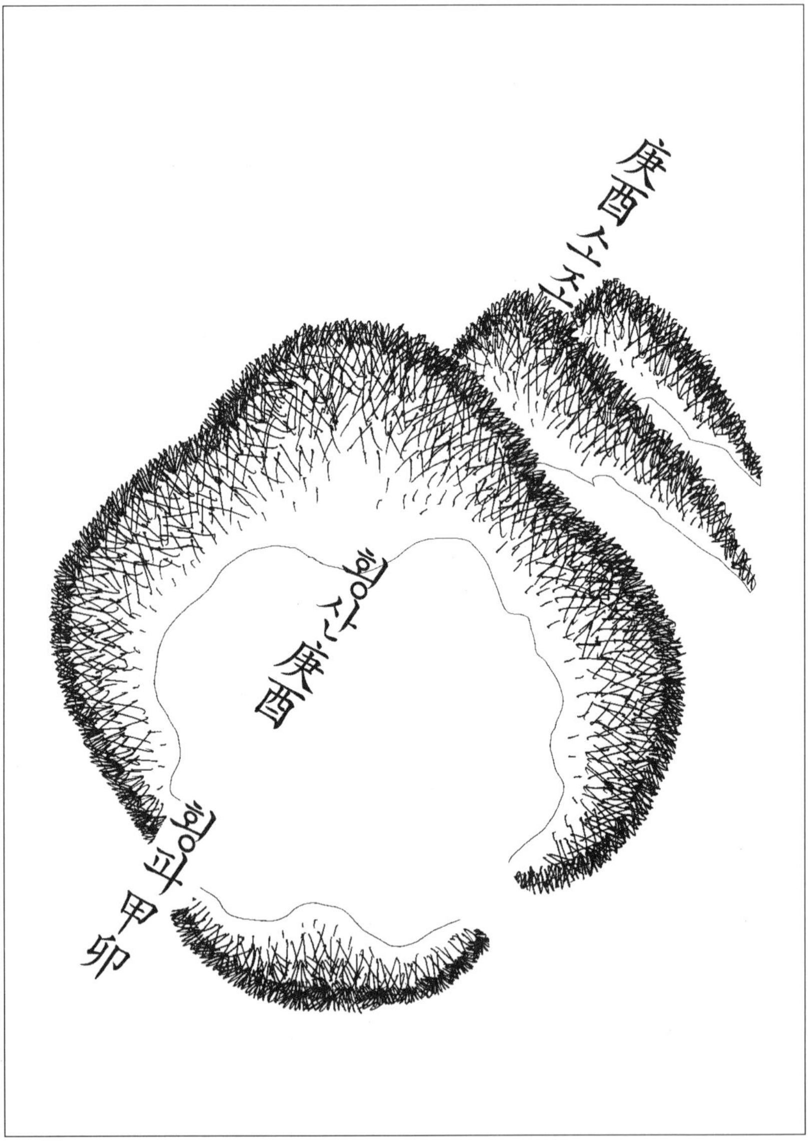

타. 횡산신술 횡파을진은 산수동거로 불배합이 되고, 소조와 횡산은 무통맥 비혈지가 된다.

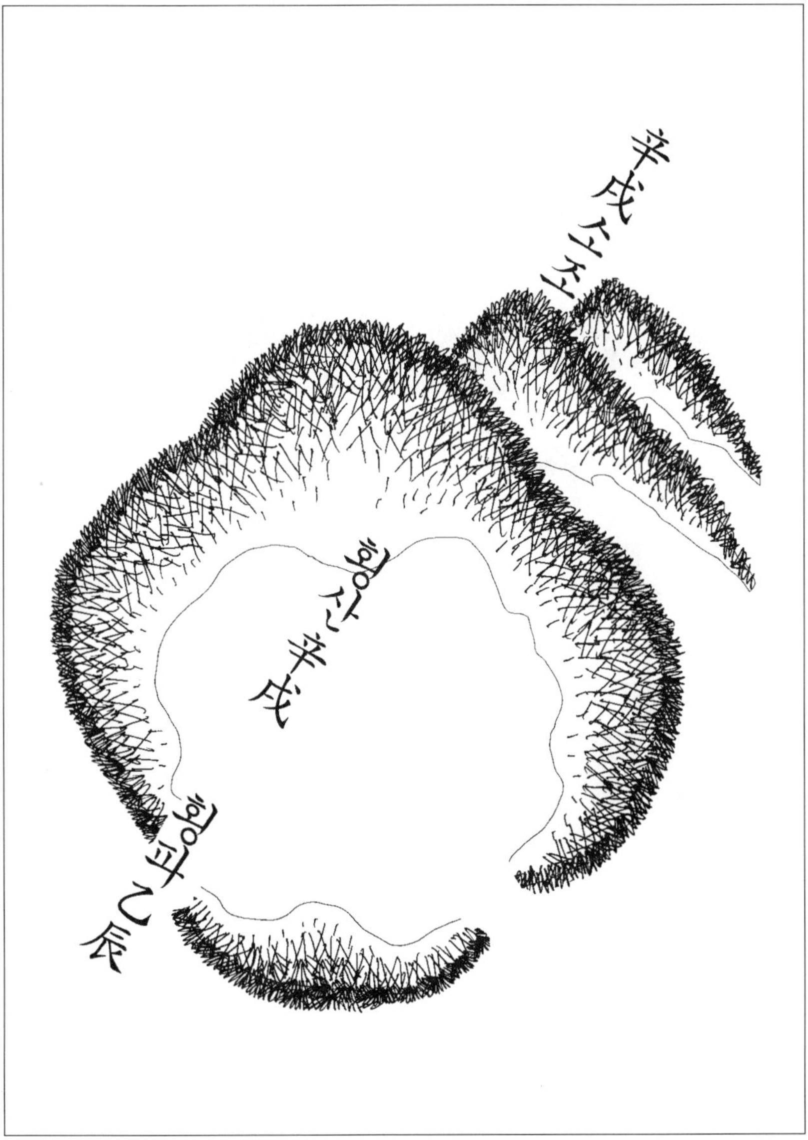

## 5. 횡산-횡파 불배합 12

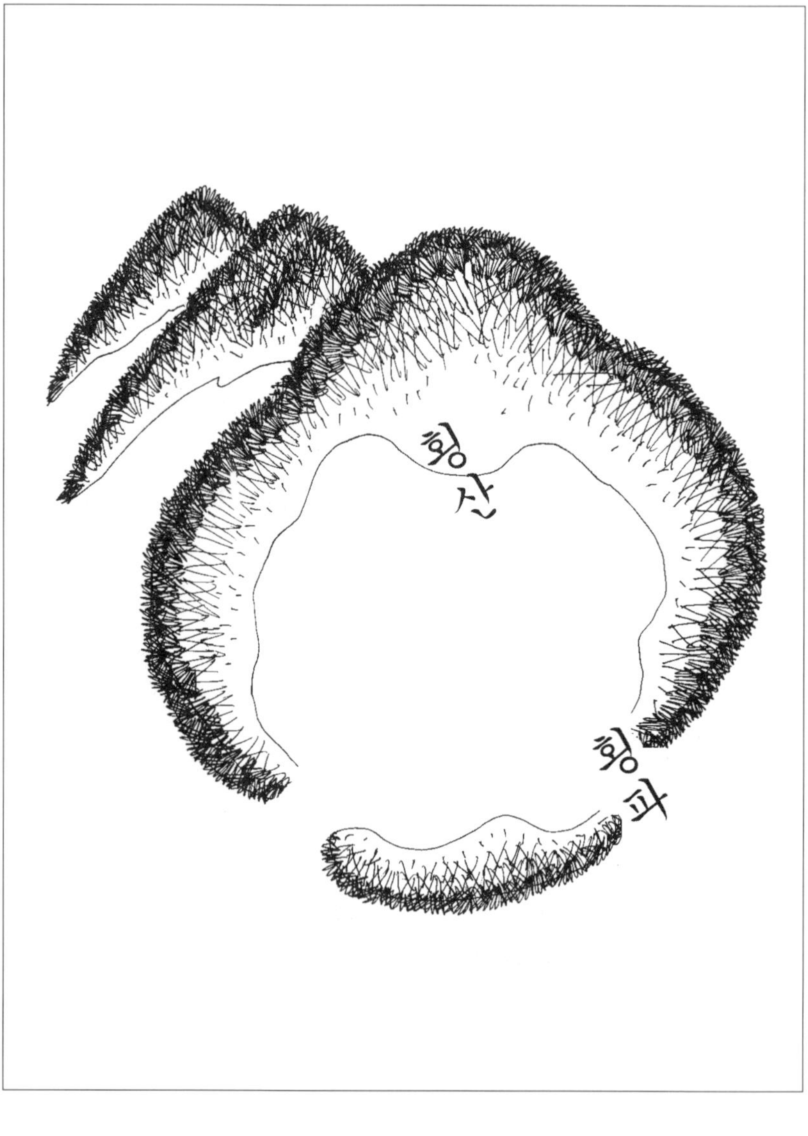

가. 횡산신술 횡파을진은 산수동거로 불배합이 되고, 소조와 횡산은 무통맥 비혈지가 된다.

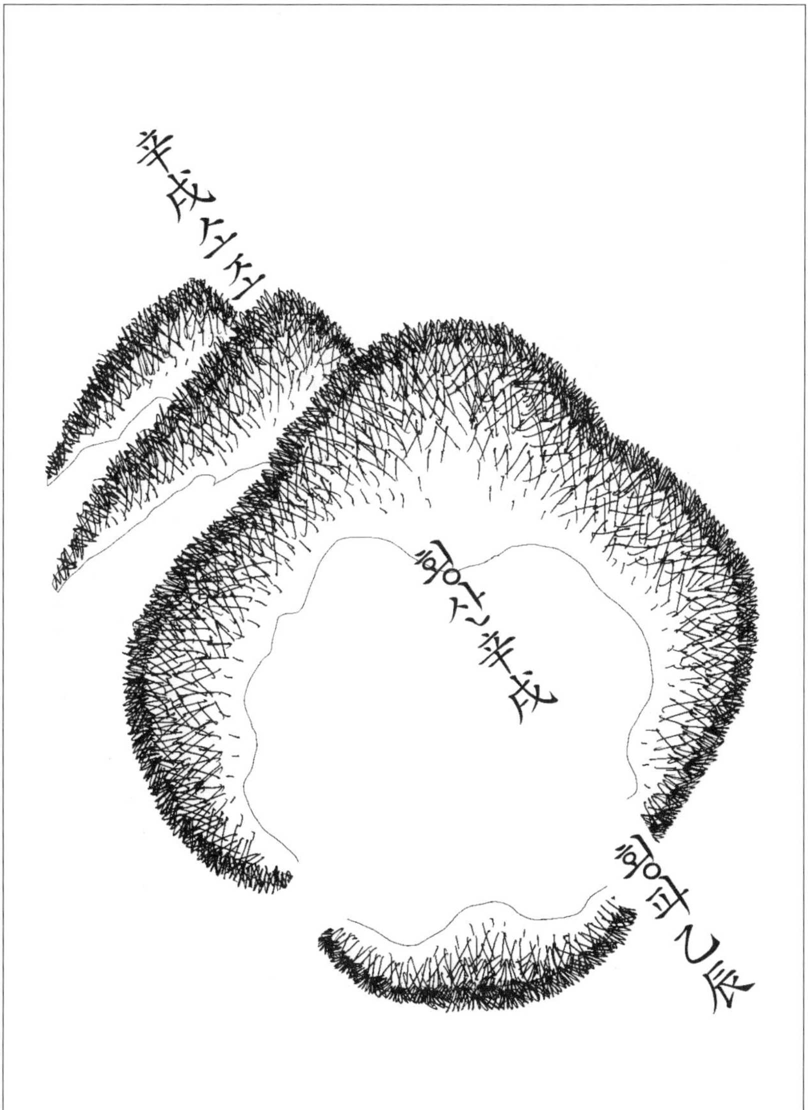

나. 횡산경유 횡파갑묘는 산수동거로 불배합이 되고, 소조와 횡산은 무통맥 비혈지가 된다.

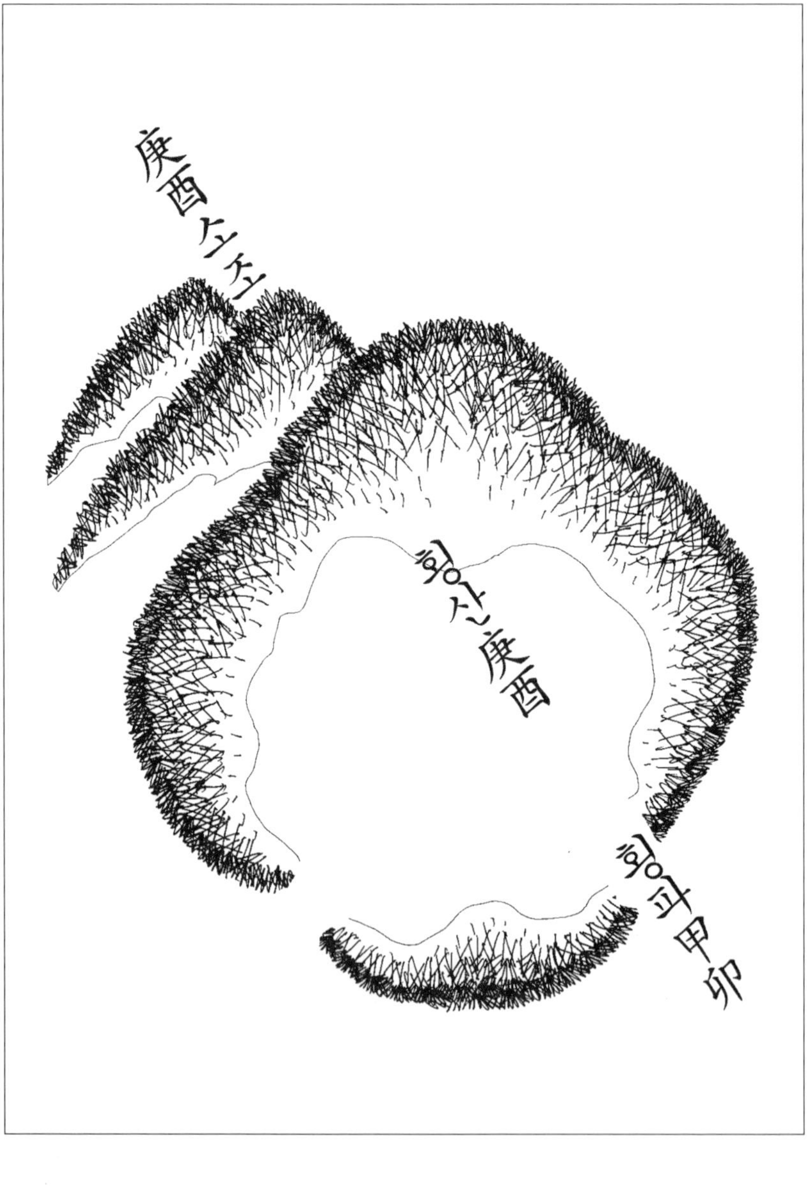

다. 횡산곤신 횡파간인은 산수동거로 불배합이 되고, 소조와 횡산은 무통맥 비혈지가 된다.

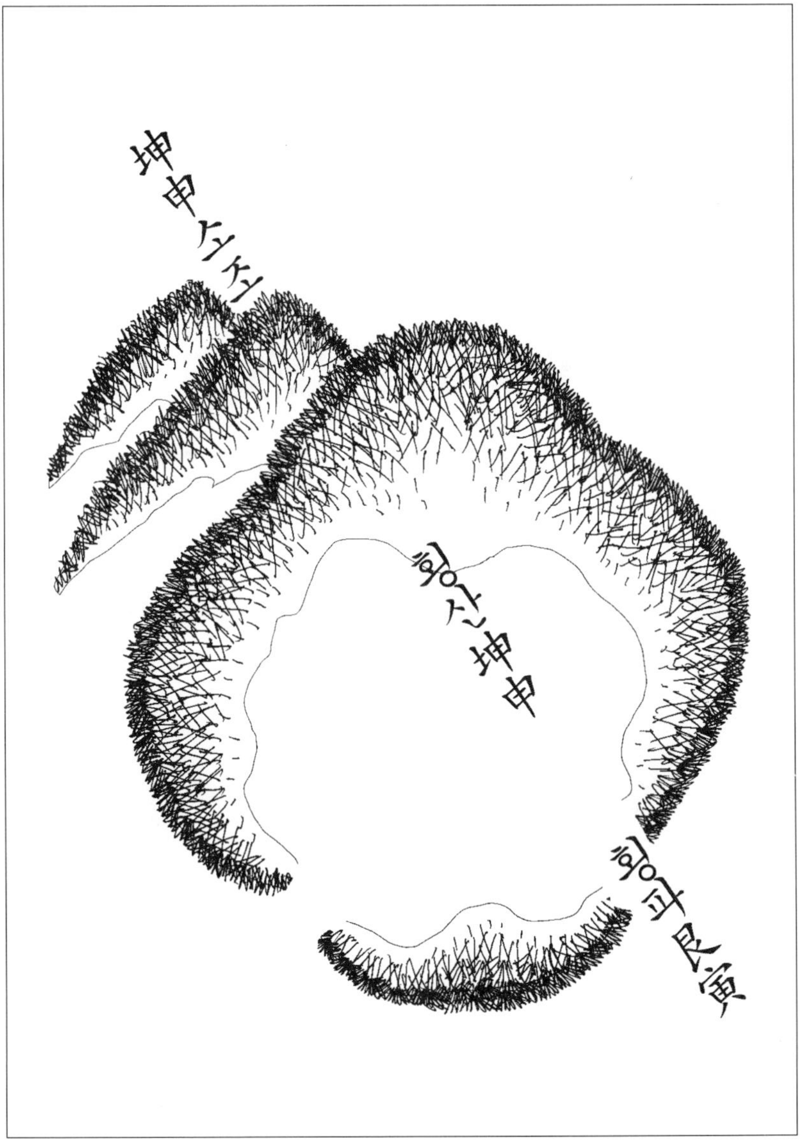

라. 횡산정미 횡파계축은 산수동거로 불배합이 되고, 소조와 횡산은 무통맥 비혈지가 된다.

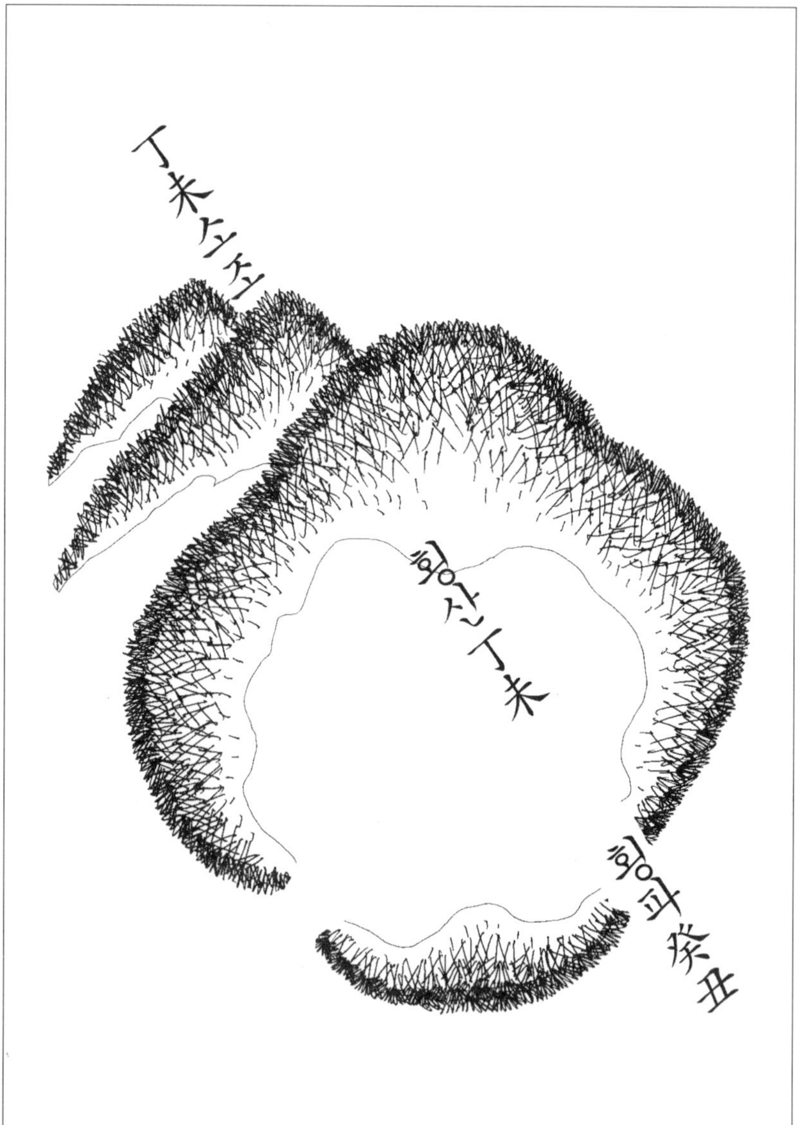

마. 횡산병오 횡파임자는 산수동거로 불배합이 되고, 소조와 횡산은 무통맥 비혈지가 된다.

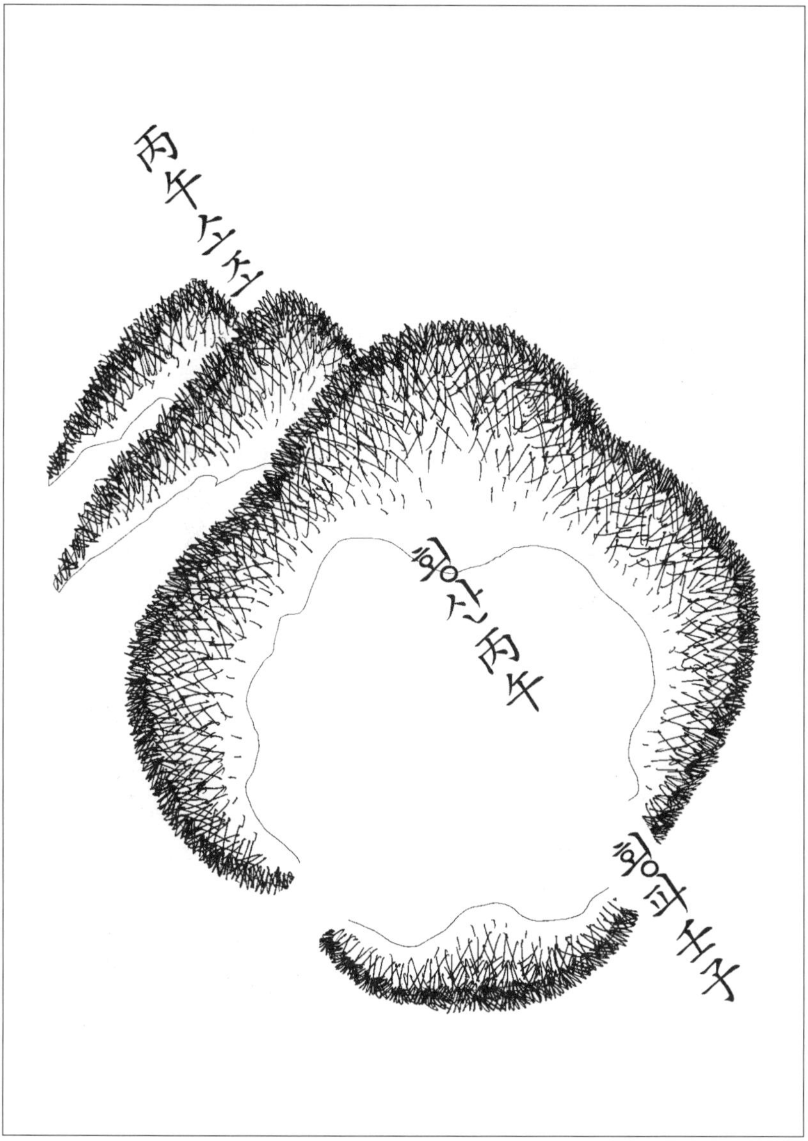

바. 횡산손사 횡파건해는 산수동거로 불배합이 되고, 소조와 횡산은 무통맥 비혈지가 된다.

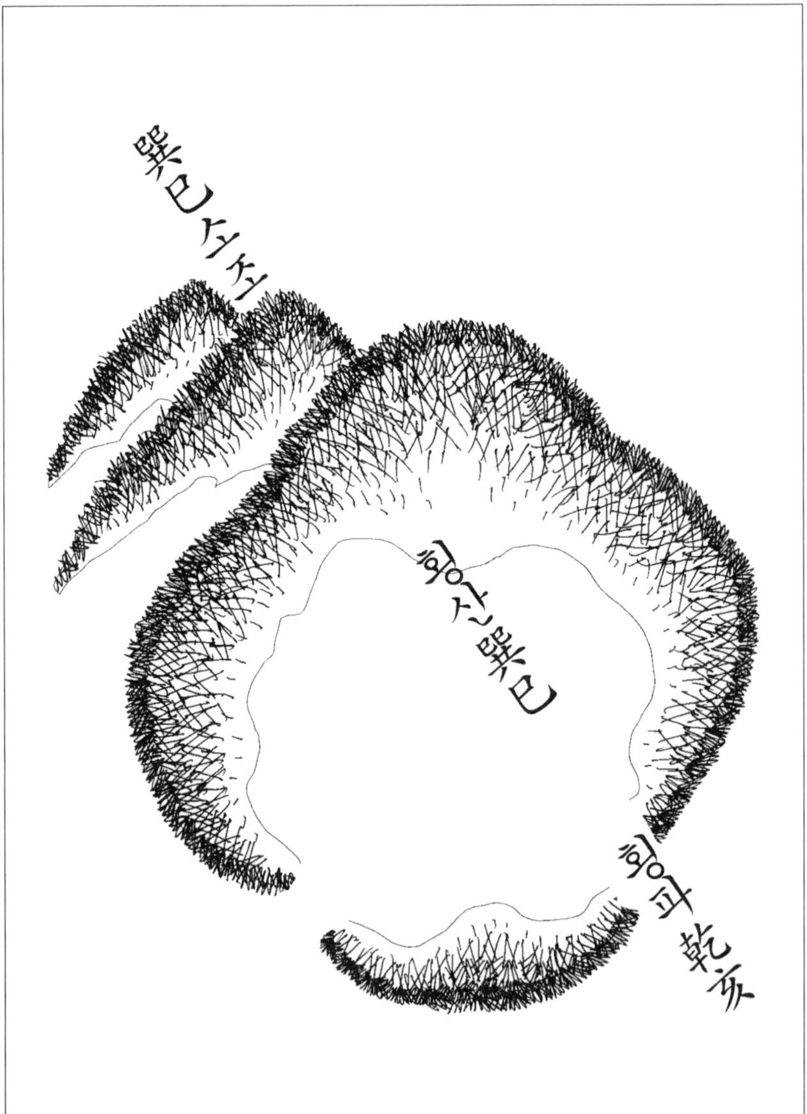

사. 횡산을진 횡파신술은 산수동거로 불배합이 되고, 소조와 횡산은 무통맥 비혈지가 된다.

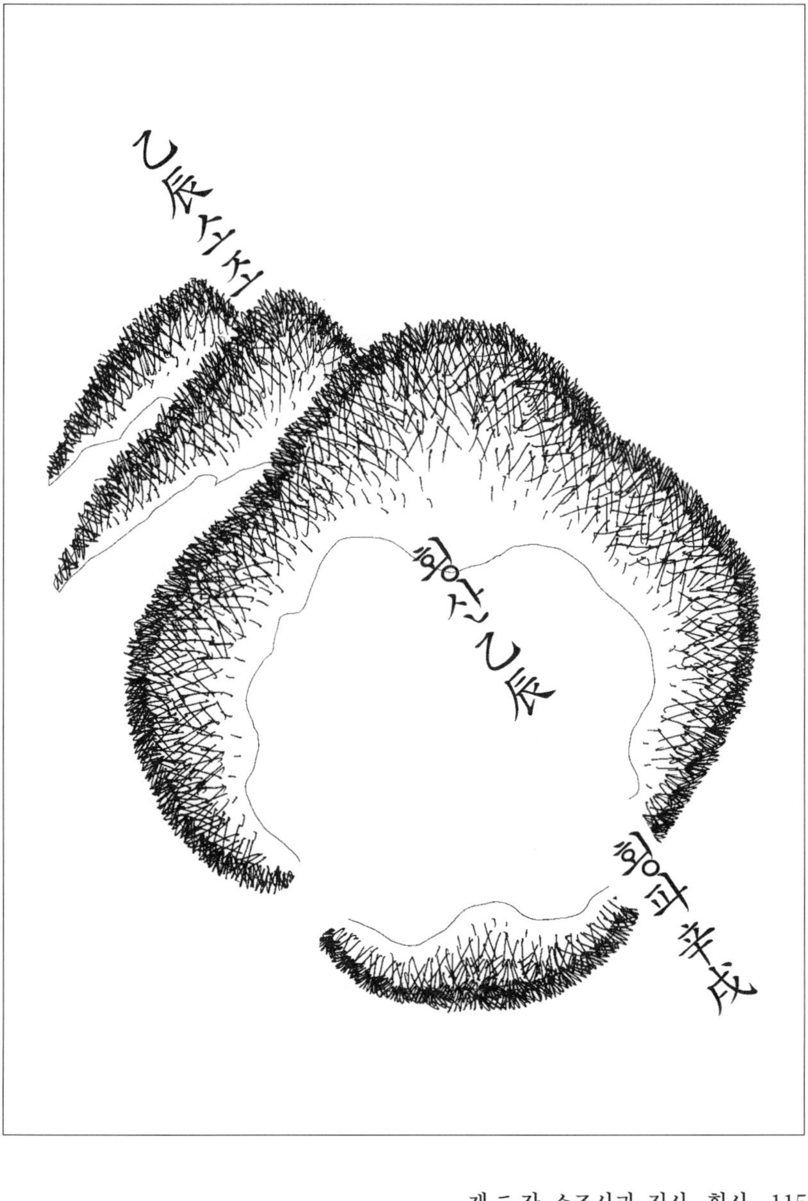

아. 횡산갑묘 횡파경유는 산수동거로 불배합이 되고, 소조와 횡산은 무통맥 비혈지가 된다.

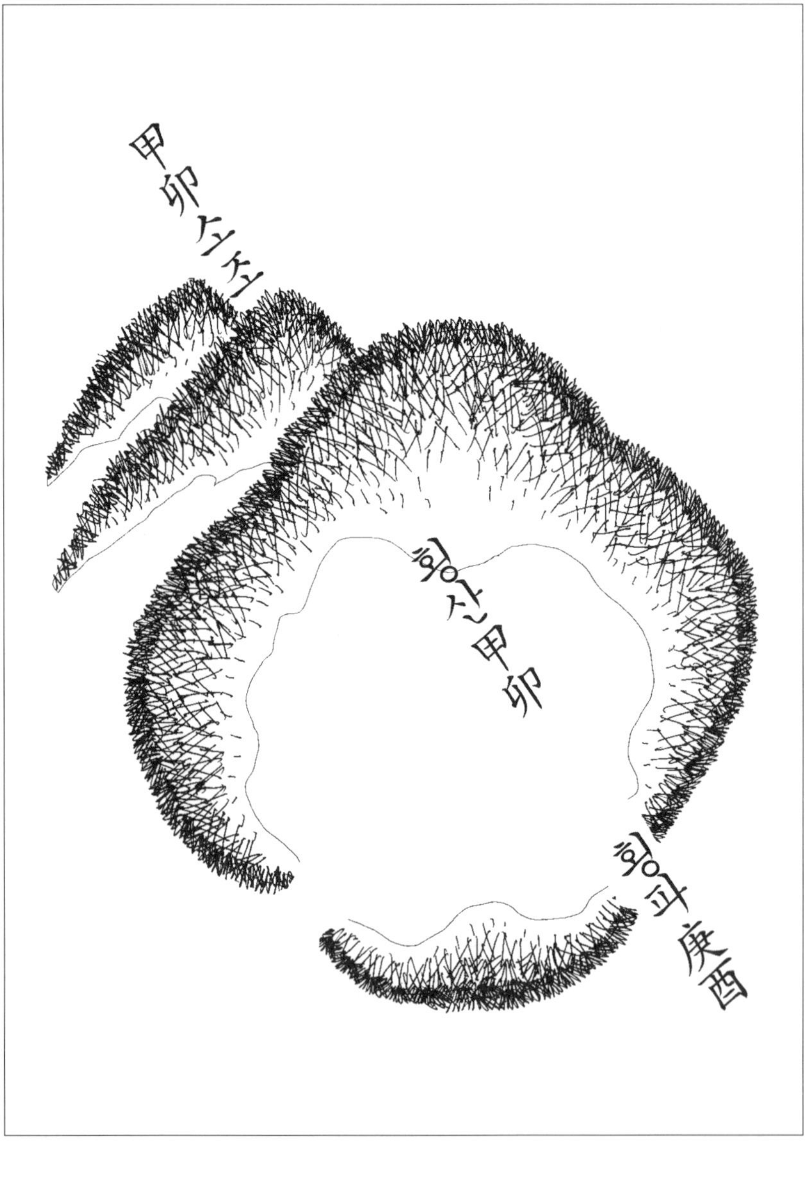

자. 횡산간인 횡파곤신은 산수동거로 불배합이 되고, 소조와 횡산은 무통맥 비혈지가 된다.

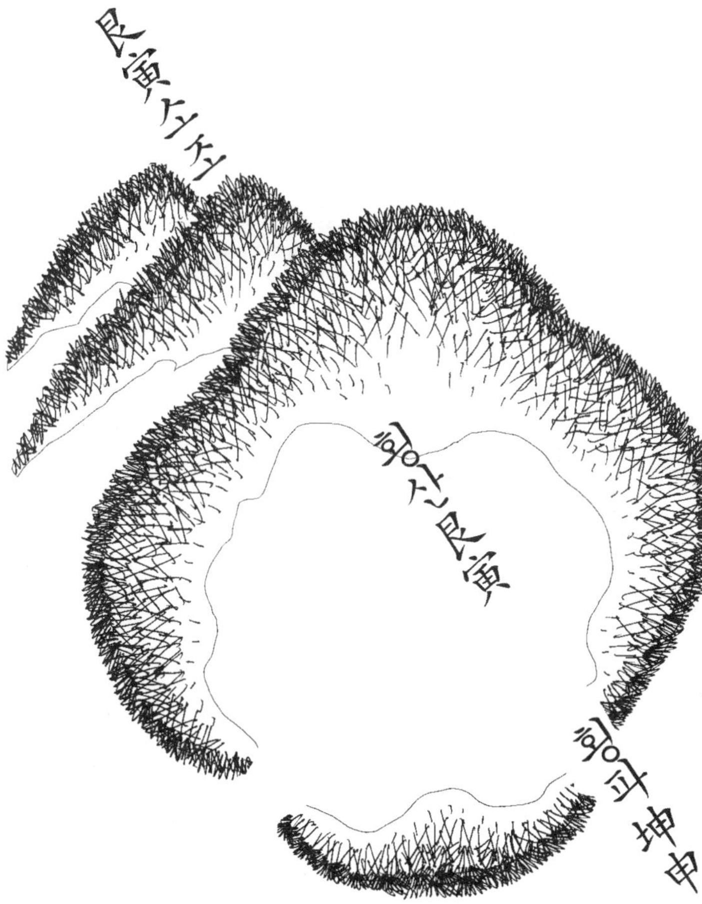

차. 횡산계축 횡파정미는 산수동거로 불배합이 되고, 소조와 횡산은 무통맥 비혈지가 된다.

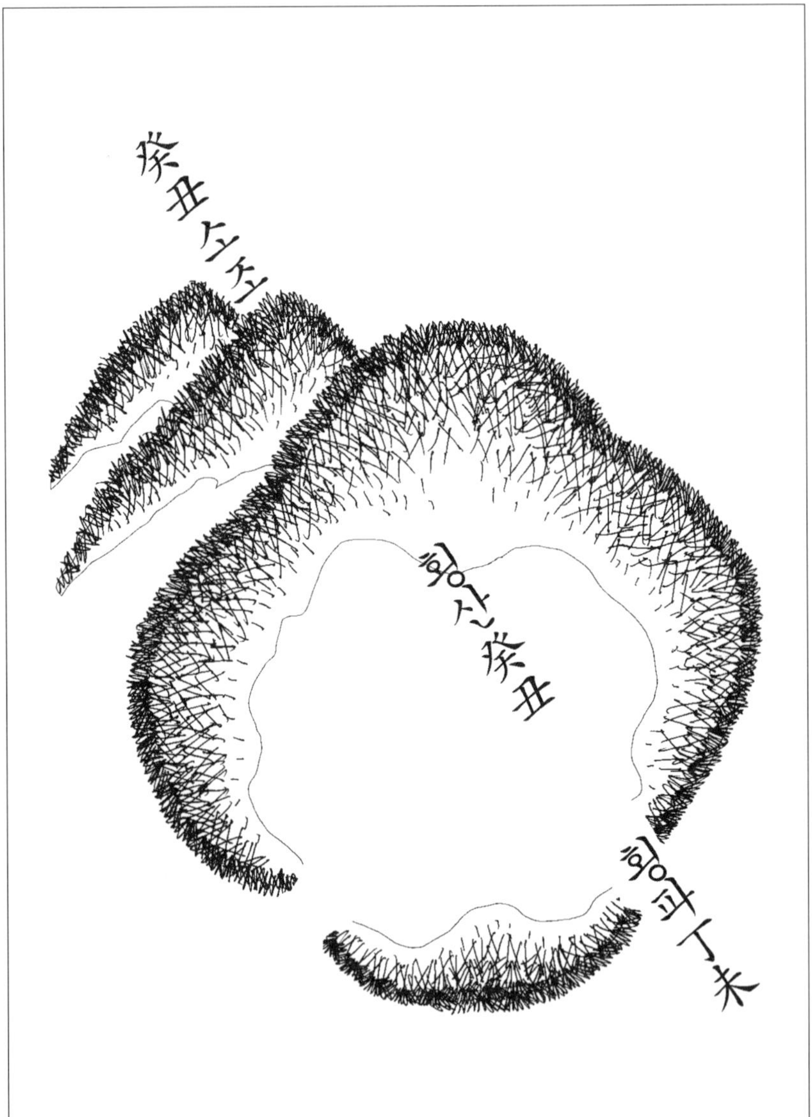

카. 횡산임자 횡파병오는 산수동거로 불배합이 되고, 소조와 횡산은 무통맥 비혈지가 된다.

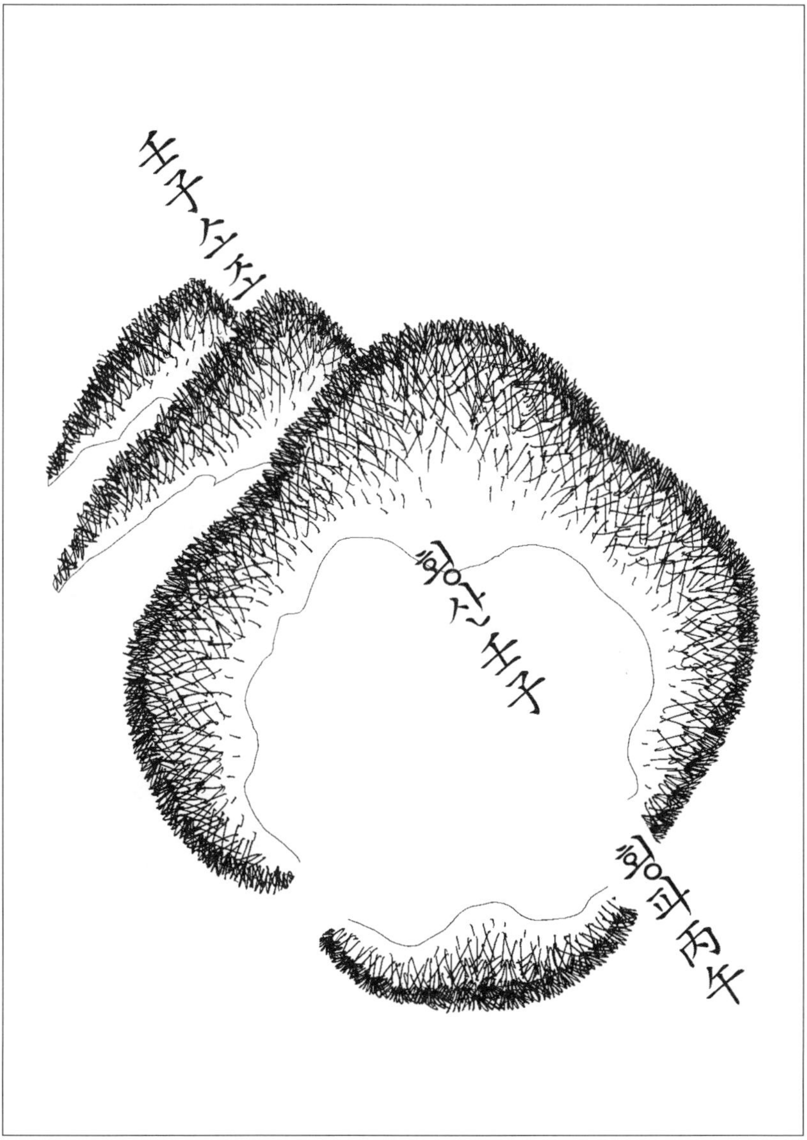

타. 횡산건해 횡파손사는 산수동거로 불배합이 되고, 소조와 횡산은 무통맥 비혈지가 된다.

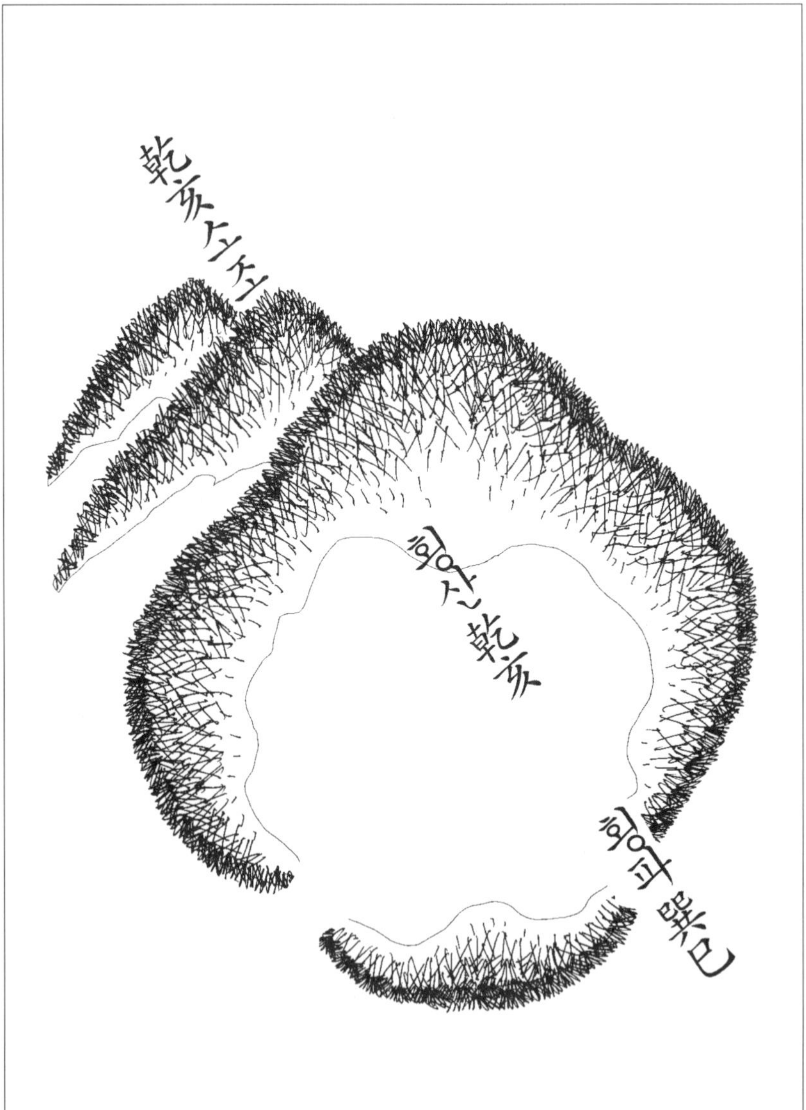

# 제四장
# 직설과 횡설

# 1. 천조지설(天造地設)

하늘의 조화(造化)로 지중(地中)에 지기선(地氣線)을 설정(設定)해 놓았다. 맥(脈)은 용(龍)에 접속되고 혈(穴)은 맥(脈)에 접속되어 지기유통(地氣流通)이 된다.

**용무맥불현 혈무기불성(龍無脈不現穴無氣不成)**
**인맥가이관룡 식기가이점혈(認脈可以觀龍識氣可以點穴)**

용(龍)은 맥(脈)이 없으면 나타나지 않고, 혈(穴)은 기(氣)가 없으면 이루어지지 않는다. 맥(脈)을 알면 용(龍)을 볼 수 있고, 기(氣)를 알면 점혈(點穴)할 수 있다.

안전(安全)하고 평탄(平坦)한 곳, 용수배합(龍水配合)이 되는 터(址)에 직(直)으로 난 파(破)는 횡설(橫設)로 이루어 놓았고, 횡(橫)으로 난 파(破)는 직설(直設)로 이루어 놓았다. 앞으로 나오는 산도(山圖)들은 산 모양을 보는 것이 아니고, 파(破)를 기준으로 소조(少祖), 횡파 직설(橫破 直設), 직파 횡설처(直破 橫設處)를 측정하여 정확한 방위(方位)를 확인하는 것이다.

# 2-가. 횡파직설(橫破直設) 12

<산도(山圖) 2-1>

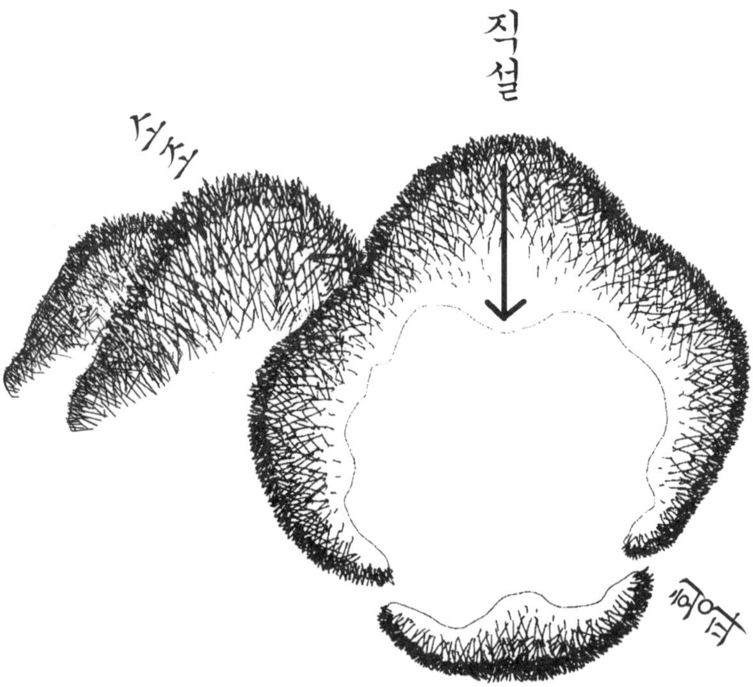

## 산도 2-1 측정(測定)

건해(乾亥)횡파 - 손사(巽巳)소조

손사(巽巳)통맥 - 정미(丁未)직설

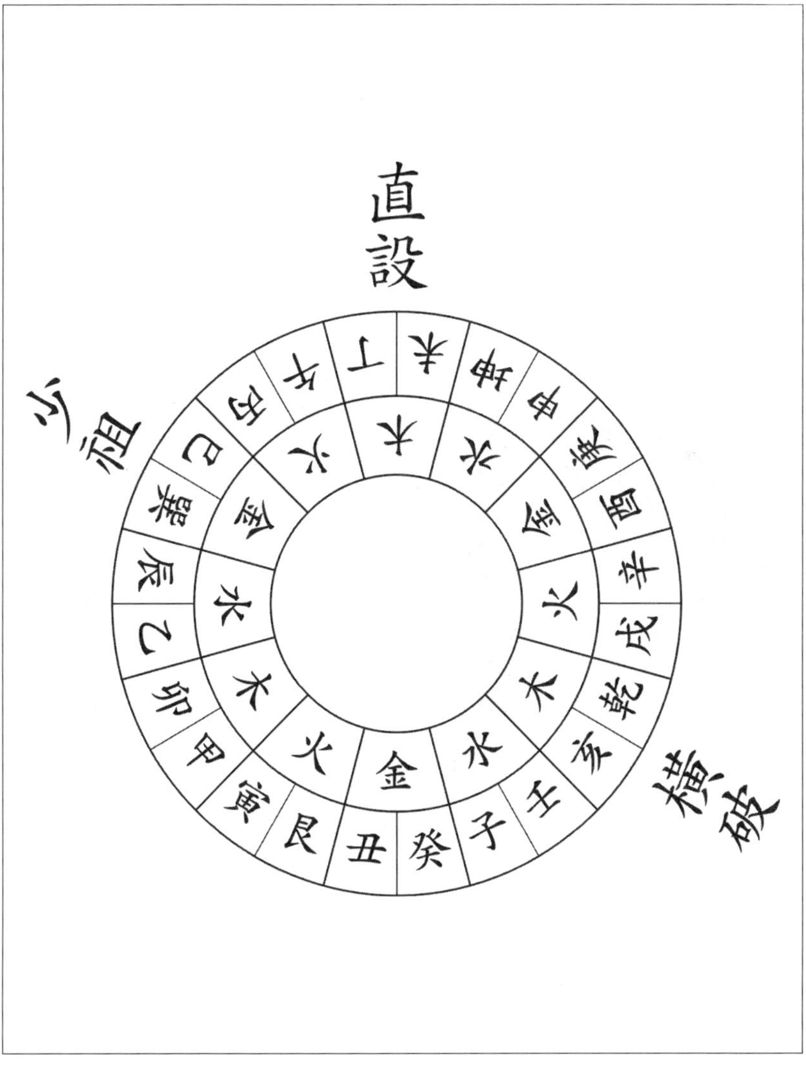

## 2-나. 횡파직설(橫破直設) 12

<산도(山圖) 2-2>

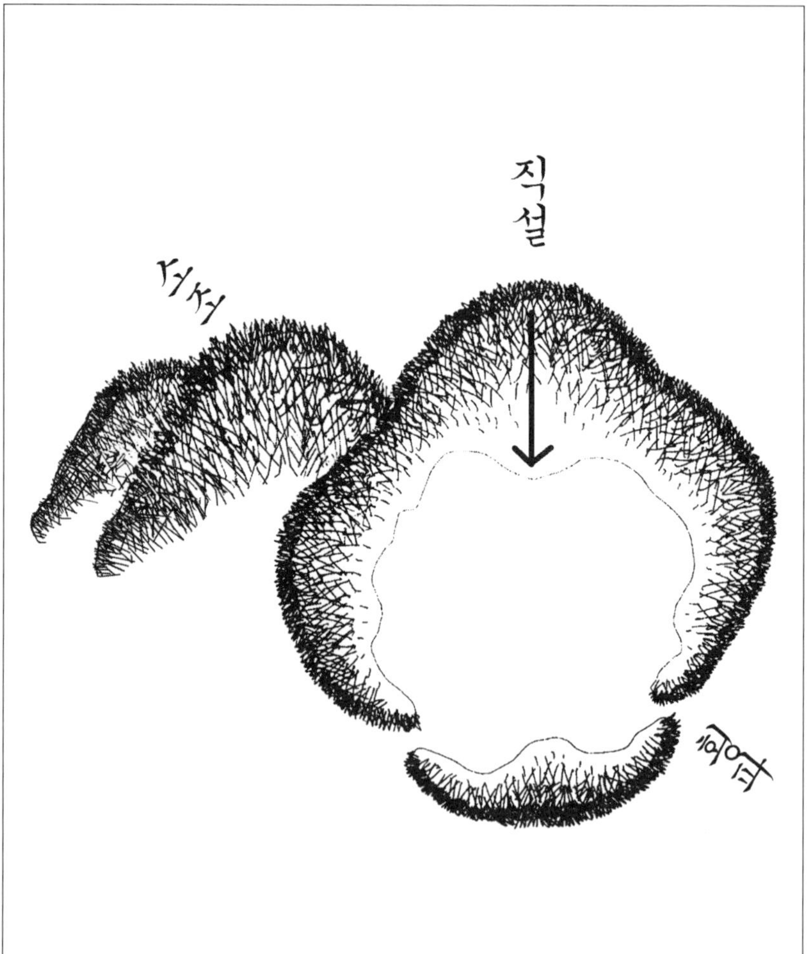

## 산도 2-2 측정(測定)

신술(辛戌)횡파 - 을진(乙辰)소조

을진(乙辰)통맥 - 병오(丙午)직설

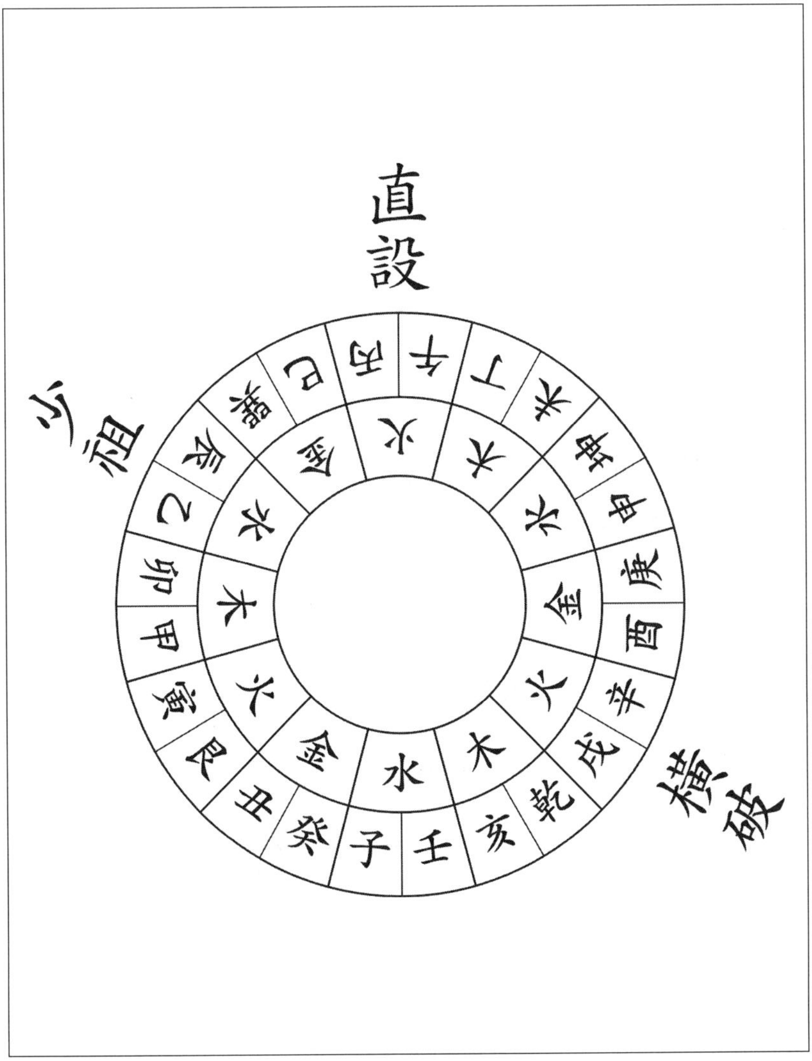

## 2-다. 횡파직설(橫破直設) 12

<산도(山圖) 2-3>

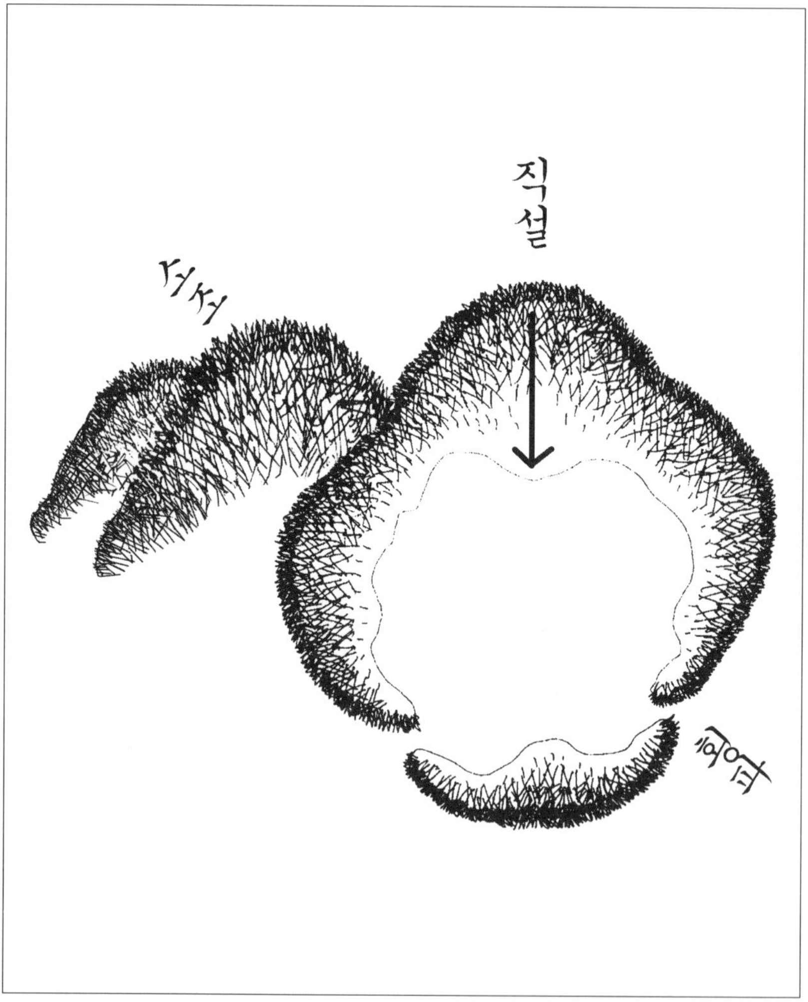

## 산도 2-3 측정(測定)

경유(庚酉)횡파 - 갑묘(甲卯)소조

갑묘(甲卯)통맥 - 손사(巽巳)직설

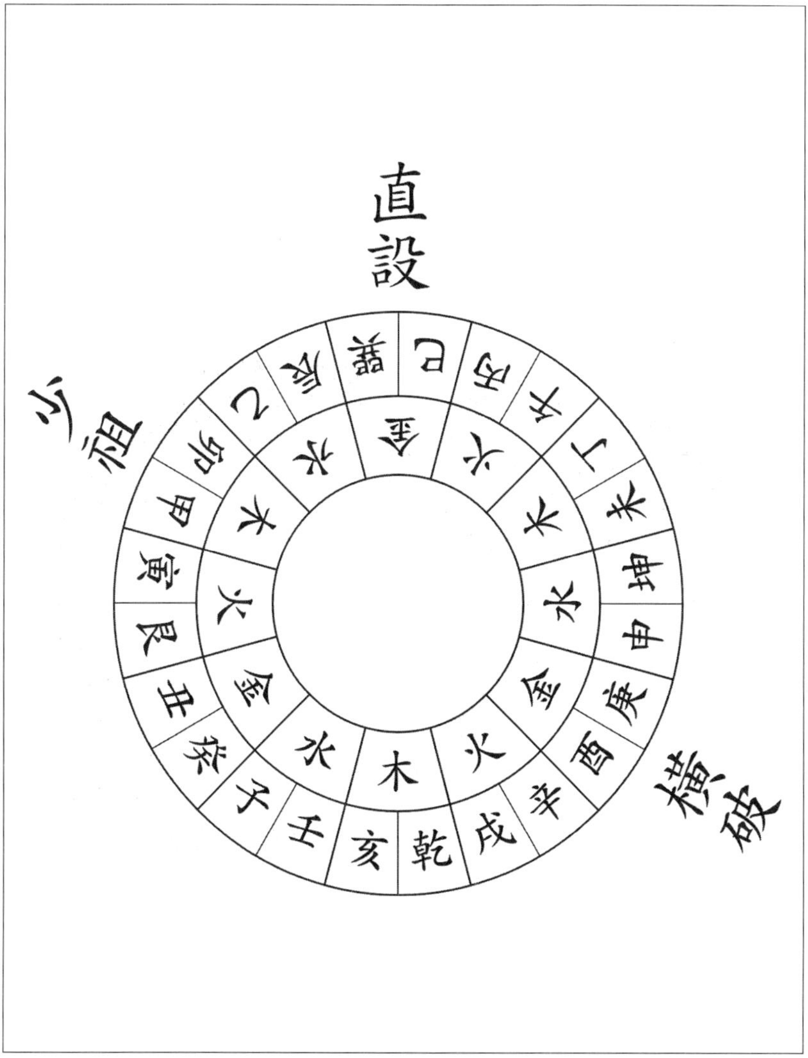

## 2-라. 횡파직설(橫破直設) 12

<산도(山圖) 2-4>

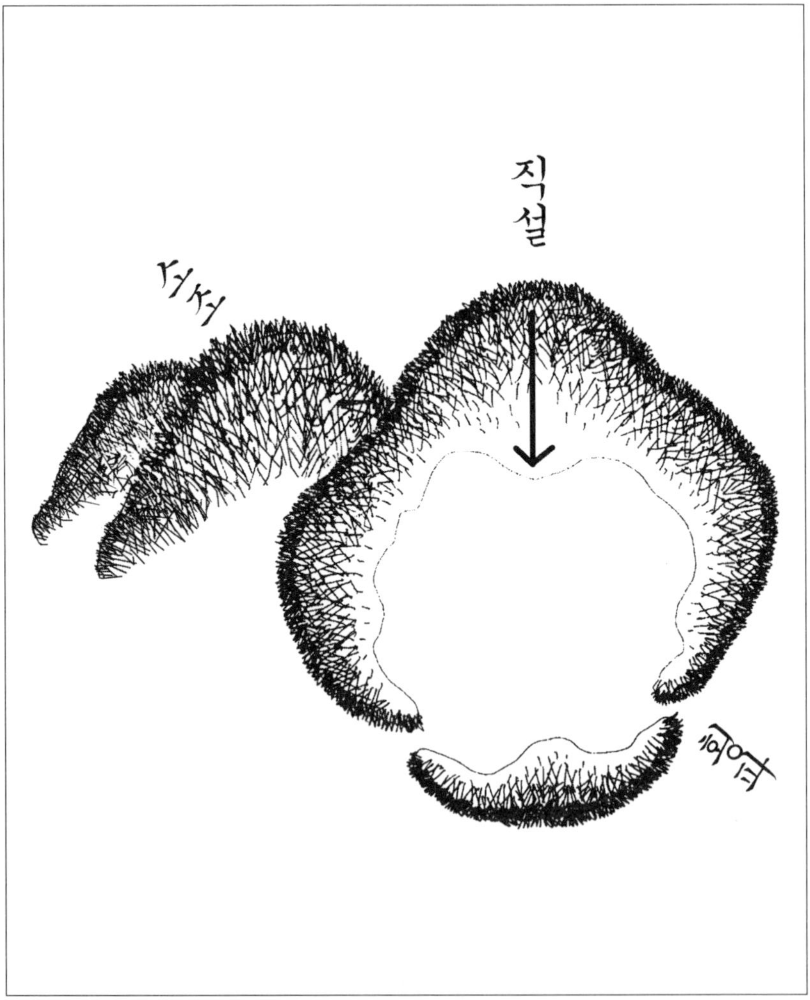

## 산도 2-4 측정(測定)

곤신(坤申)횡파 - 간인(艮寅)소조

간인(艮寅)통맥 - 을진(乙辰)직설

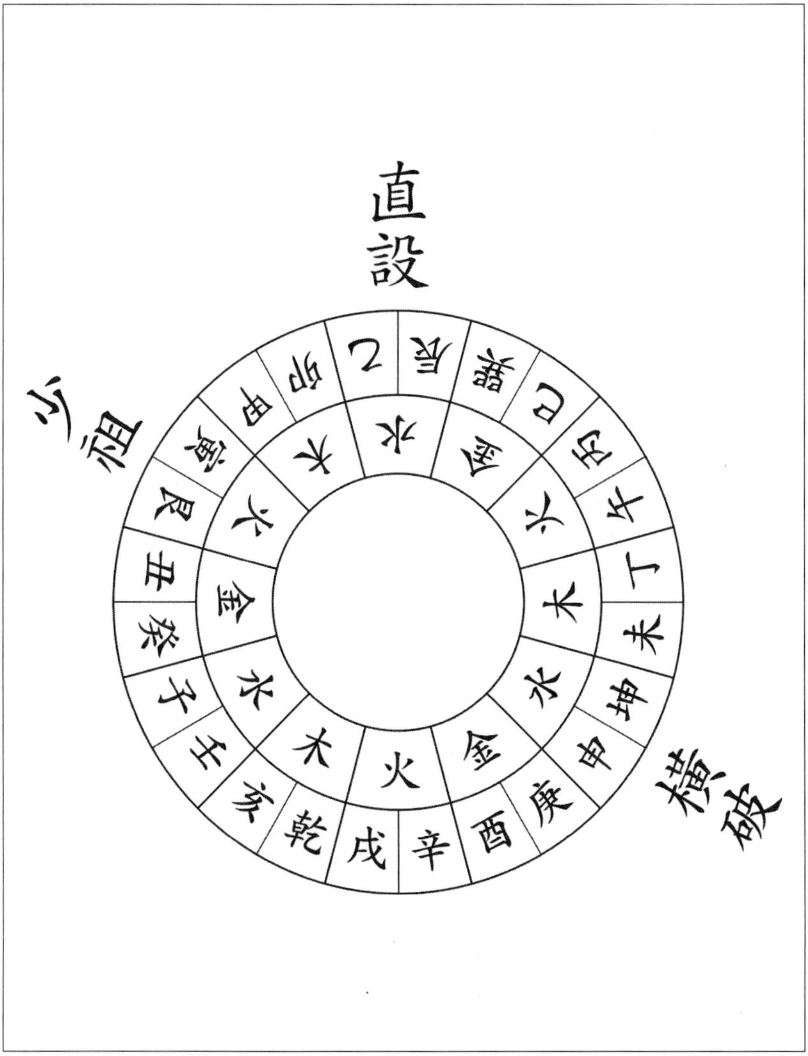

# 2-마. 횡파직설(橫破直設) 12

<산도(山圖) 2-5>

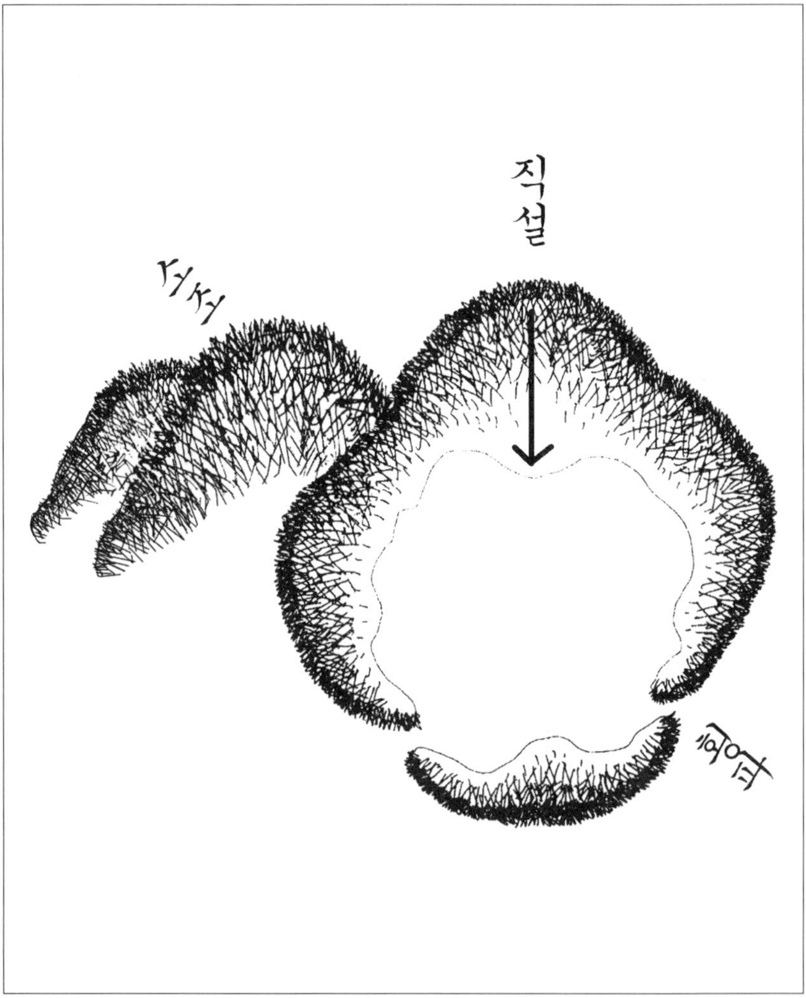

## 산도 2-5 측정(測定)

정미(丁未)횡파 - 계축(癸丑)소조

계축(癸丑)통맥 - 갑묘(甲卯)직설

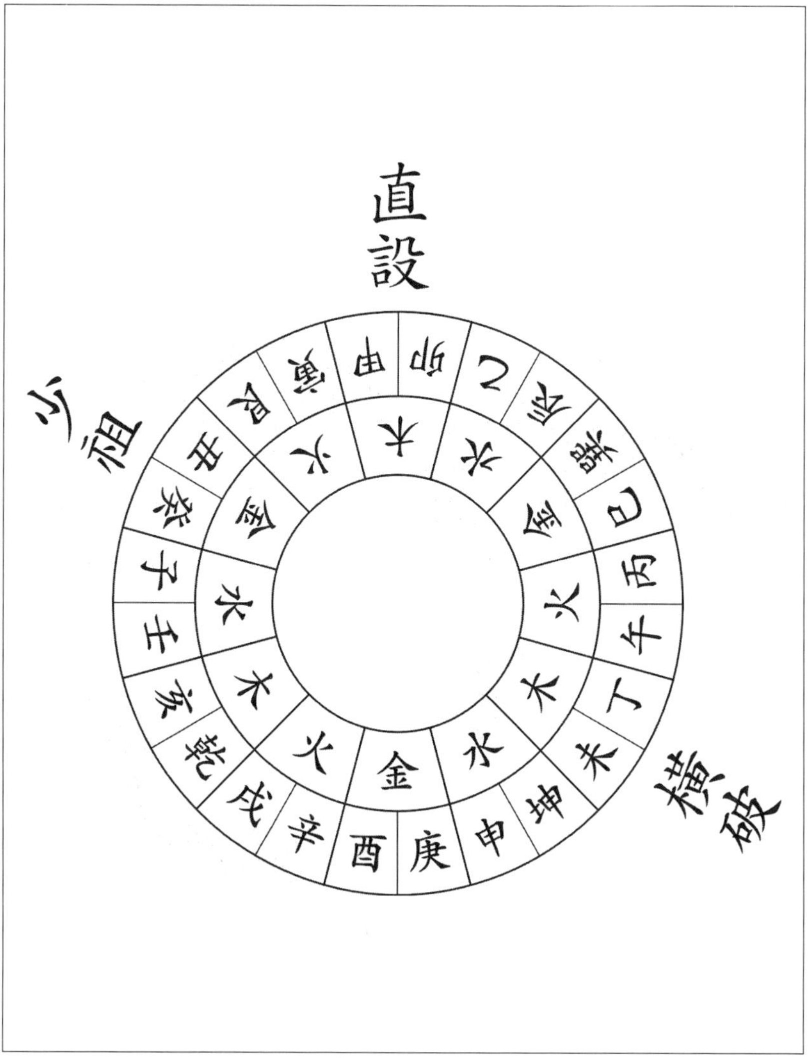

## 2-바. 횡파직설(橫破直設) 12

<산도(山圖) 2-6>

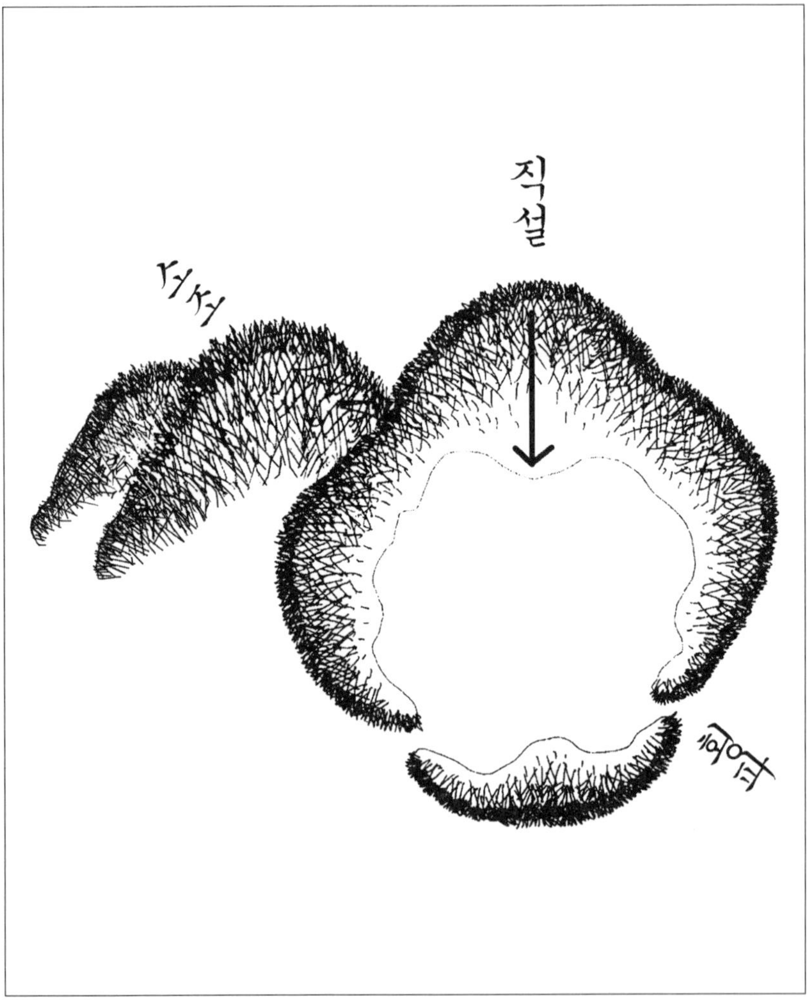

## 산도 2-6 측정(測定)

병오(丙午)횡파 - 임자(壬子)소조

임자(壬子)통맥 - 간인(艮寅)직설

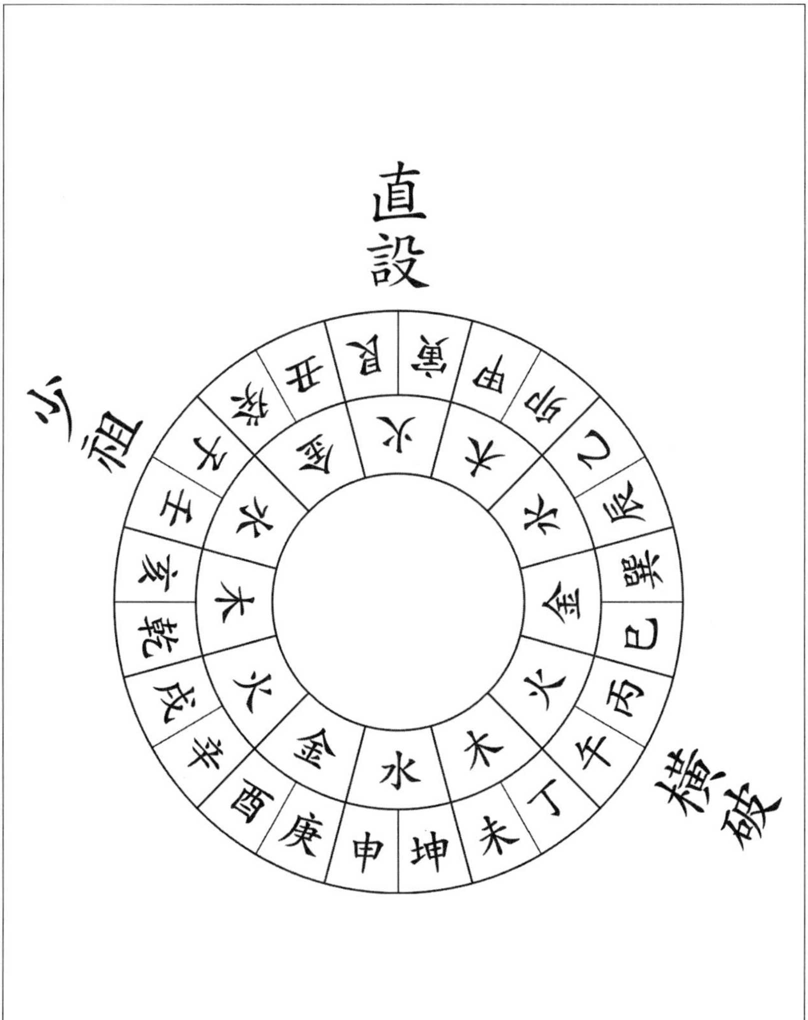

## 2-사. 횡파직설(橫破直設) 12

<산도(山圖) 2-7>

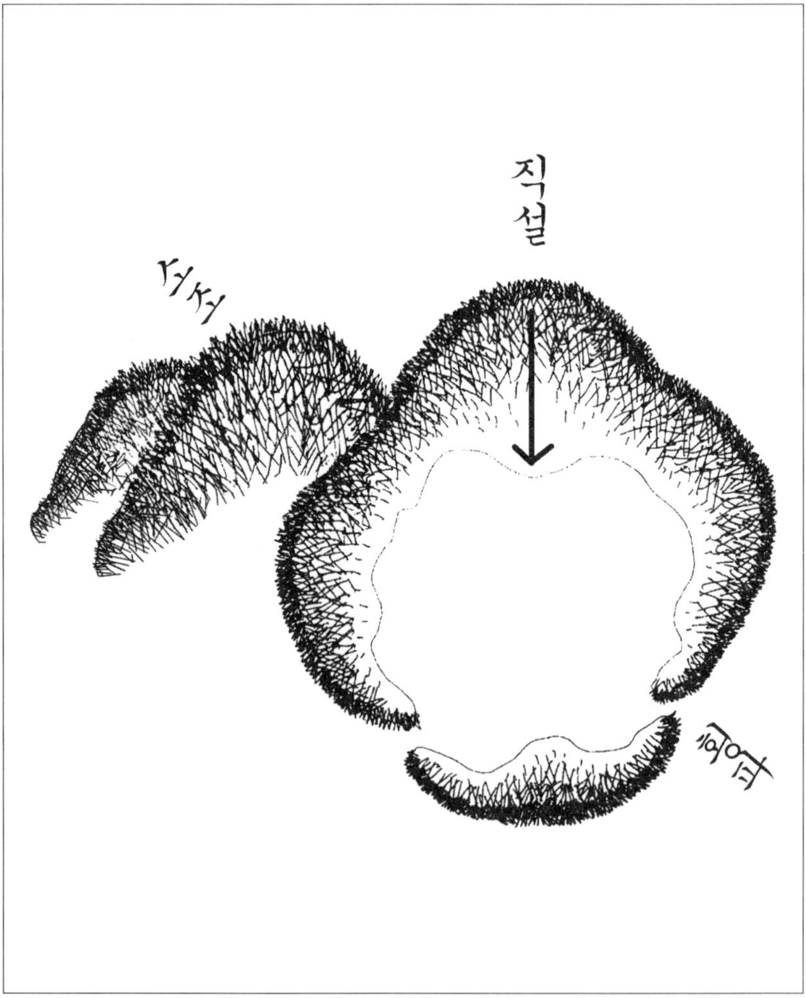

## 산도 2-7 측정(測定)

손사(巽巳)횡파 - 건해(乾亥)소조

건해(乾亥)통맥 - 계축(癸丑)직설

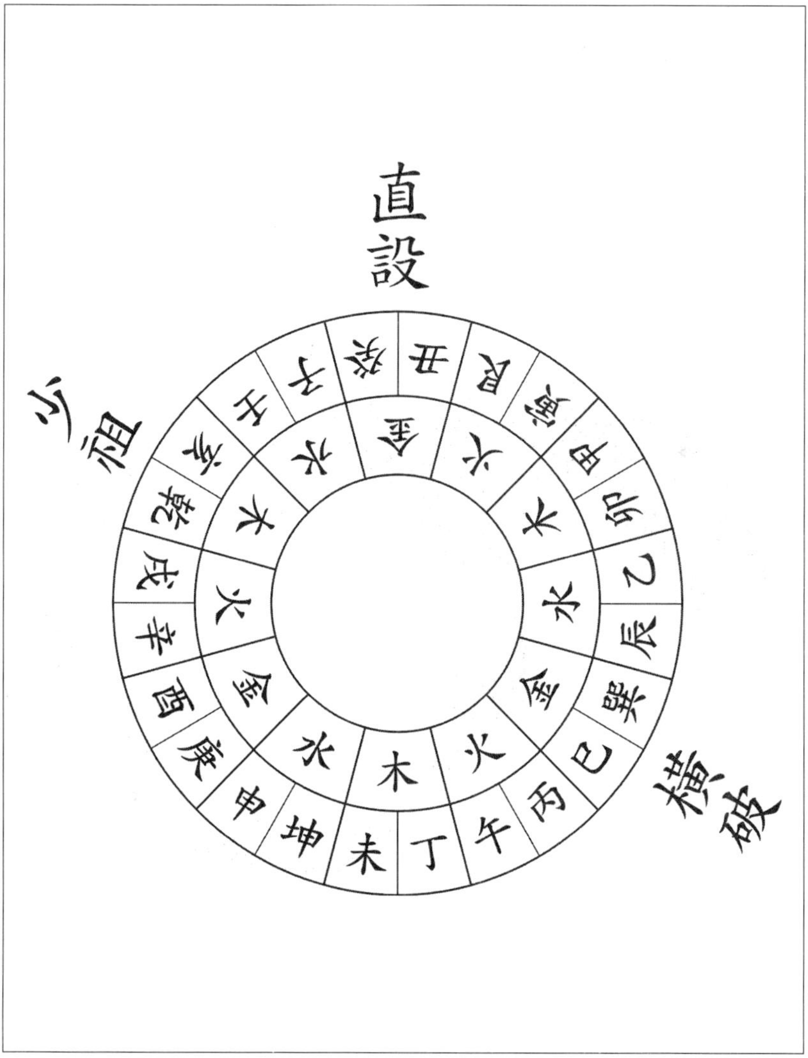

## 2-아. 횡파직설(橫破直設) 12

<산도(山圖) 2-8>

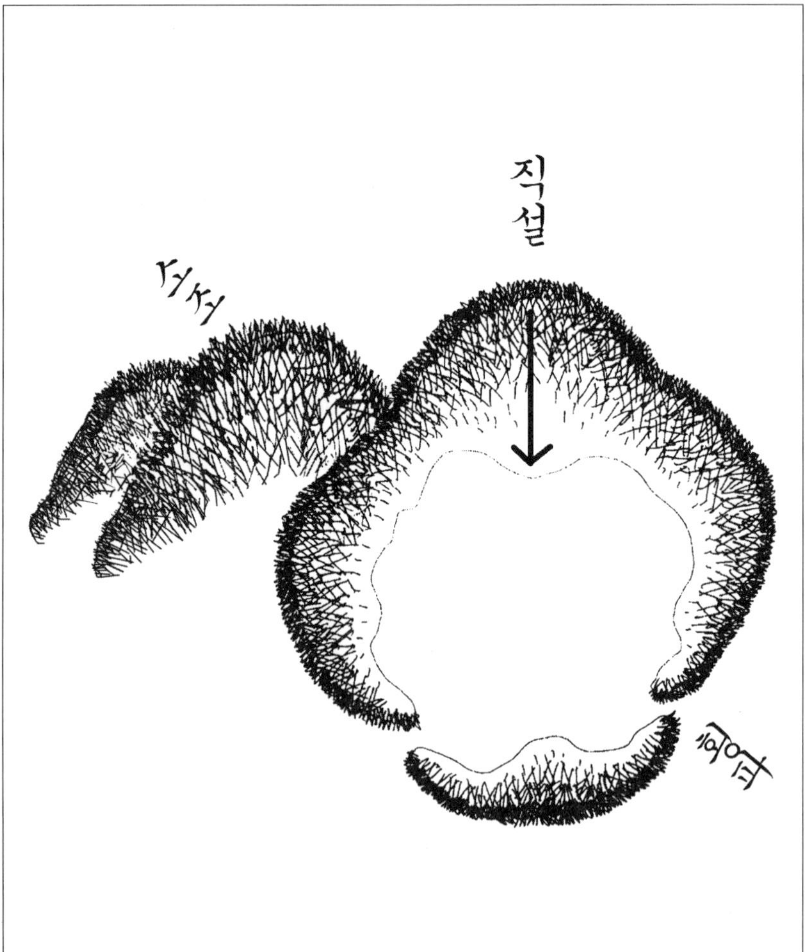

**산도 2-8 측정(測定)**

을진(乙辰)횡파 - 신술(辛戌)소조

신술(辛戌)통맥 - 임자(壬子)직설

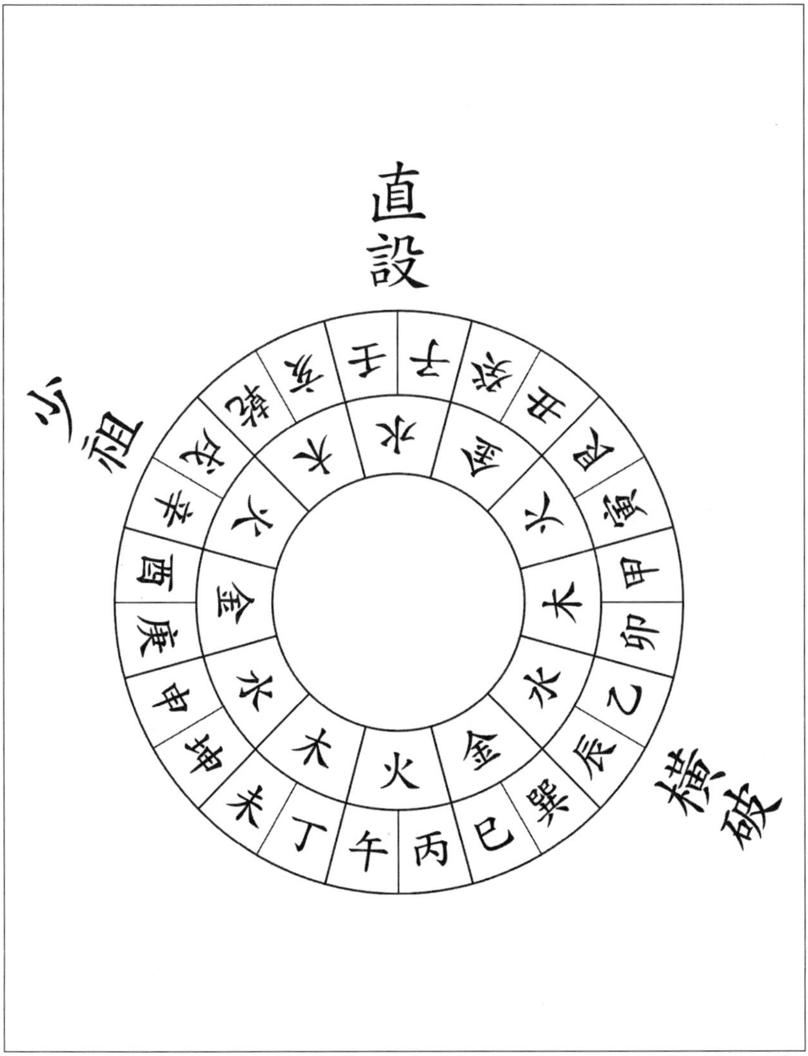

# 2-자. 횡파직설(橫破直設) 12

<산도(山圖) 2-9>

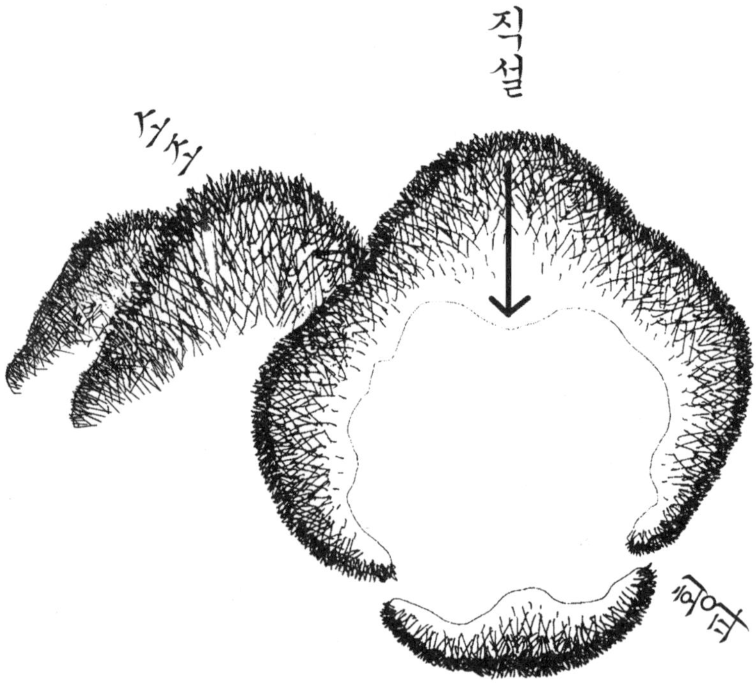

산도 2-9 측정(測定)

갑묘(甲卯)횡파 - 경유(庚酉)소조

경유(庚酉)통맥 - 건해(乾亥)직설

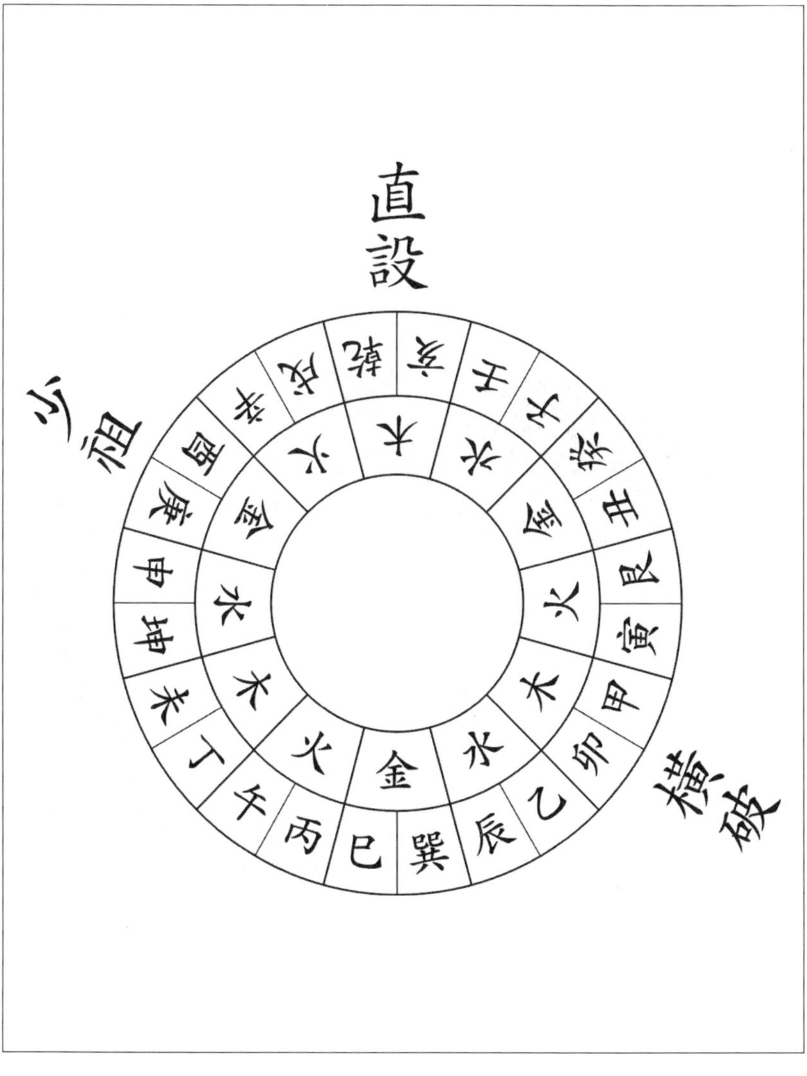

## 2-차. 횡파직설(橫破直設) 12

<산도(山圖) 2-10>

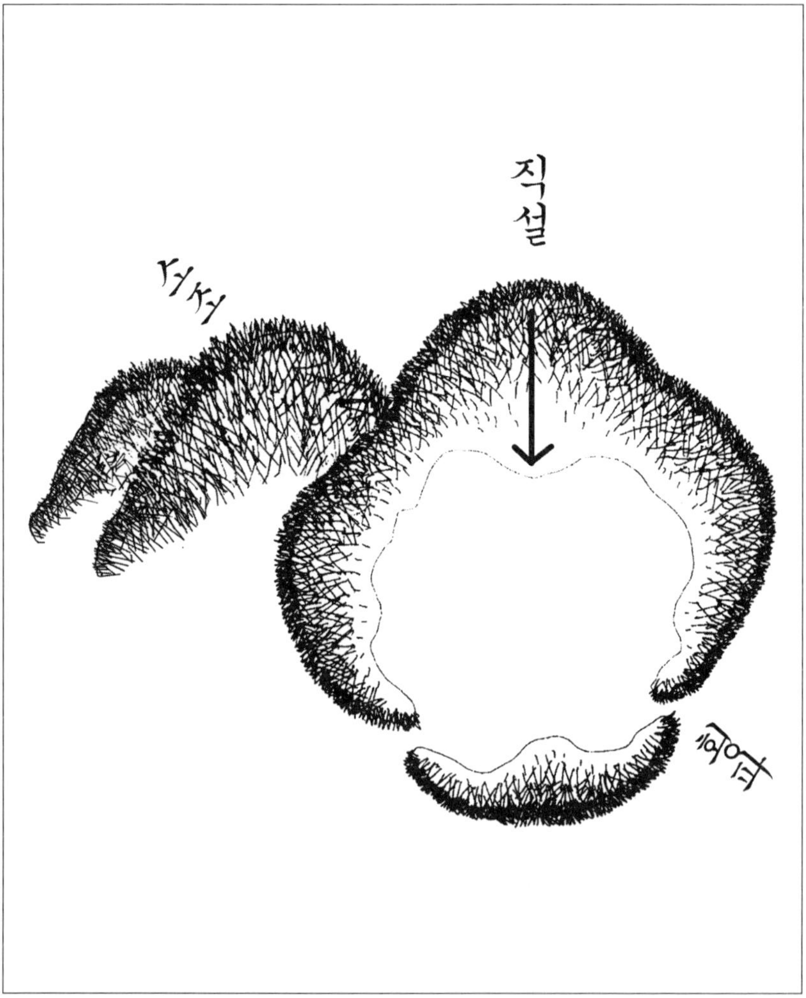

## 산도 2-10 측정(測定)

간인(艮寅)횡파 - 곤신(坤申)소조

곤신(坤申)통맥 - 신술(辛戌)직설

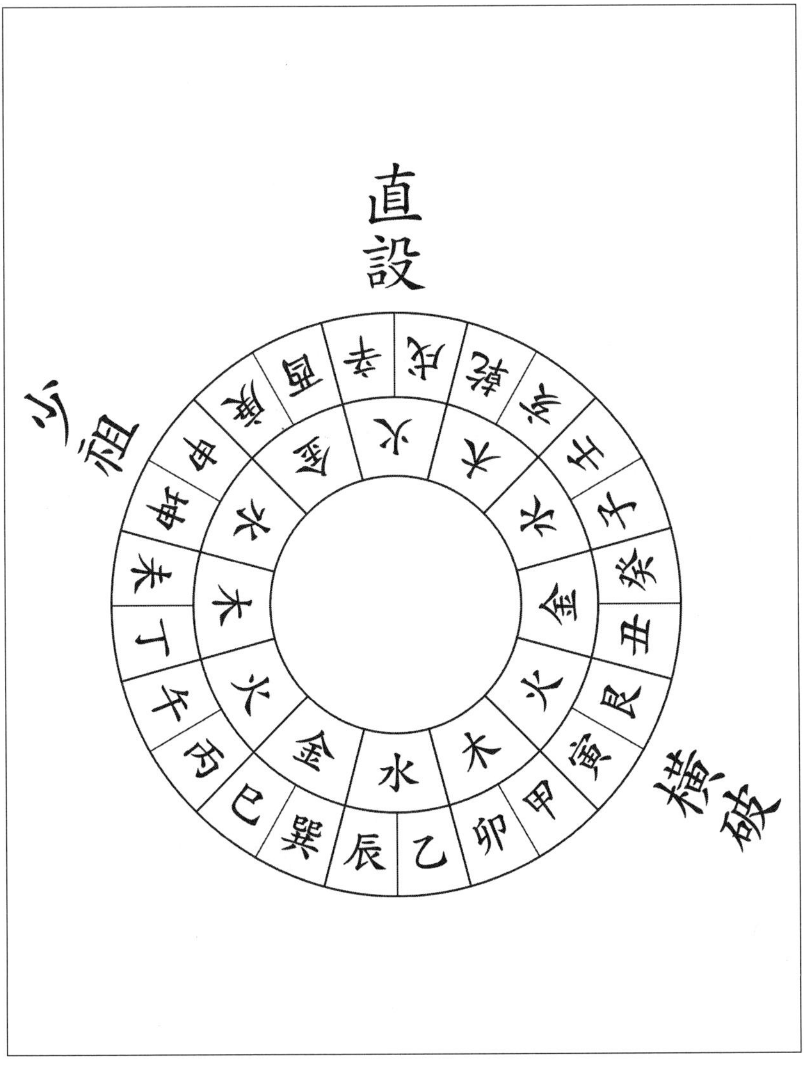

# 2-카. 횡파직설(橫破直設) 12

<산도(山圖) 2-11>

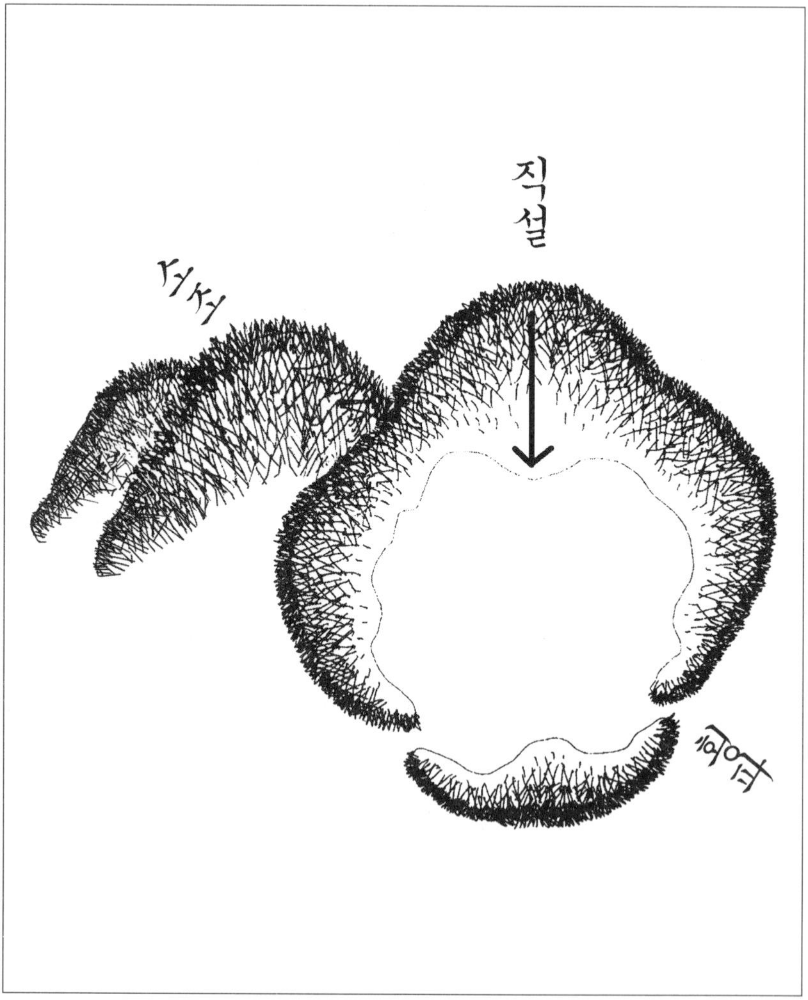

### 산도 2-11 측정(測定)

계축(癸丑)횡파 - 정미(丁未)소조

정미(丁未)통맥 - 경유(庚酉)직설

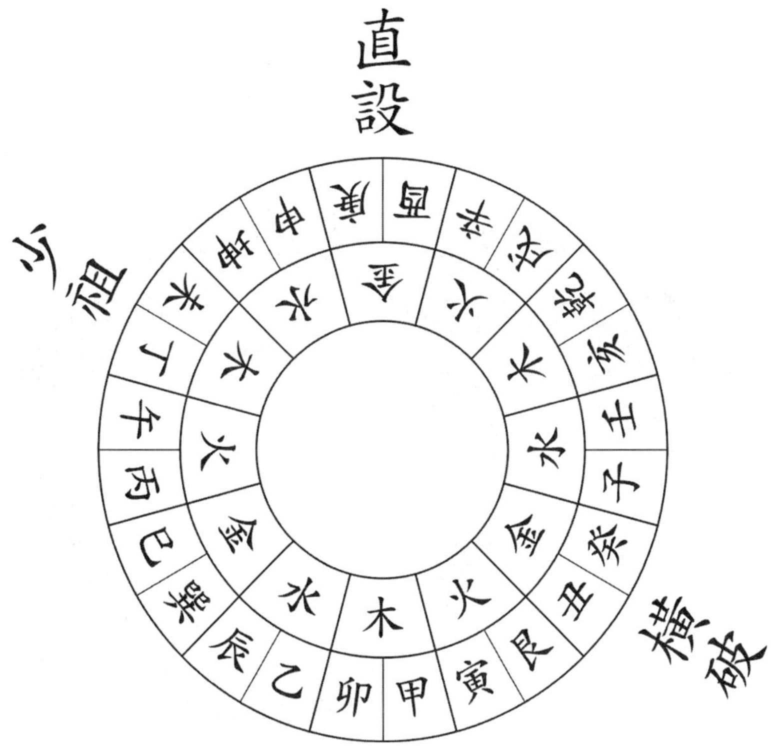

## 2-타. 횡파직설(橫破直設) 12

<산도(山圖) 2-12>

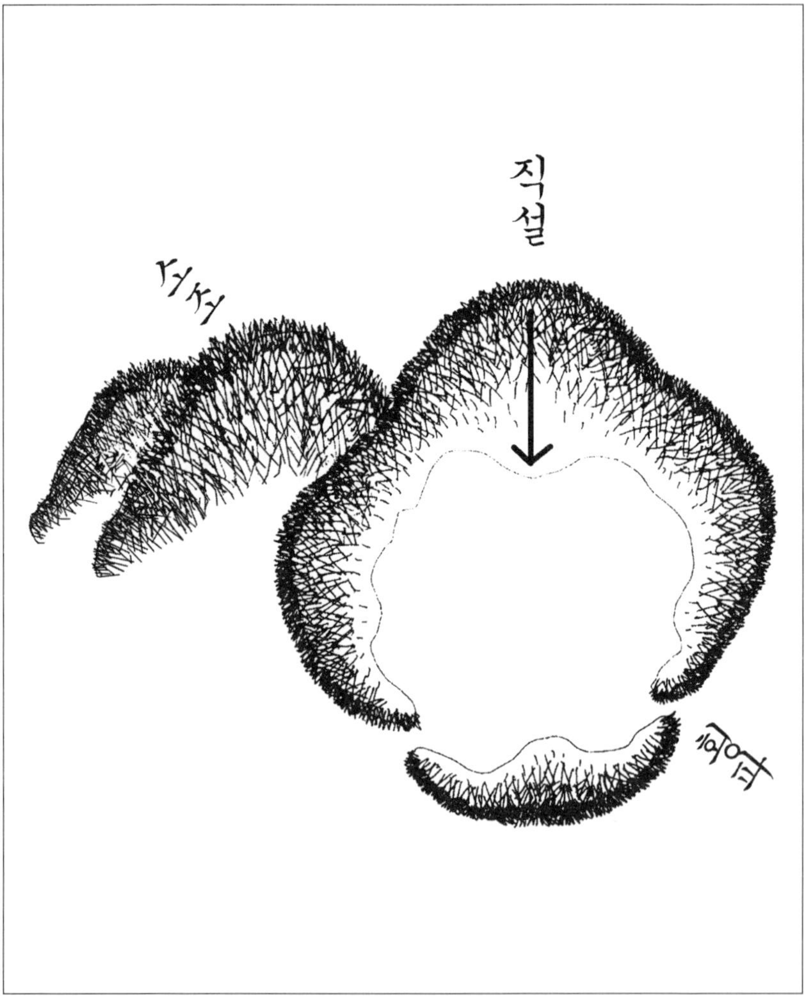

## 산도 2-12 측정(測定)

임자(壬子)횡파 - 병오(丙午)소조

병오(丙午)통맥 - 곤신(坤申)직설

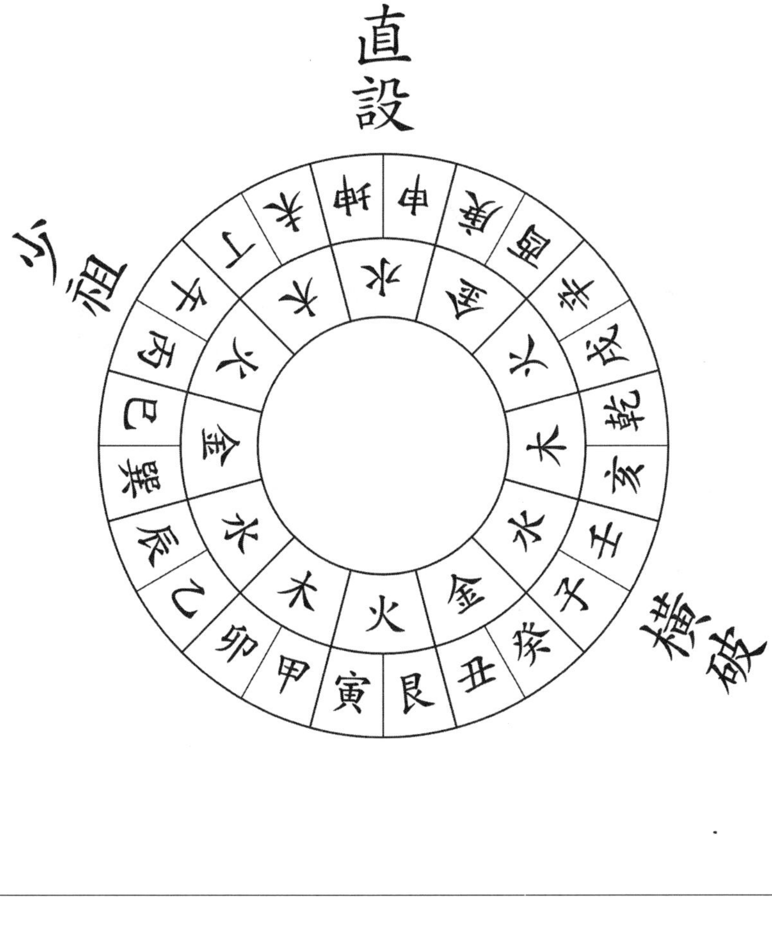

# 3-가. 횡파직설(横破直設) 12

<산도(山圖) 3-1>

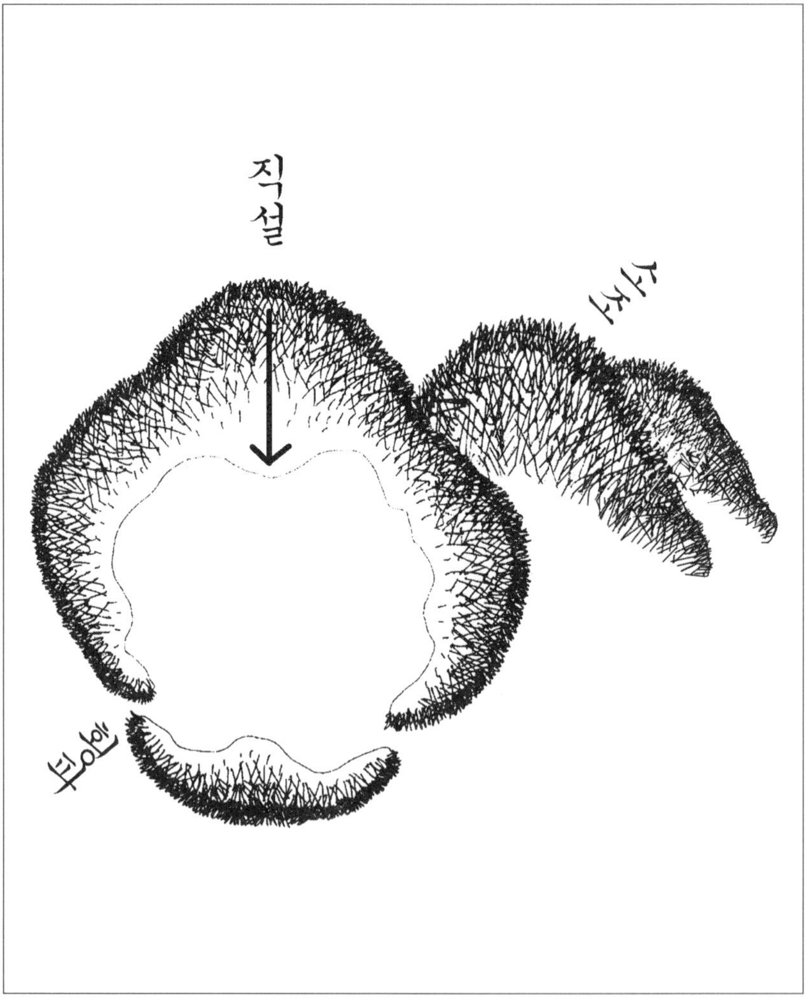

## 산도 3-1 측정(測定)

병오(丙午)횡파 - 임자(壬子)소조

임자(壬子)통맥 - 신술(辛戌)직설

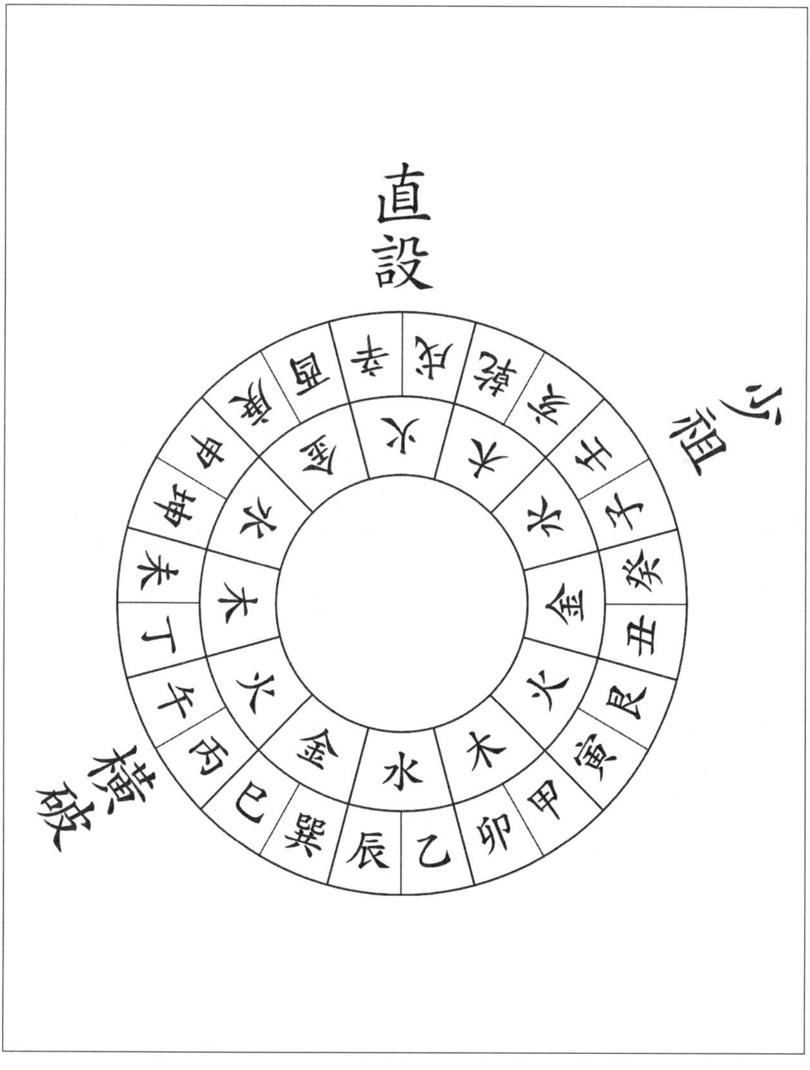

## 3-나. 횡파직설(橫破直設) 12

<산도(山圖) 3-2>

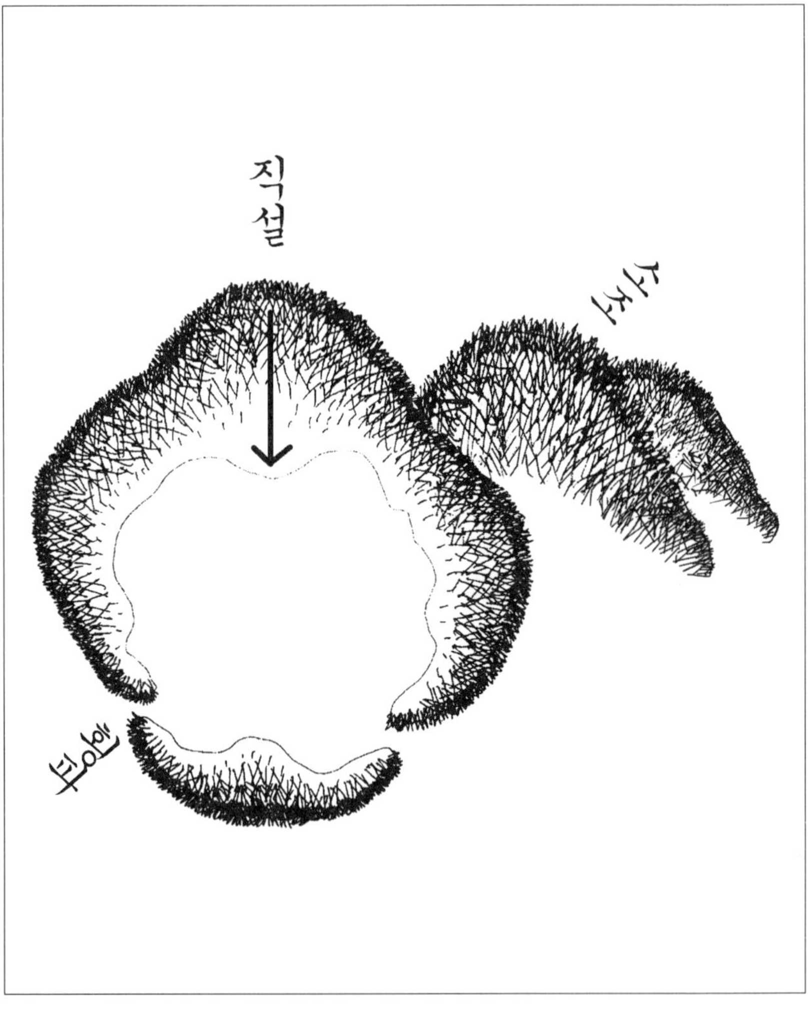

## 산도 3-2 측정(測定)

손사(巽巳)횡파 - 건해(乾亥)소조

건해(乾亥)통맥 - 경유(庚酉)직설

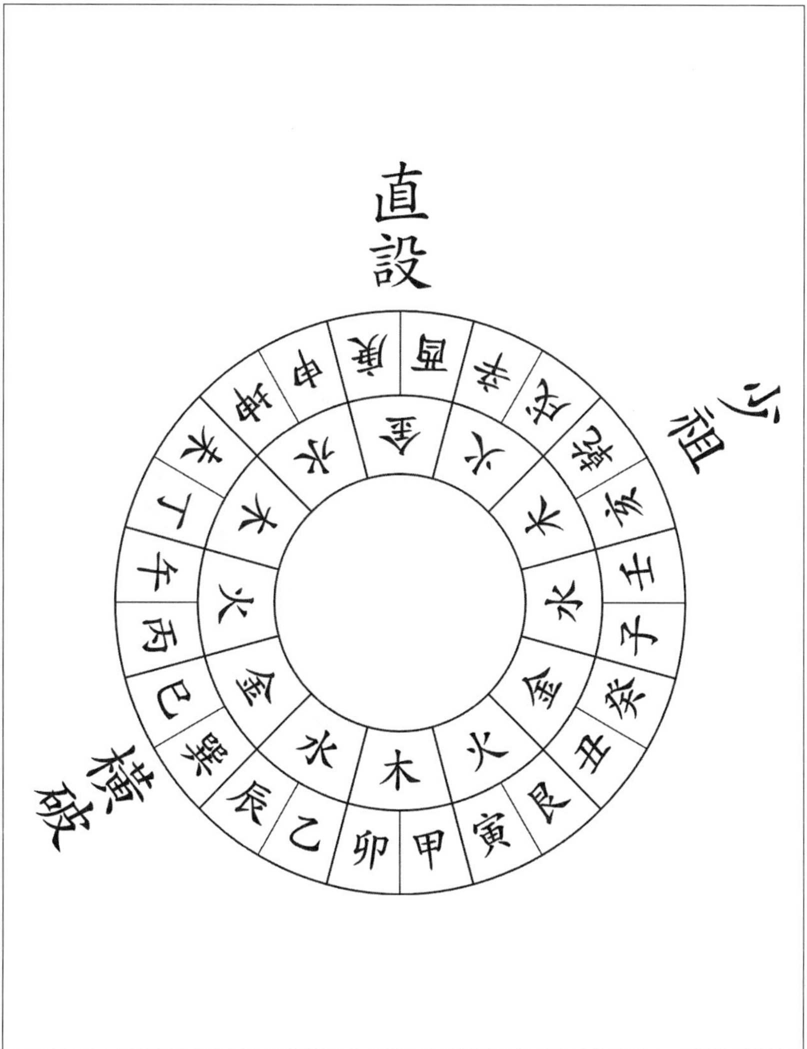

## 3-다. 횡파직설(橫破直設) 12

<산도(山圖) 3-3>

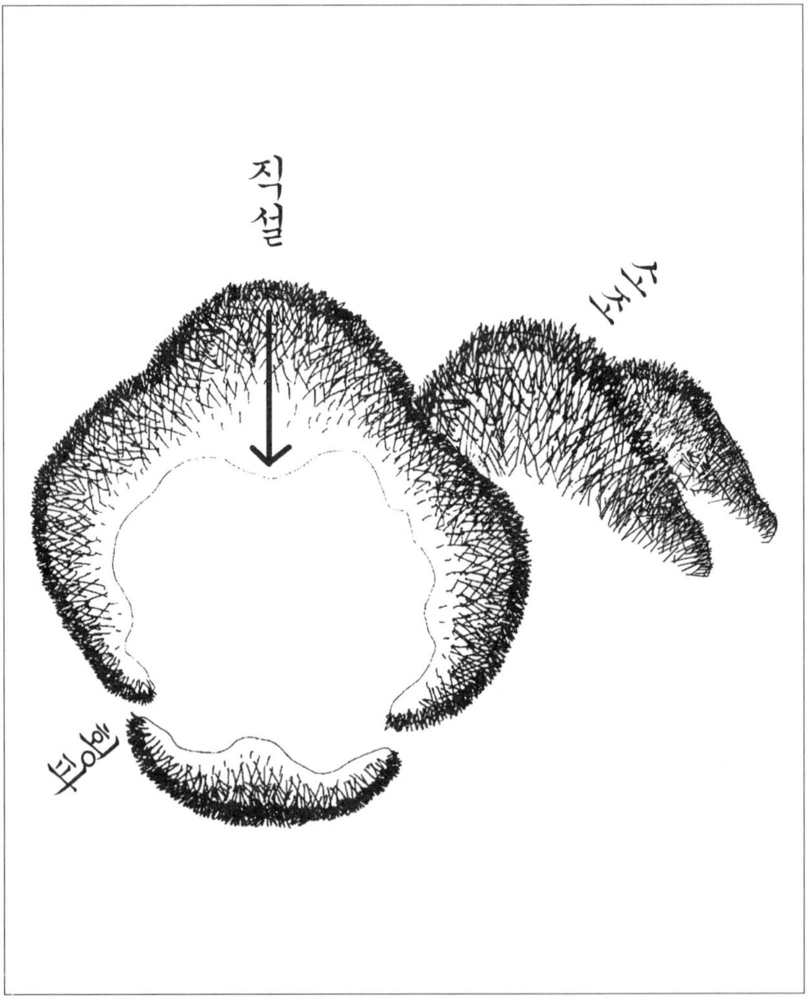

## 산도 3-3 측정(測定)

을진(乙辰)횡파 - 신술(辛戌)소조

신술(辛戌)통맥 - 곤신(坤申)직설

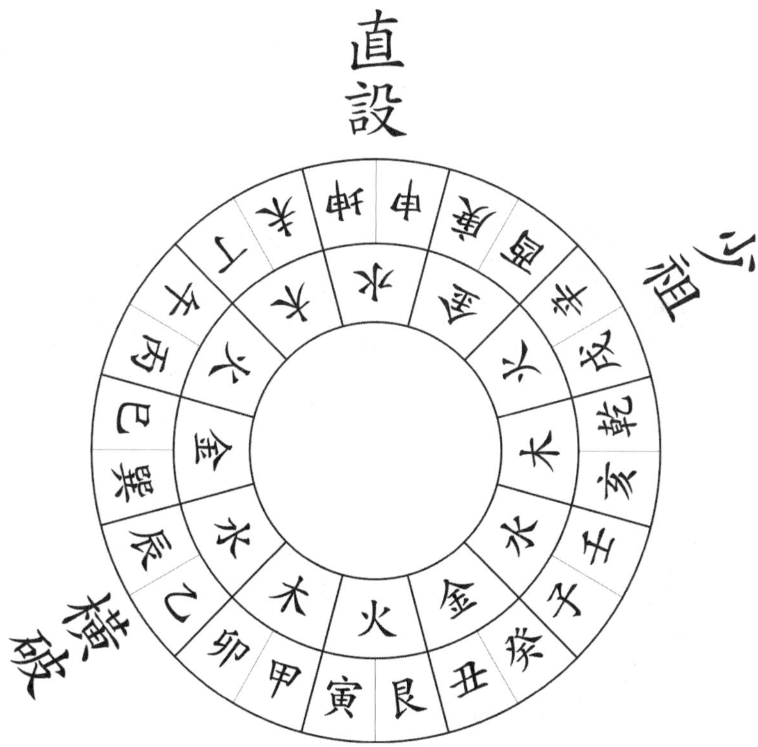

## 3-라. 횡파직설(橫破直設) 12

<산도(山圖) 3-4>

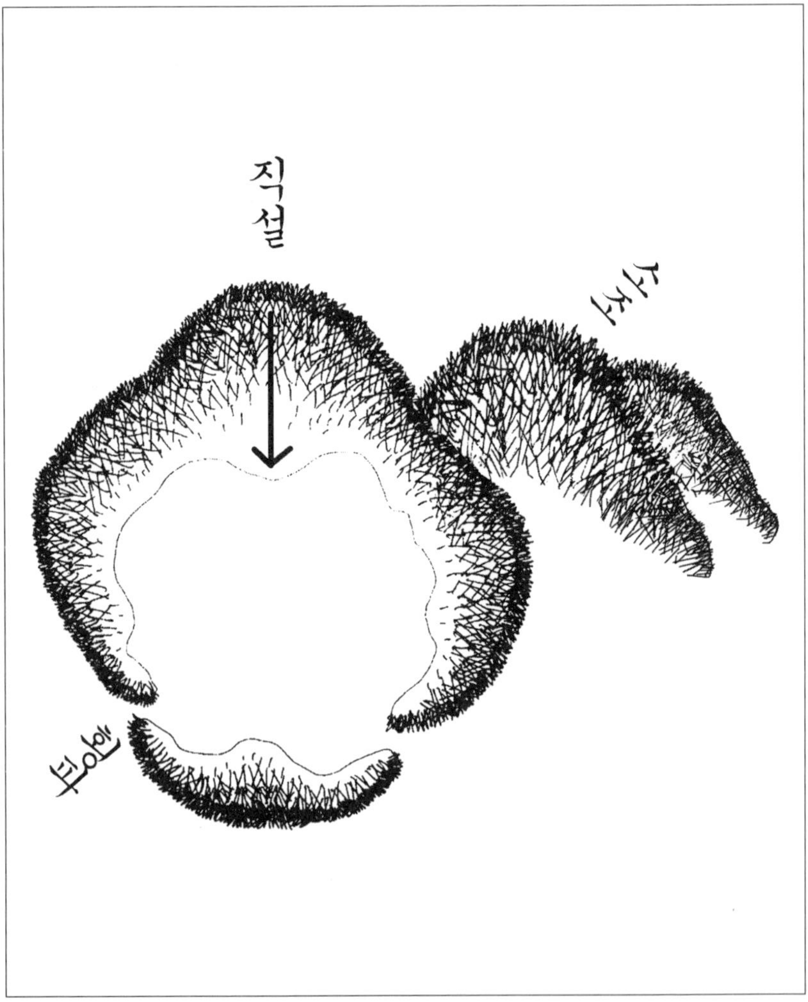

## 산도 3-4 측정(測定)

갑묘(甲卯)횡파 - 경유(庚酉)소조

경유(庚酉)통맥 - 정미(丁未)직설

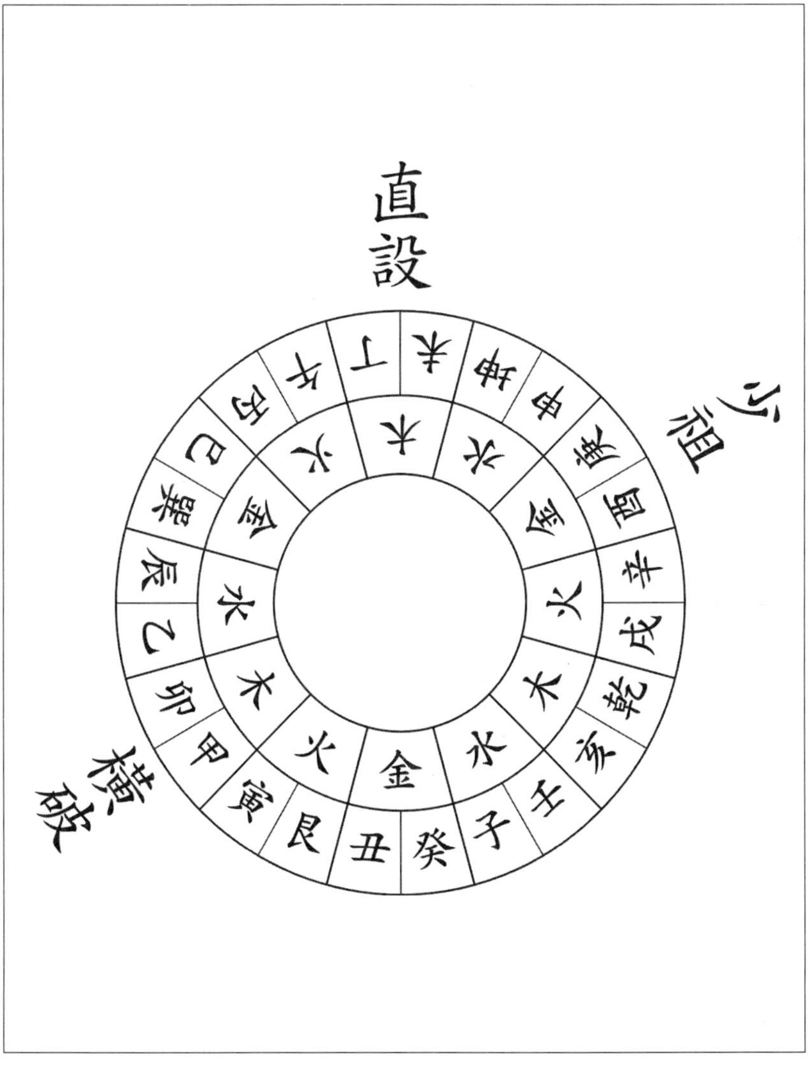

# 3-마. 횡파직설(橫破直設) 12

<산도(山圖) 3-5>

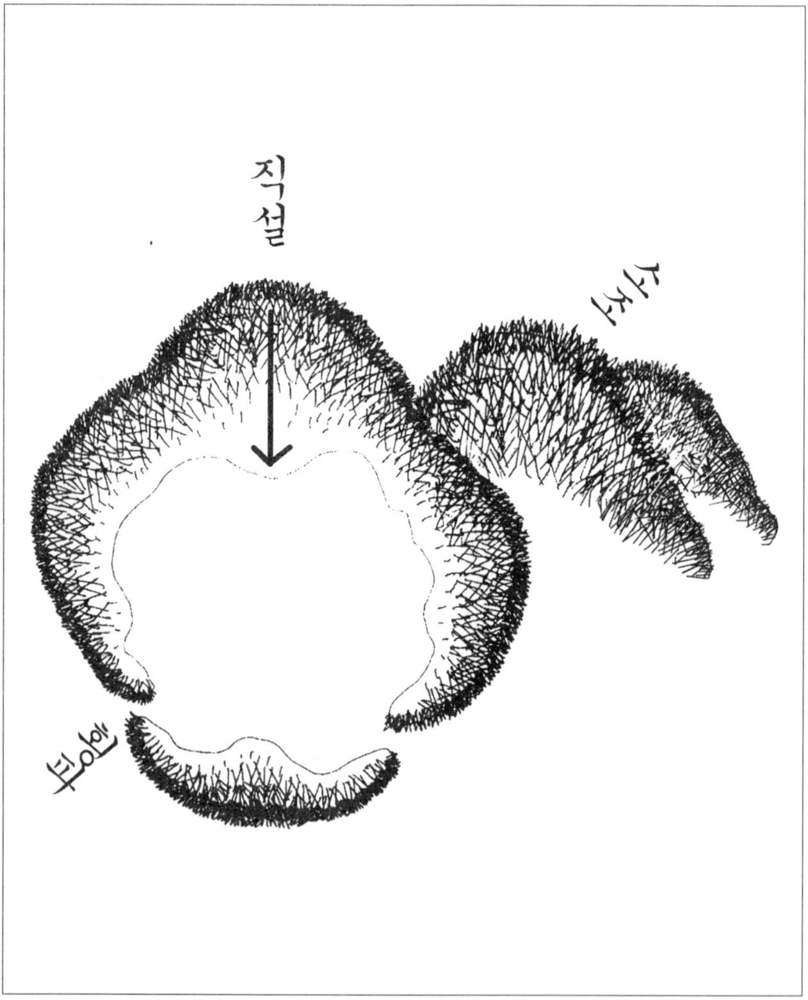

## 산도 3-5 측정(測定)

간인(艮寅)횡파 - 곤신(坤申)소조

곤신(坤申)통맥 - 병오(丙午)직설

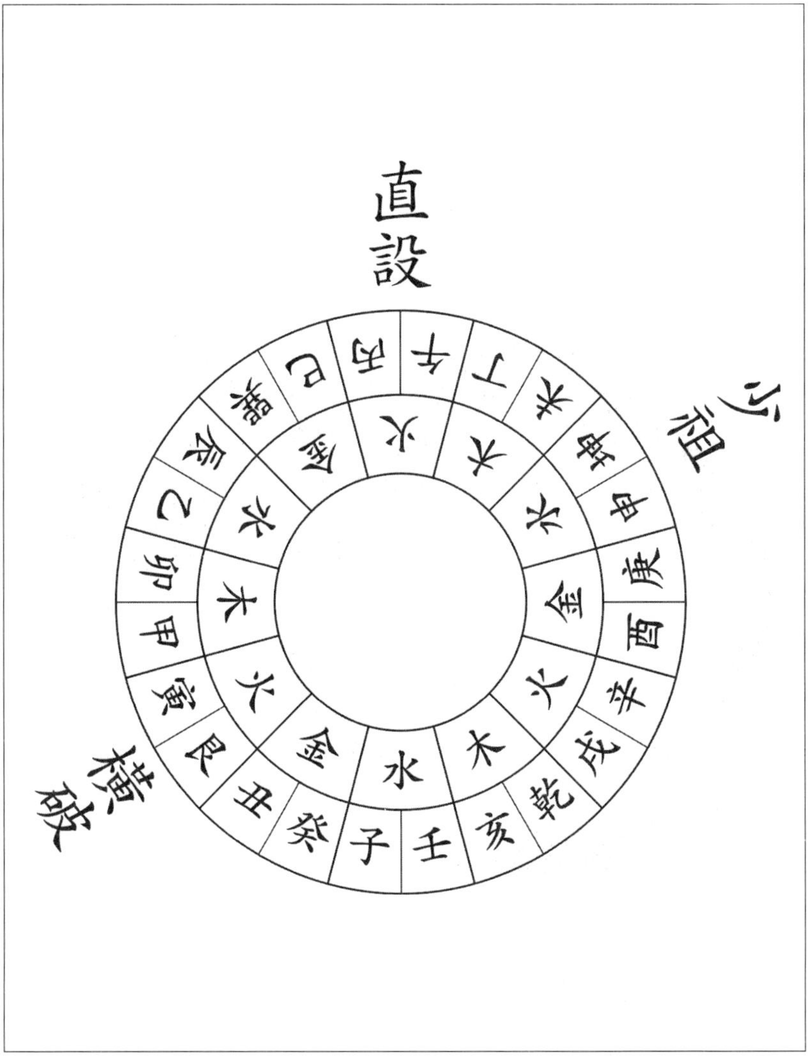

## 3-바. 횡파직설(橫破直設) 12

<산도(山圖) 3-6>

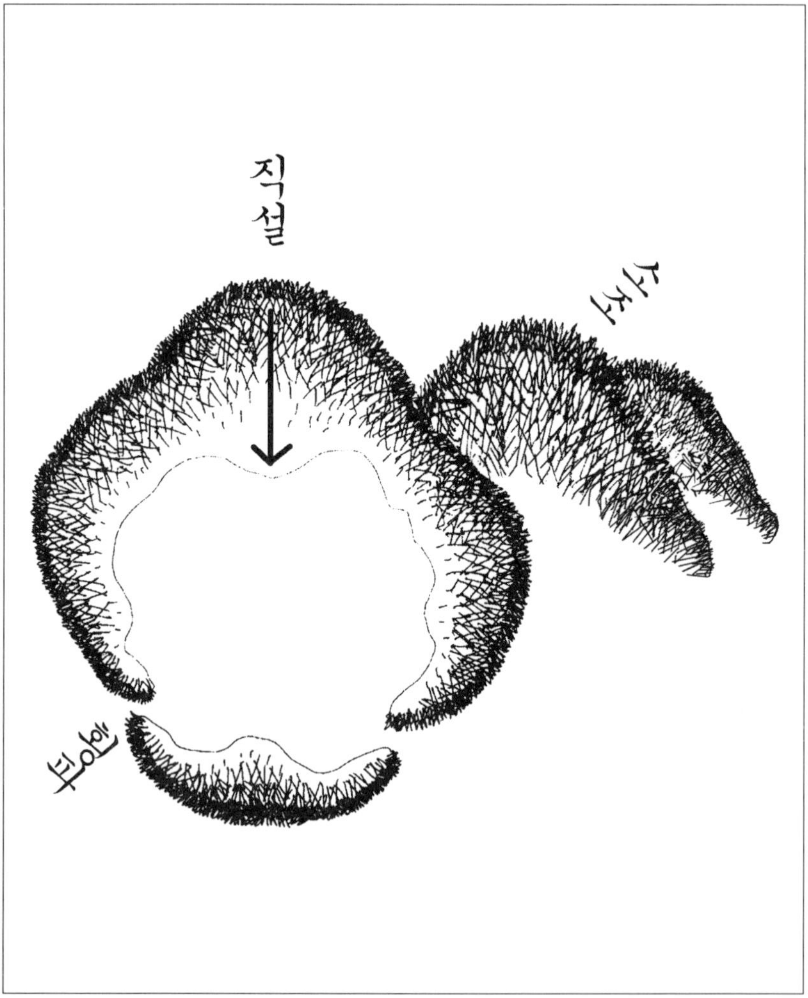

## 산도 3-6 측정(測定)

계축(癸丑)횡파 - 정미(丁未)소조

정미(丁未)통맥 - 손사(巽巳)직설

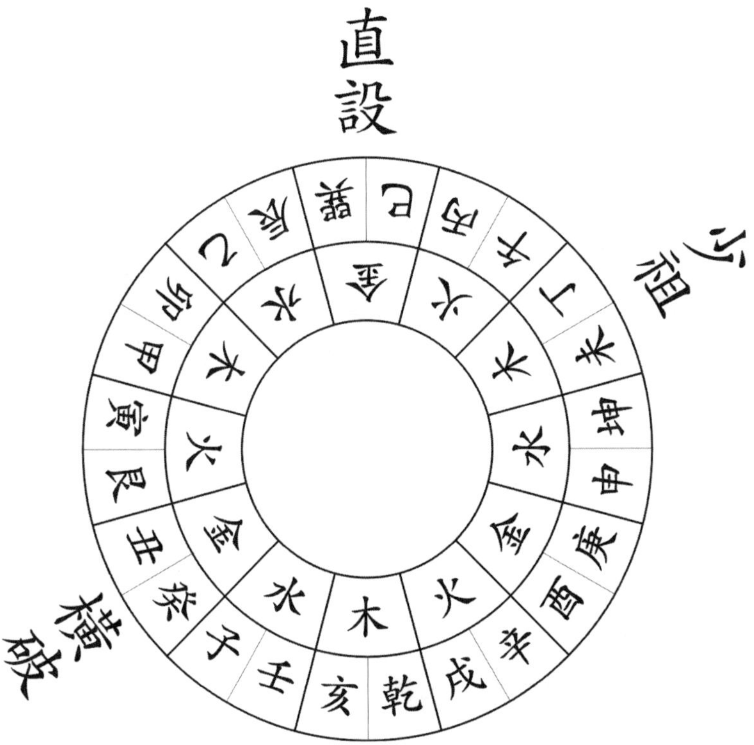

# 3-사. 횡파직설(横破直設) 12

<산도(山圖) 3-7>

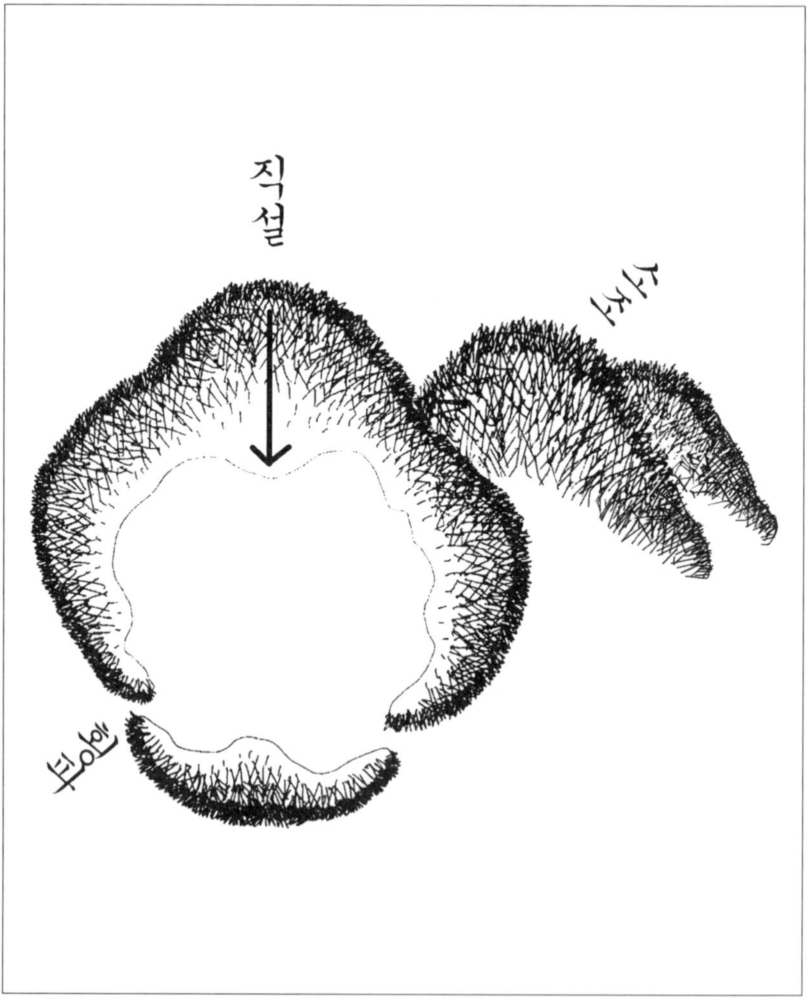

## 산도 3-7 측정(測定)

임자(壬子)횡파 - 병오(丙午)소조

병오(丙午)통맥 - 을진(乙辰)직설

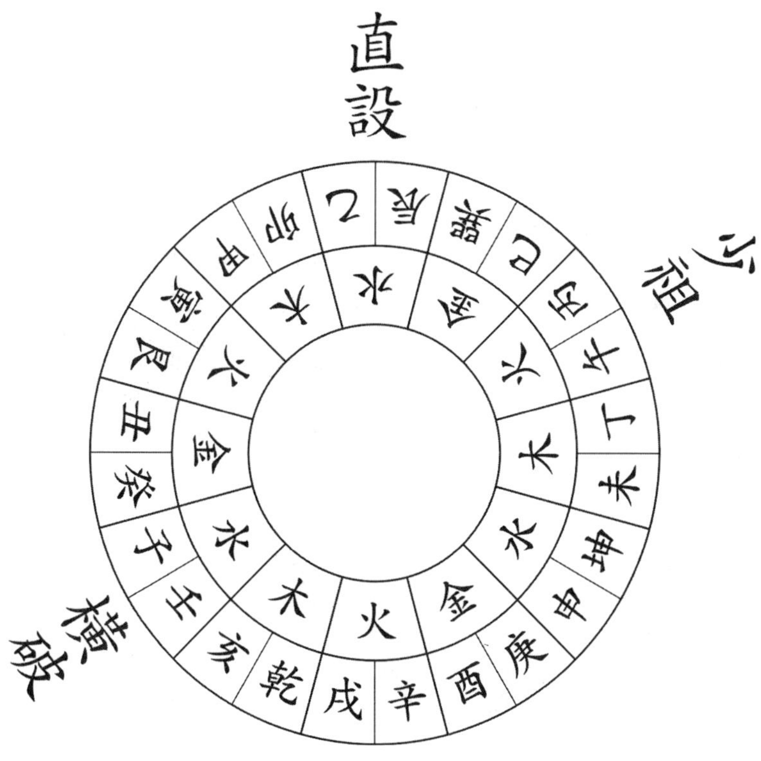

# 3-아. 횡파직설(橫破直設) 12

<산도(山圖) 3-8>

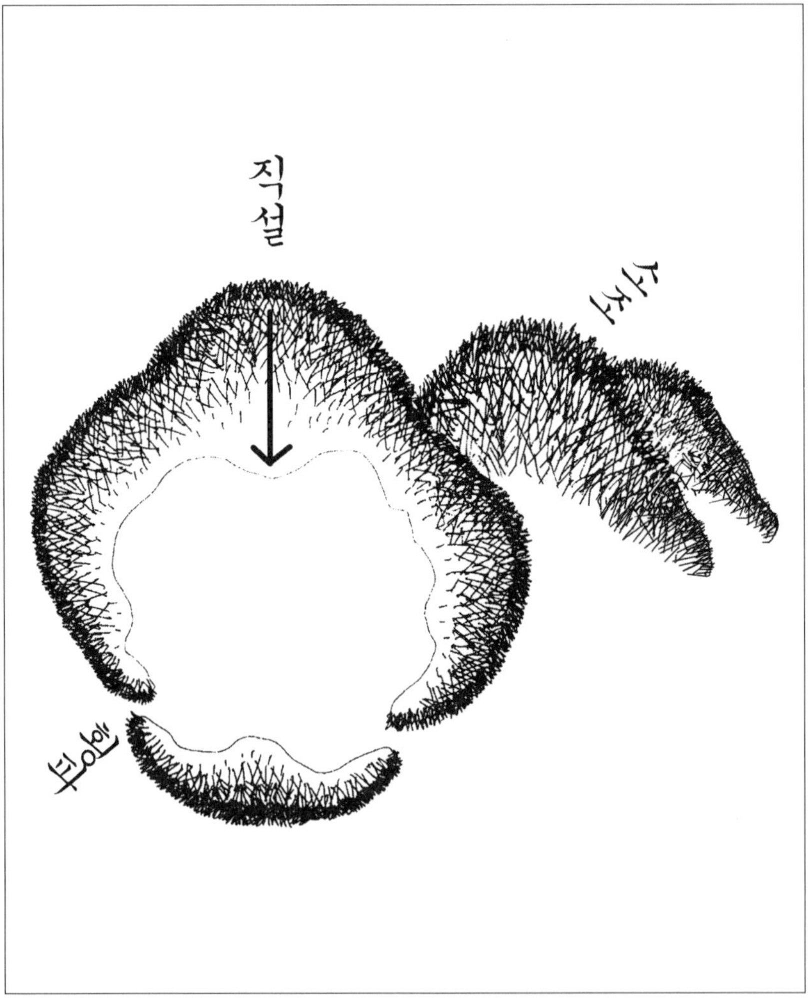

## 산도 3-8 측정(測定)

건해(乾亥)횡파 - 손사(巽巳)소조

손사(巽巳)통맥 - 갑묘(甲卯)직설

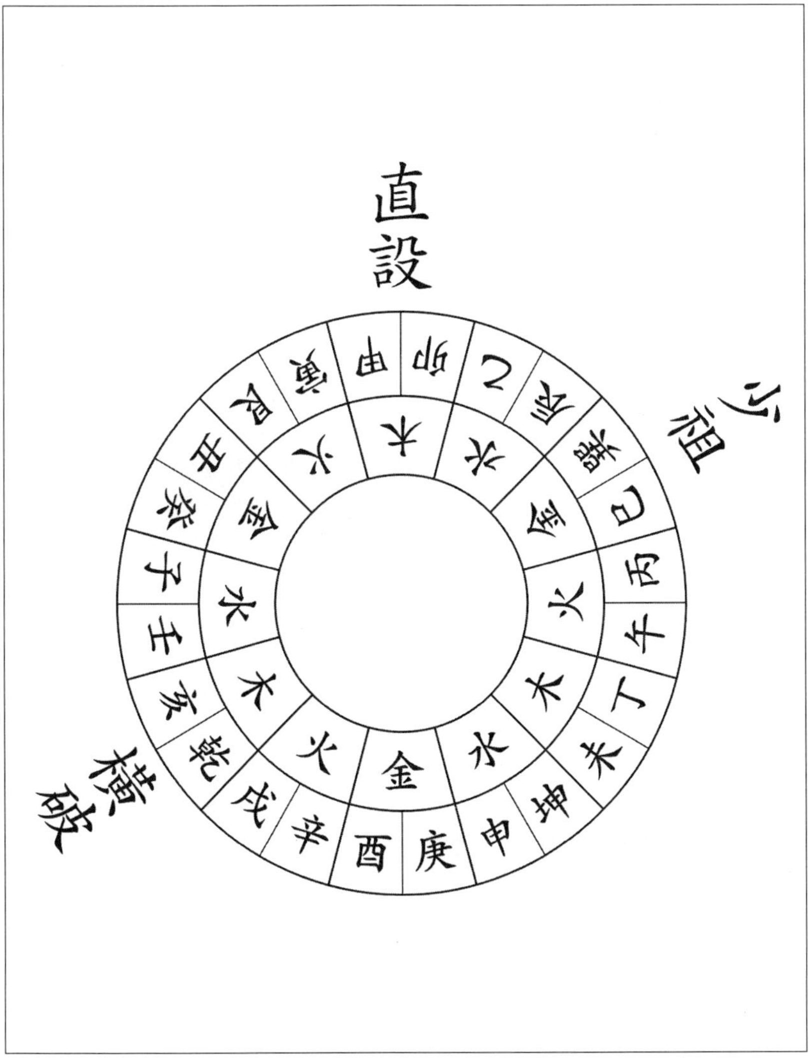

## 3-자. 횡파직설(橫破直設) 12

<산도(山圖) 3-9>

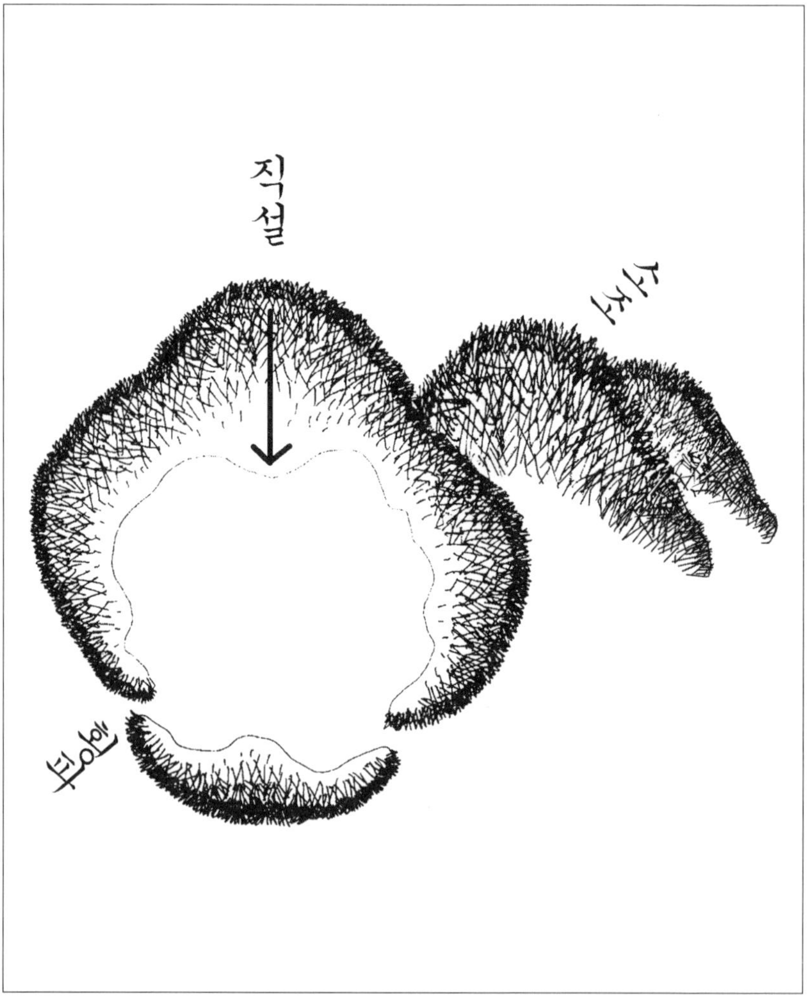

## 산도 3-9 측정(測定)

신술(辛戌)횡파 - 을진(乙辰)소조

을진(乙辰)통맥 - 간인(艮寅)직설

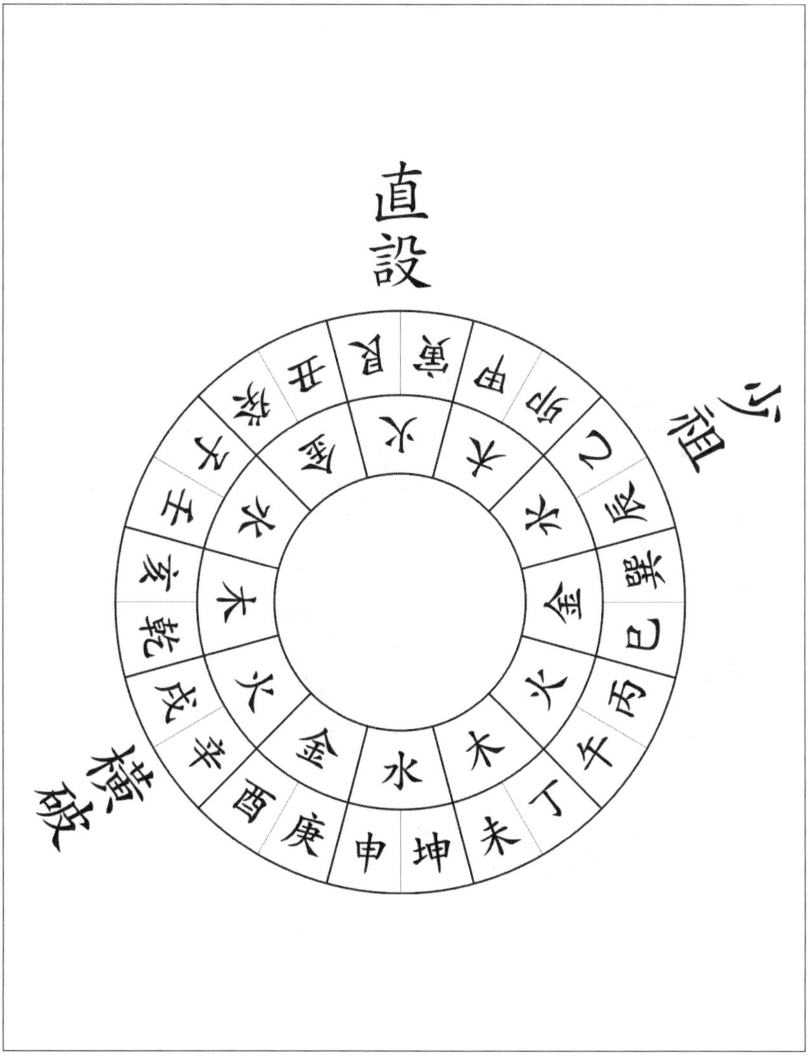

# 3-차. 횡파직설(橫破直設) 12

<산도(山圖) 3-10>

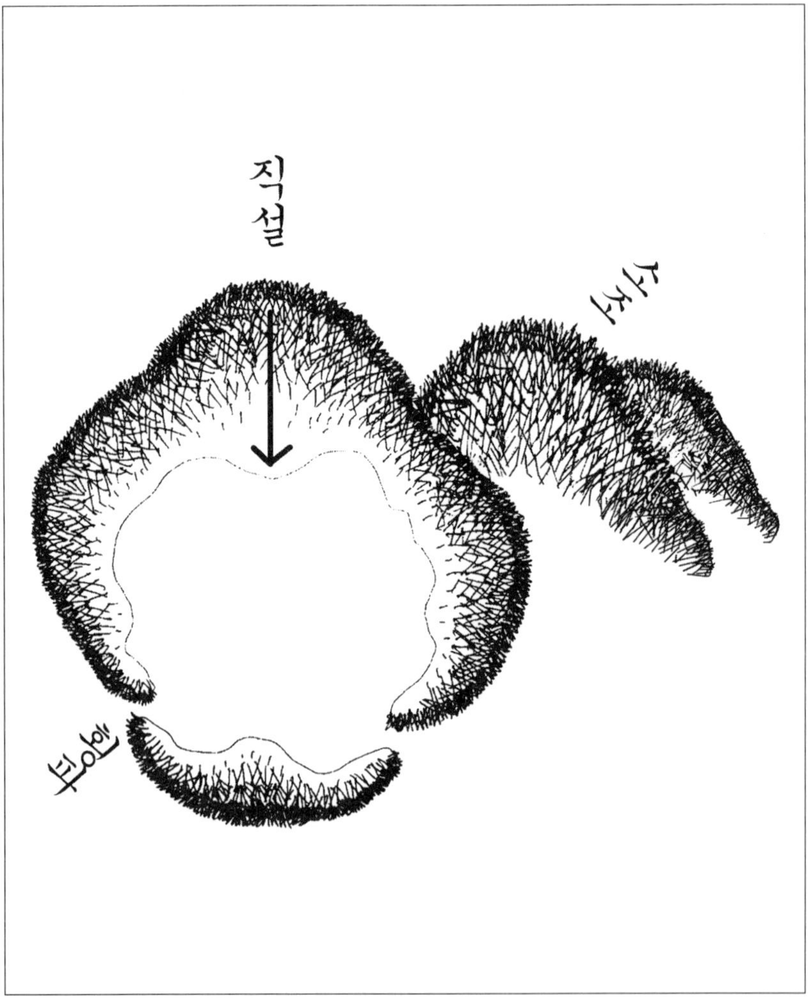

## 산도 3-10 측정(測定)

경유(庚酉)횡파 - 갑묘(甲卯)소조

갑묘(甲卯)통맥 - 계축(癸丑)직설

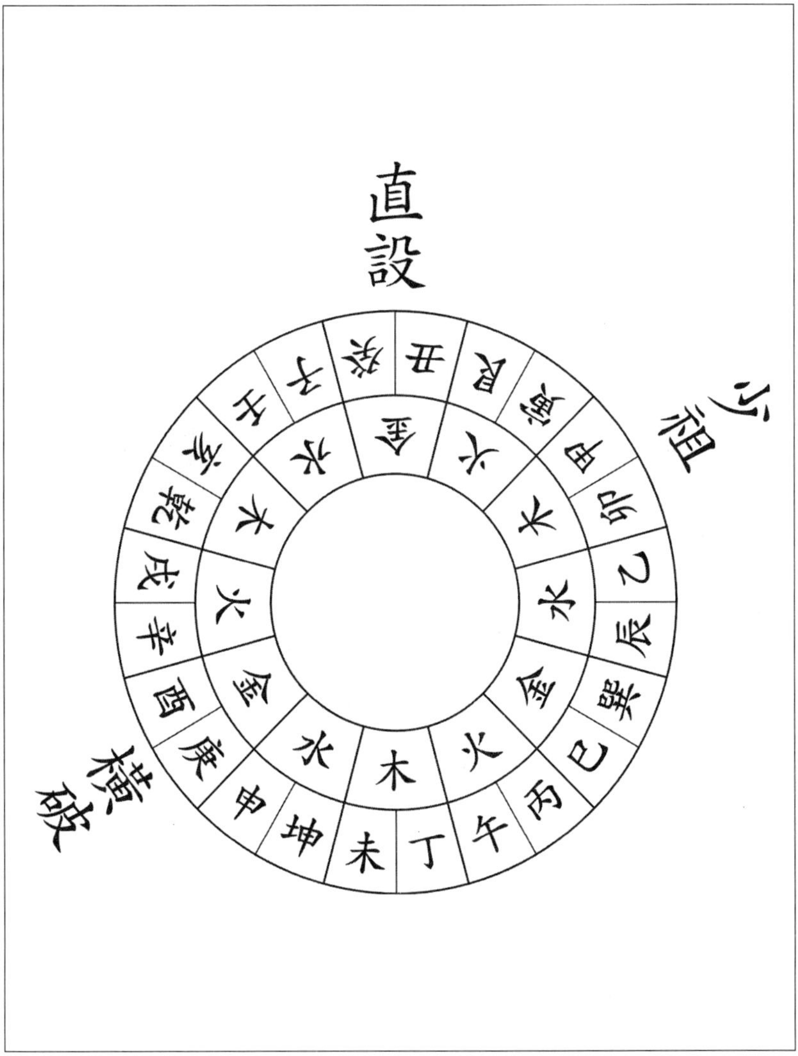

# 3-카. 횡파직설(橫破直設) 12

<산도(山圖) 3-11>

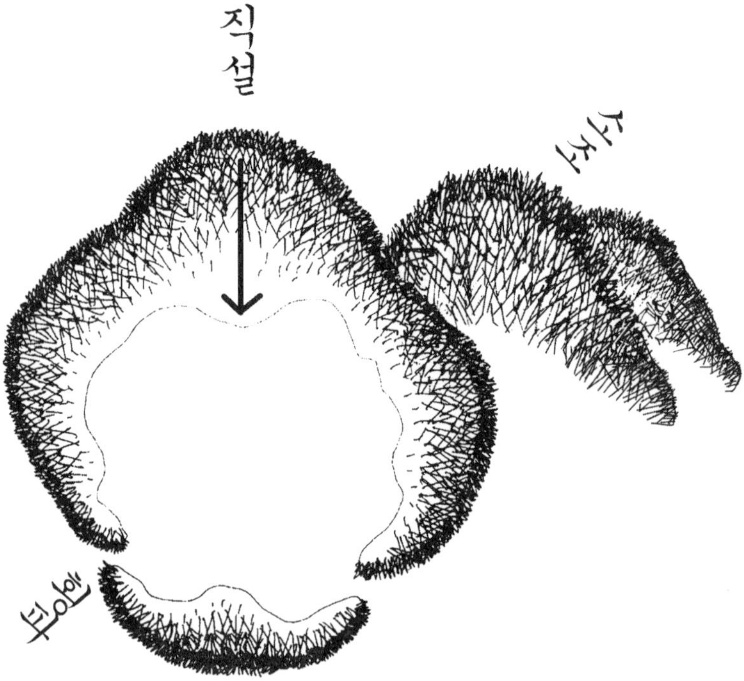

**산도 3-11 측정(測定)**

곤신(坤申)횡파 - 간인(艮寅)소조

간인(艮寅)통맥 - 임자(壬子)직설

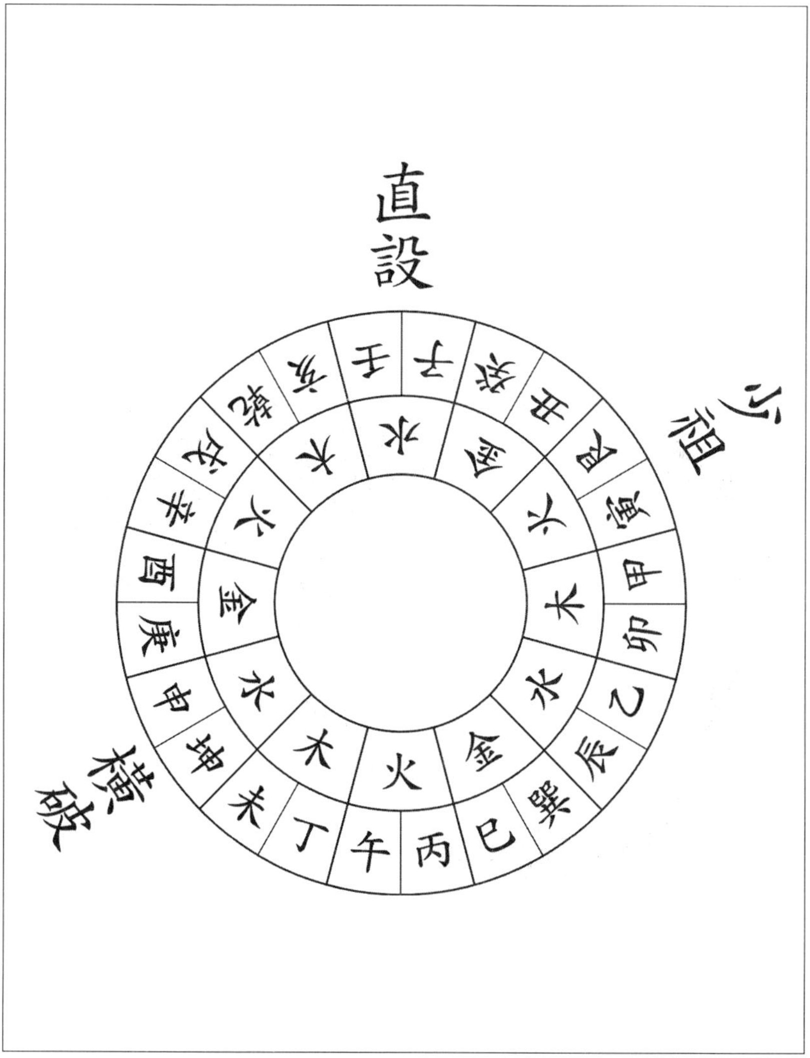

# 3-타. 횡파직설(横破直設) 12

<산도(山圖) 3-12>

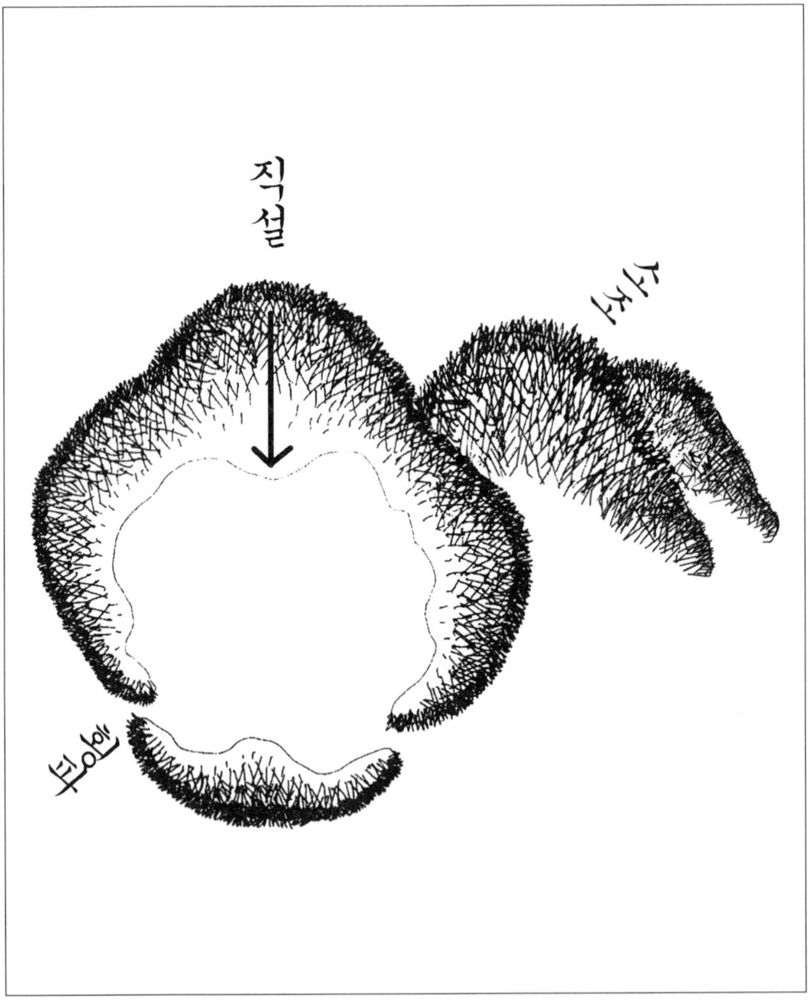

## 산도 3-12 측정(測定)

정미(丁未)횡파 - 계축(癸丑)소조

계축(癸丑)통맥 - 건해(乾亥)직설

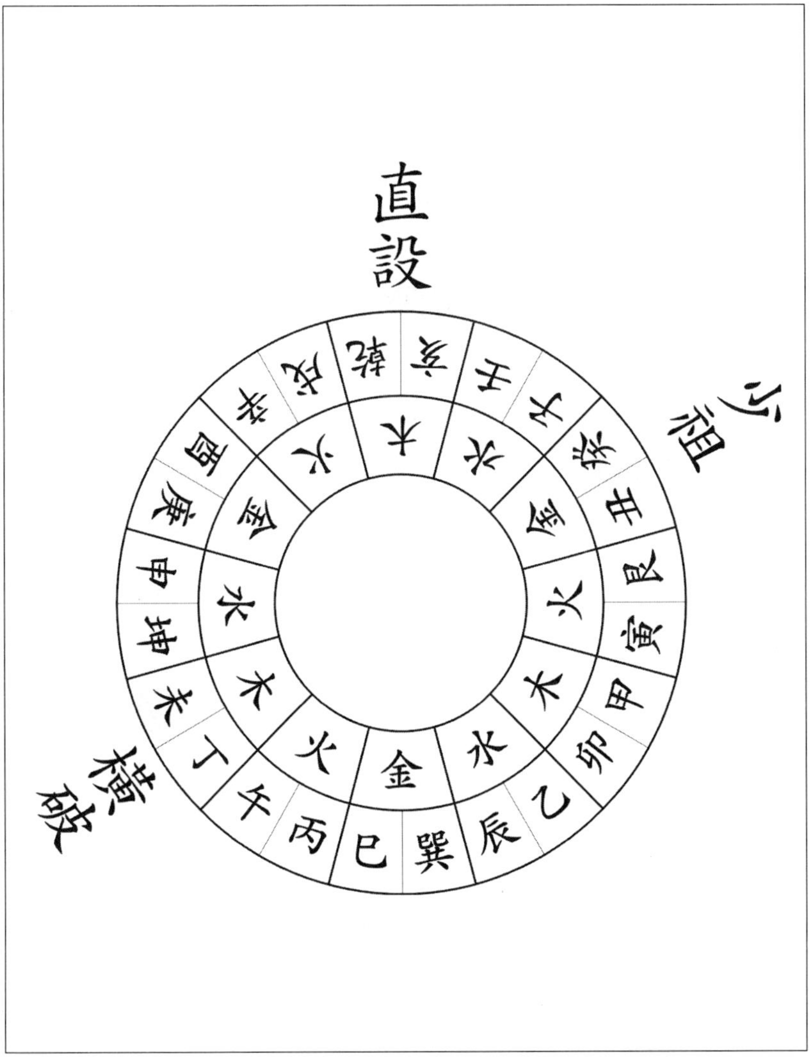

# 4-가. 직파횡설(直破橫設) 12

<산도(山圖) 4-1>

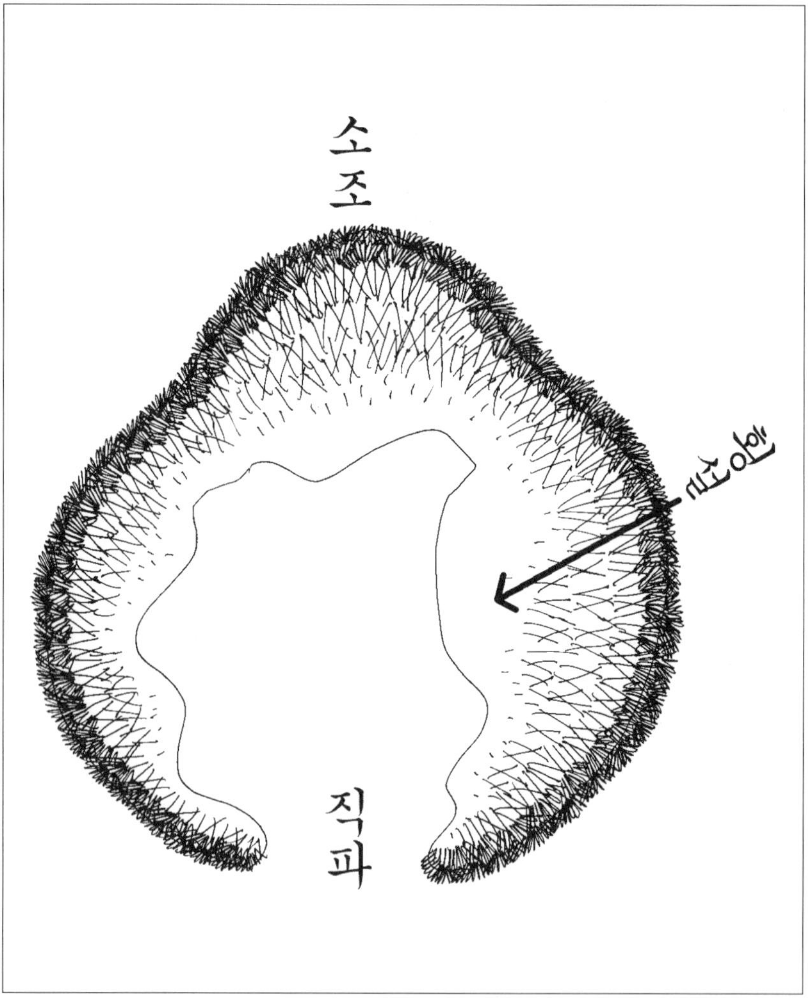

**산도 4-1 측정(測定)**

정미(丁未)직파 - 계축(癸丑)소조

계축(癸丑)통맥 - 갑묘(甲卯)횡설

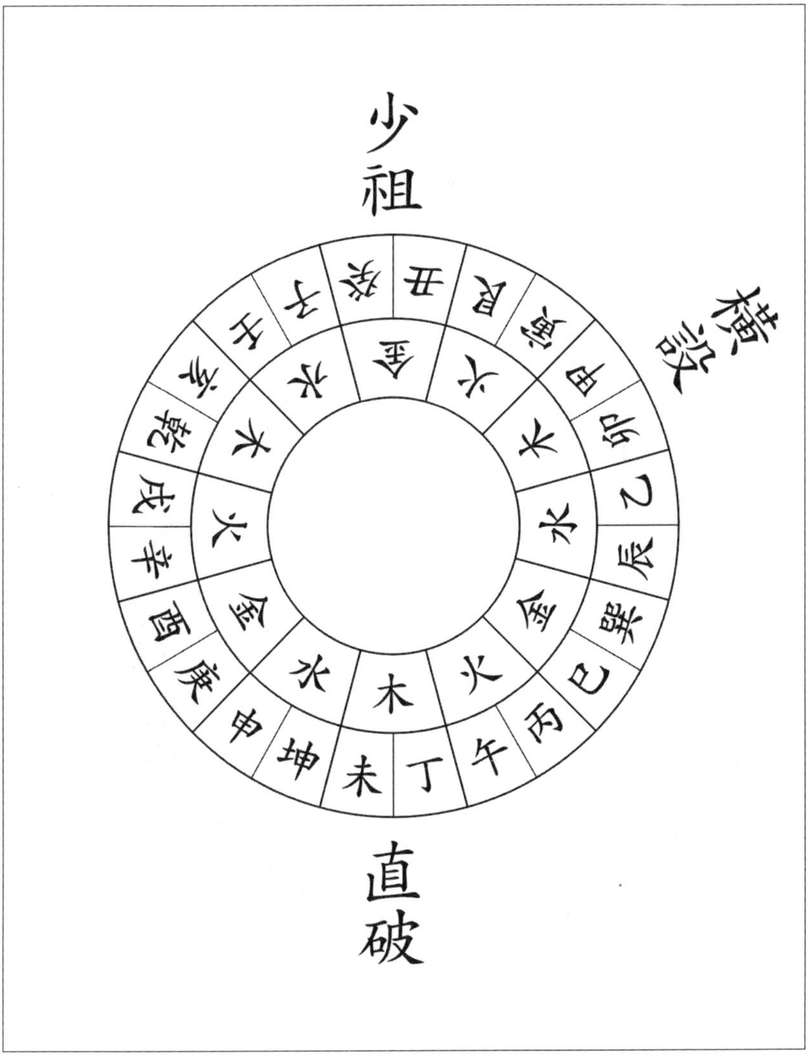

## 4-나. 직파횡설(直破橫設) 12

<산도(山圖) 4-2>

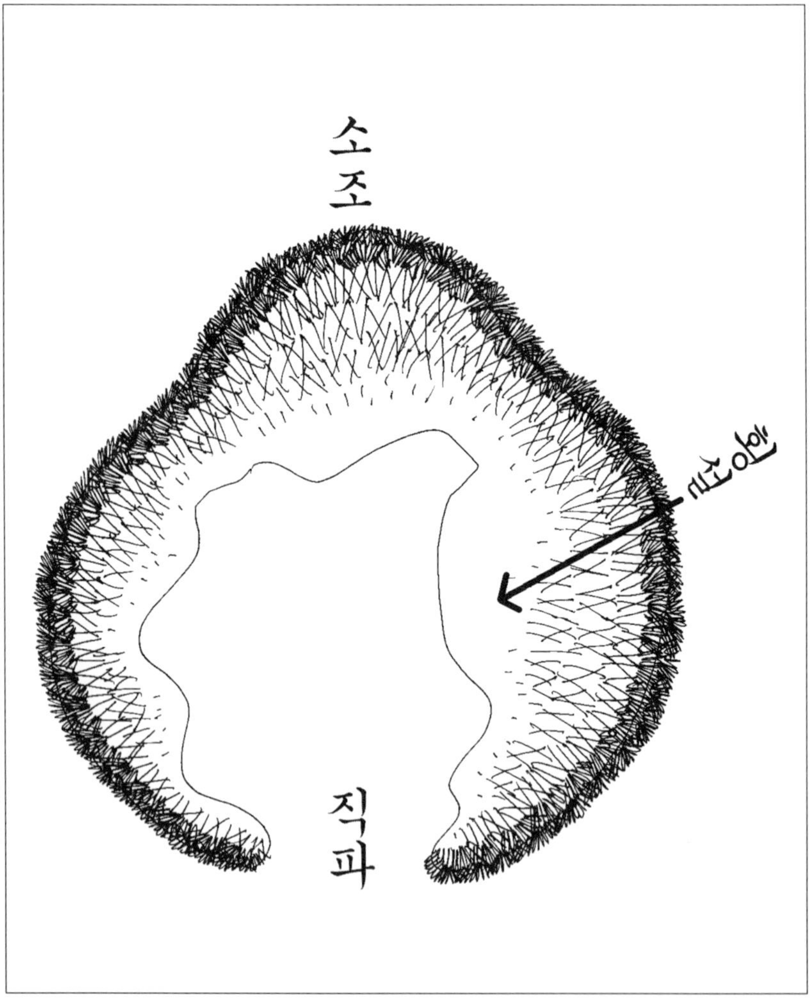

## 산도 4-2 측정(測定)

병오(丙午)직파 - 임자(壬子)소조

임자(壬子)통맥 - 간인(艮寅)횡설

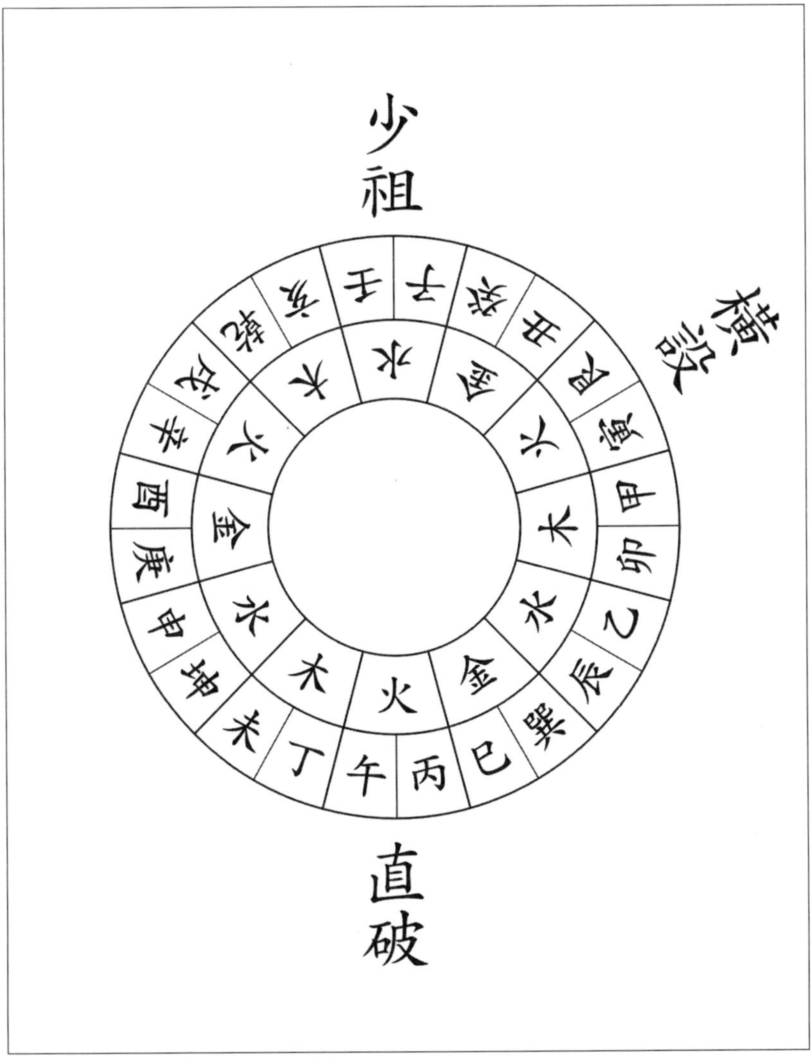

## 4-다. 직파횡설(直破橫設) 12

<산도(山圖) 4-3>

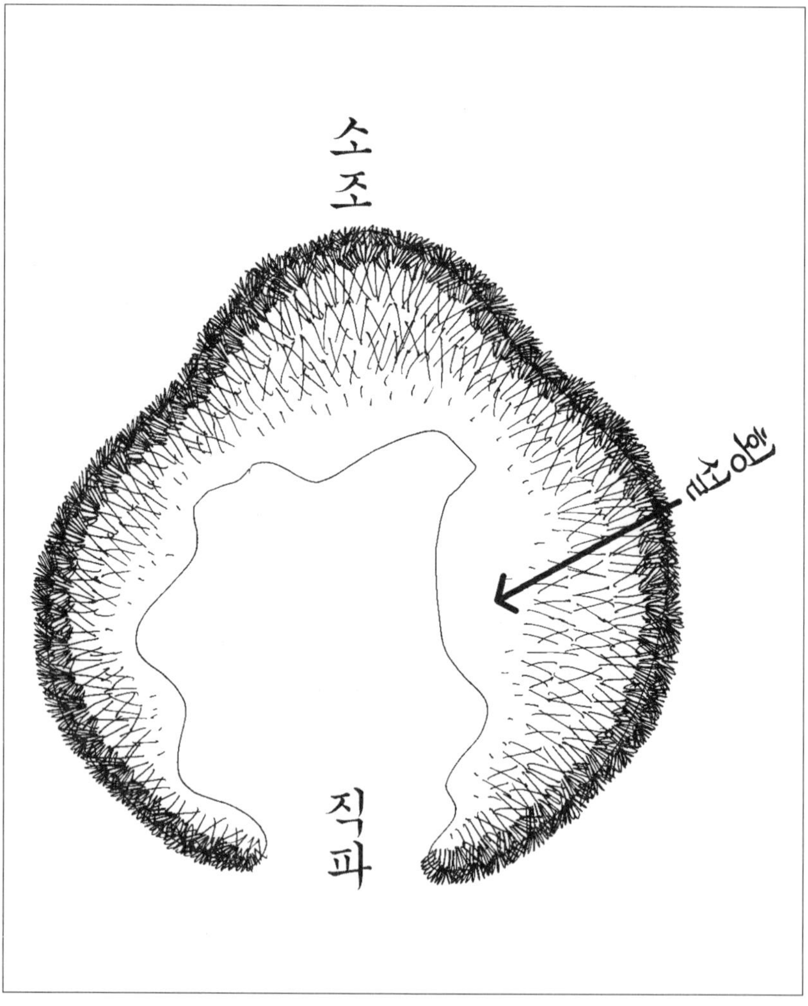

### 산도 4-3 측정(測定)

손사(巽巳)직파 - 건해(乾亥)소조

건해(乾亥)통맥 - 계축(癸丑)횡설

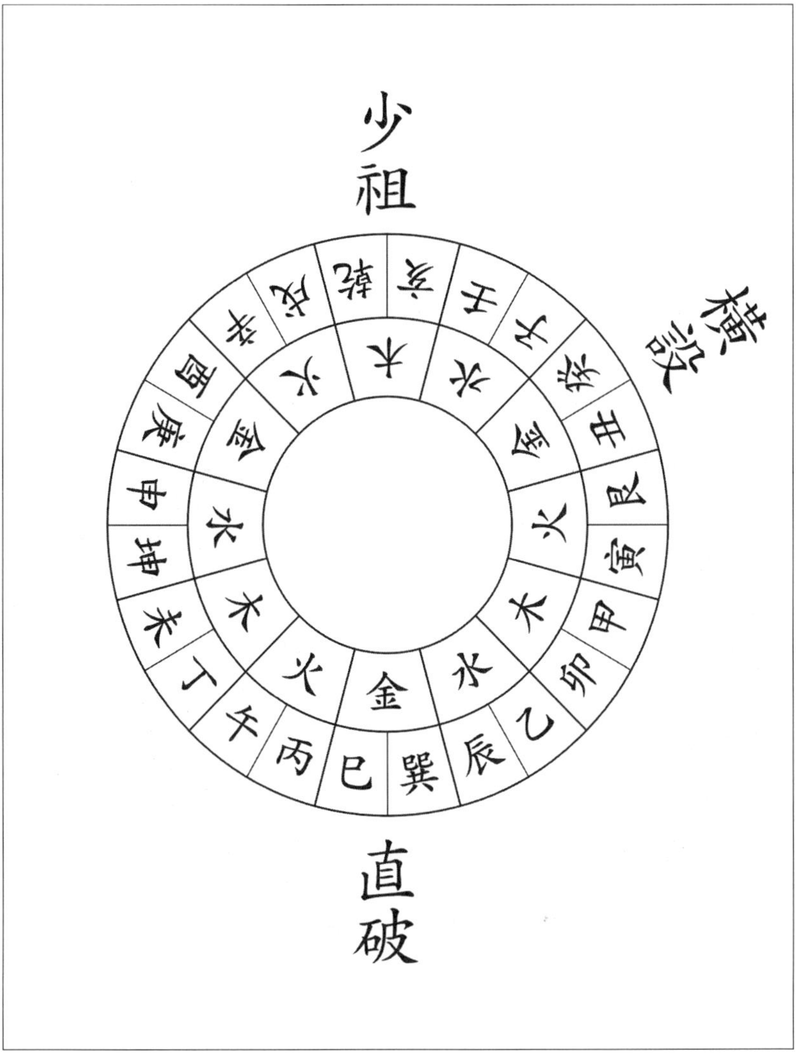

## 4-라. 직파횡설(直破橫設) 12

<산도(山圖) 4-4>

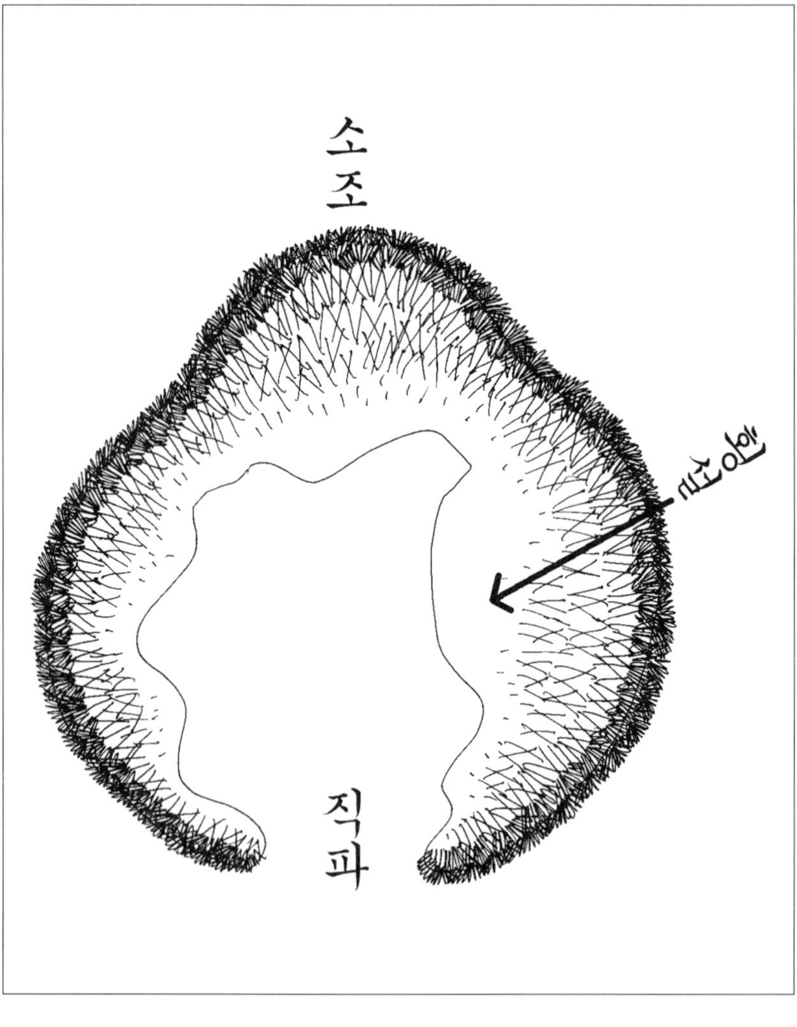

## 산도 4-4 측정(測定)

을진(乙辰)직파 - 신술(辛戌)소조

신술(辛戌)통맥 - 임자(壬子)횡설

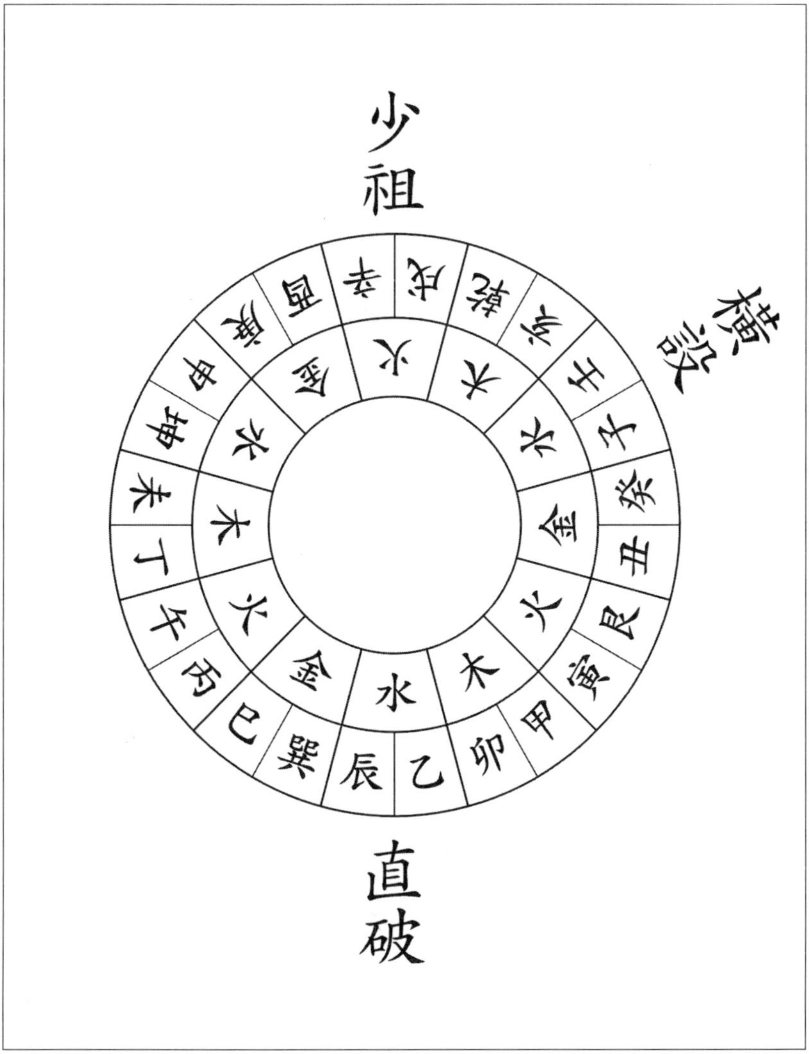

## 4-마. 직파횡설(直破横設) 12

<산도(山圖) 4-5>

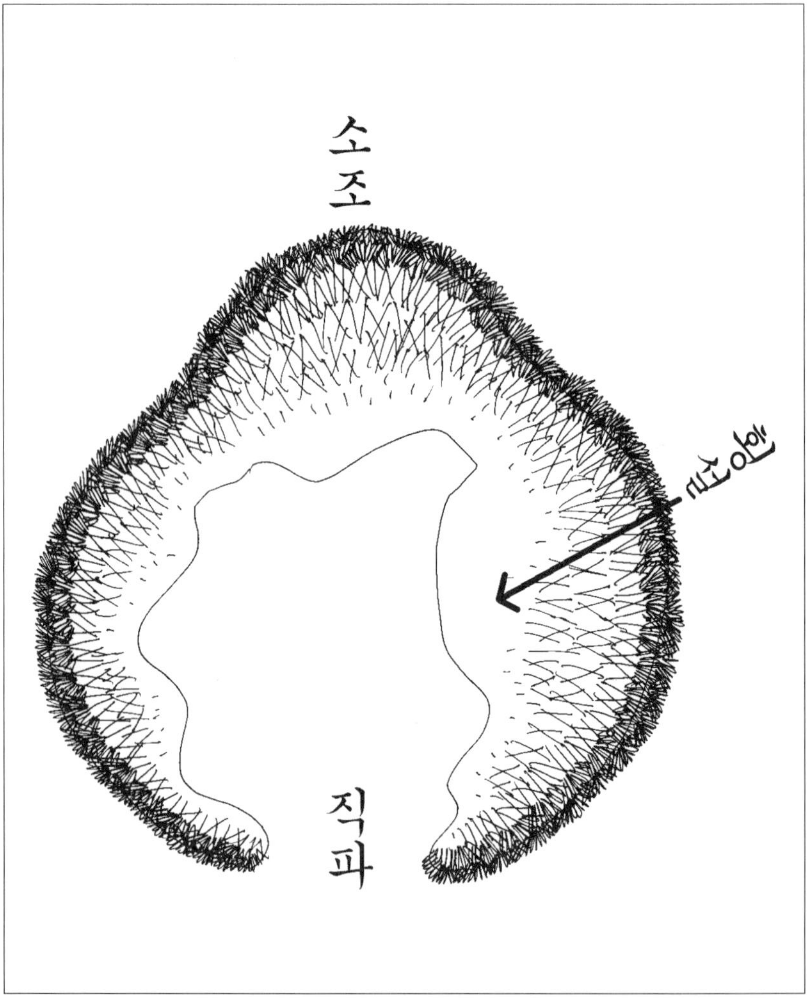

## 산도 4-5 측정(測定)

갑묘(甲卯)직파 - 경유(庚酉)소조

경유(庚酉)통맥 - 건해(乾亥)횡설

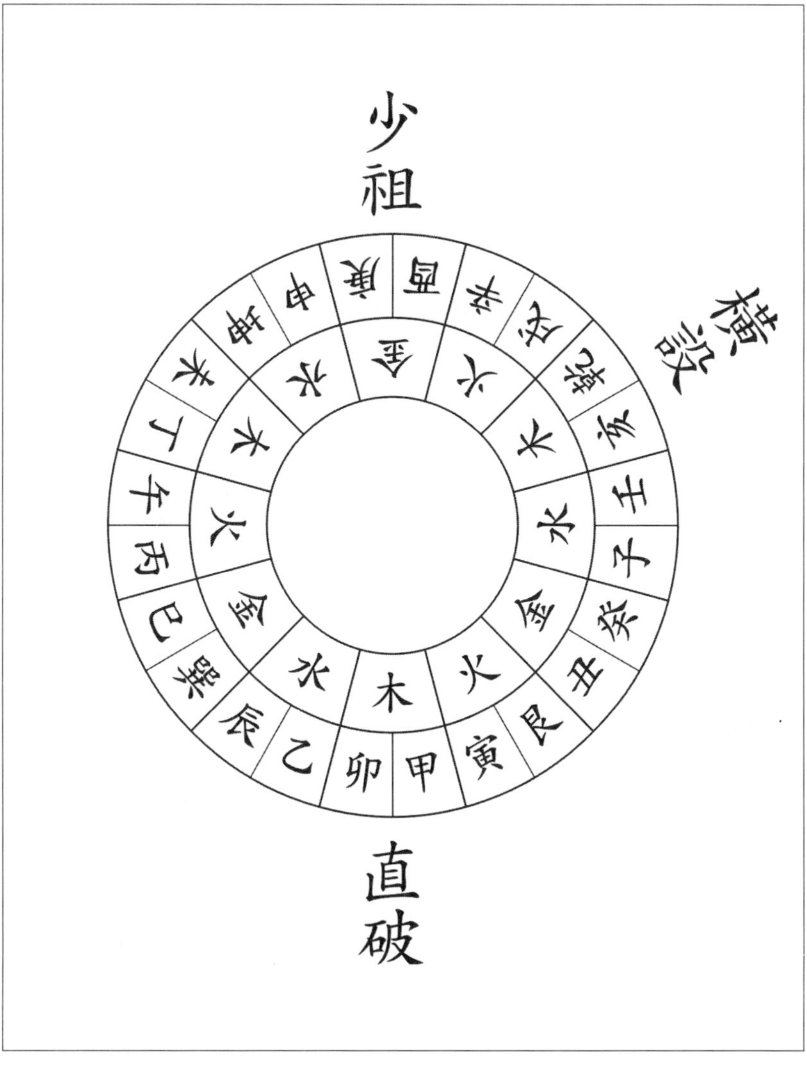

## 4-바. 직파횡설(直破橫設) 12

<산도(山圖) 4-6>

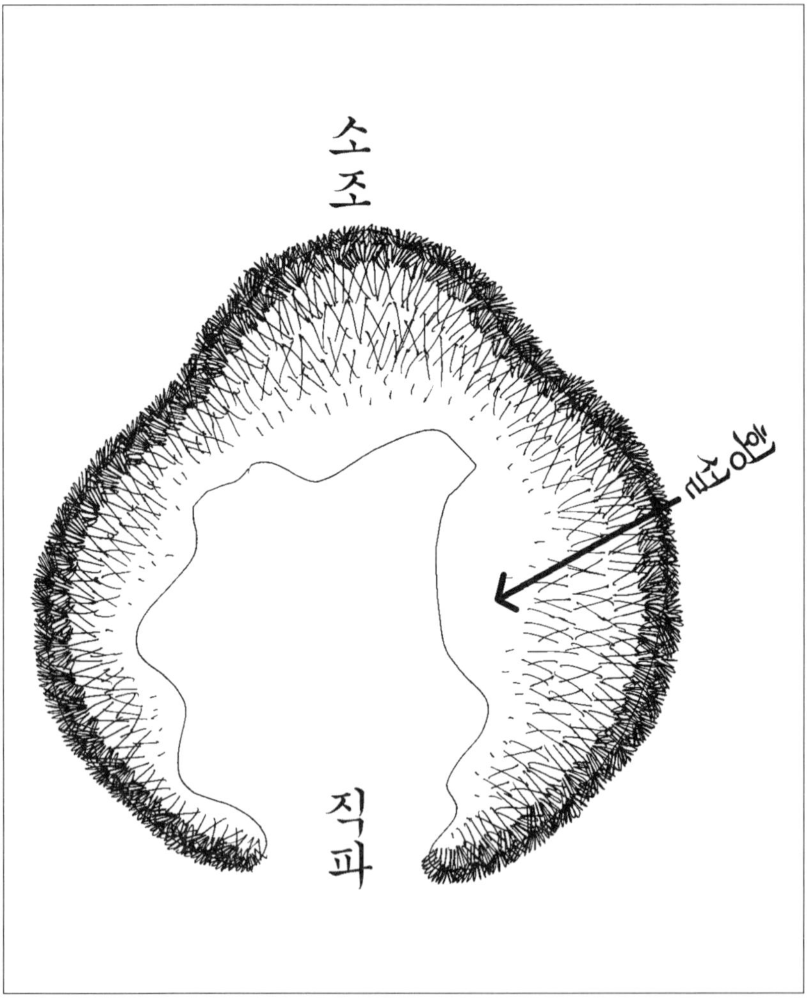

## 산도 4-6 측정(測定)

간인(艮寅)직파 - 곤신(坤申)소조

곤신(坤申)통맥 - 신술(辛戌)횡설

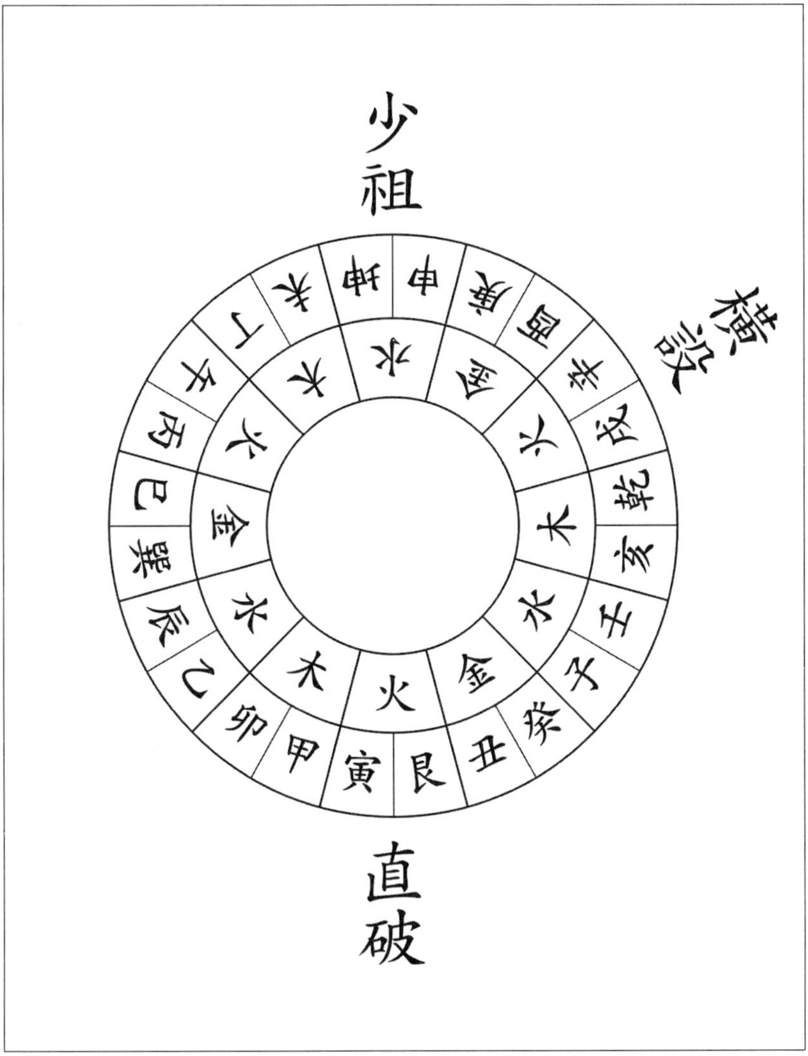

## 4-사. 직파횡설(直破橫設) 12

<산도(山圖) 4-7>

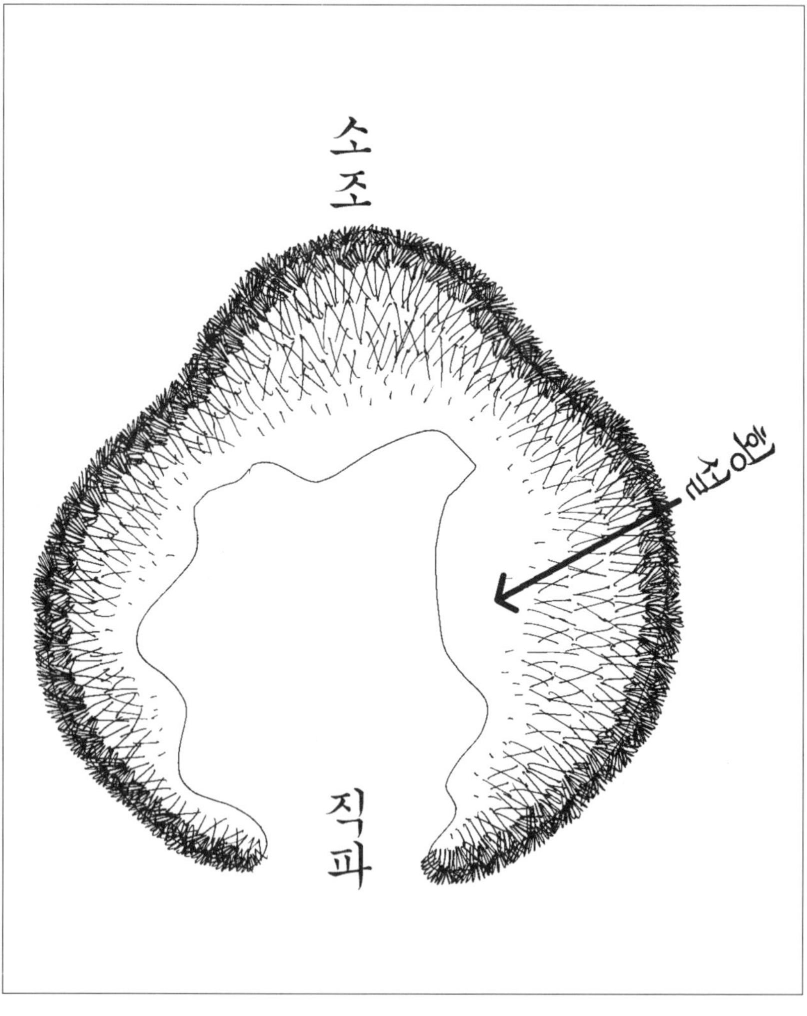

**산도 4-7 측정(測定)**

계축(癸丑)직파 - 정미(丁未)소조

정미(丁未)통맥 - 경유(庚酉)횡설

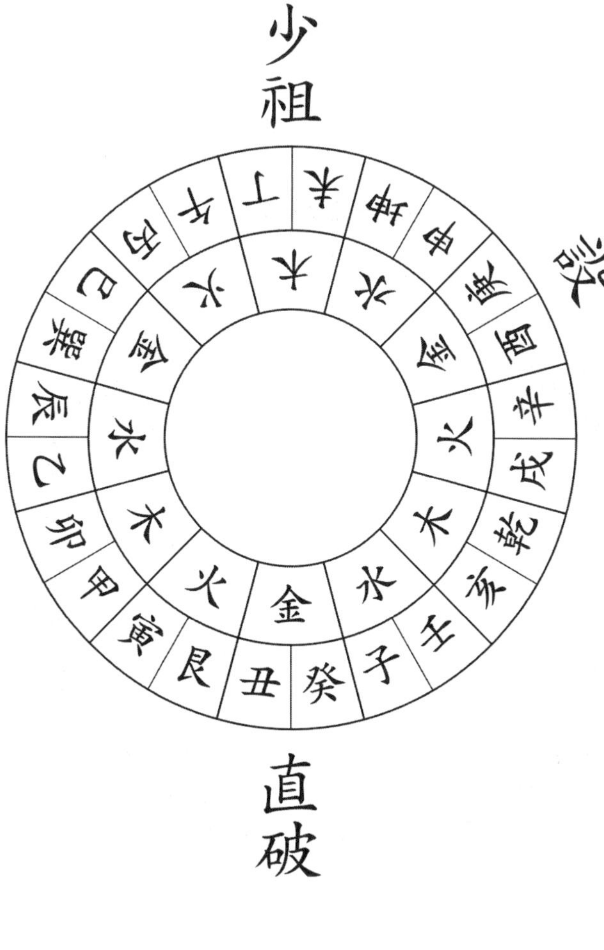

# 4-아. 직파횡설(直破橫設) 12

<산도(山圖) 4-8>

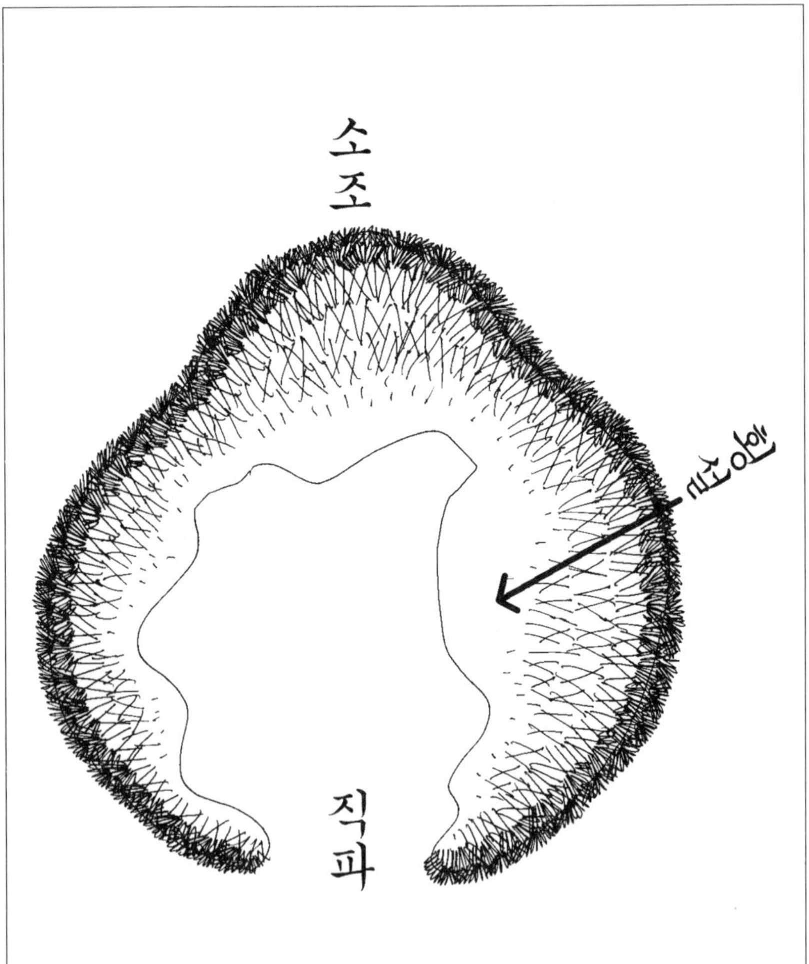

## 산도 4-8 측정(測定)

임자(壬子)직파 - 병오(丙午)소조

병오(丙午)통맥 - 곤신(坤申)횡설

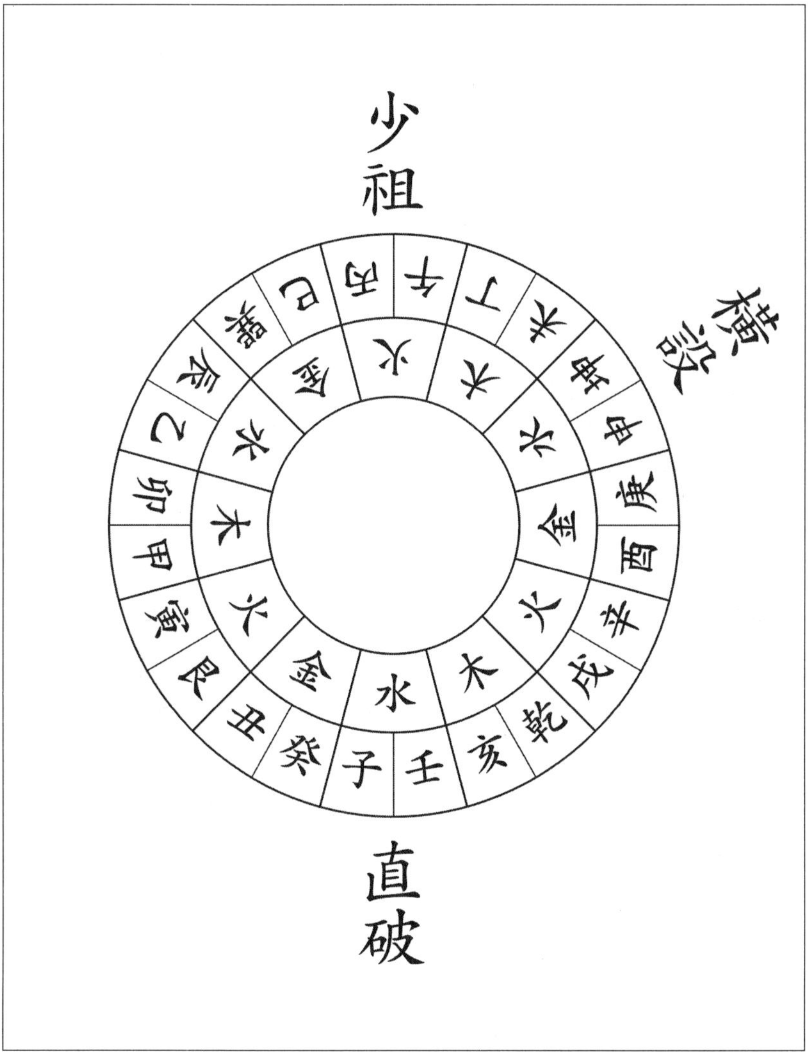

## 4-자. 직파횡설(直破橫設) 12

<산도(山圖) 4-9>

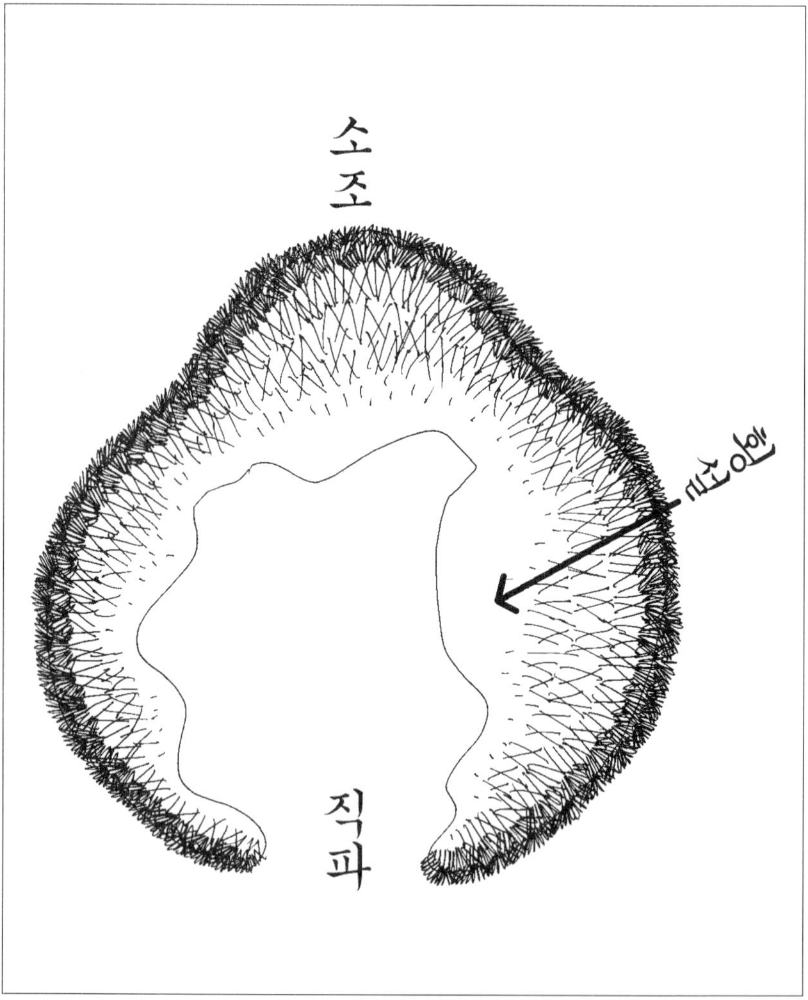

## 산도 4-9 측정(測定)

건해(乾亥)직파 - 손사(巽巳)소조

손사(巽巳)통맥 - 정미(丁未)횡설

## 4-차. 직파횡설(直破橫設) 12

<산도(山圖) 4-10>

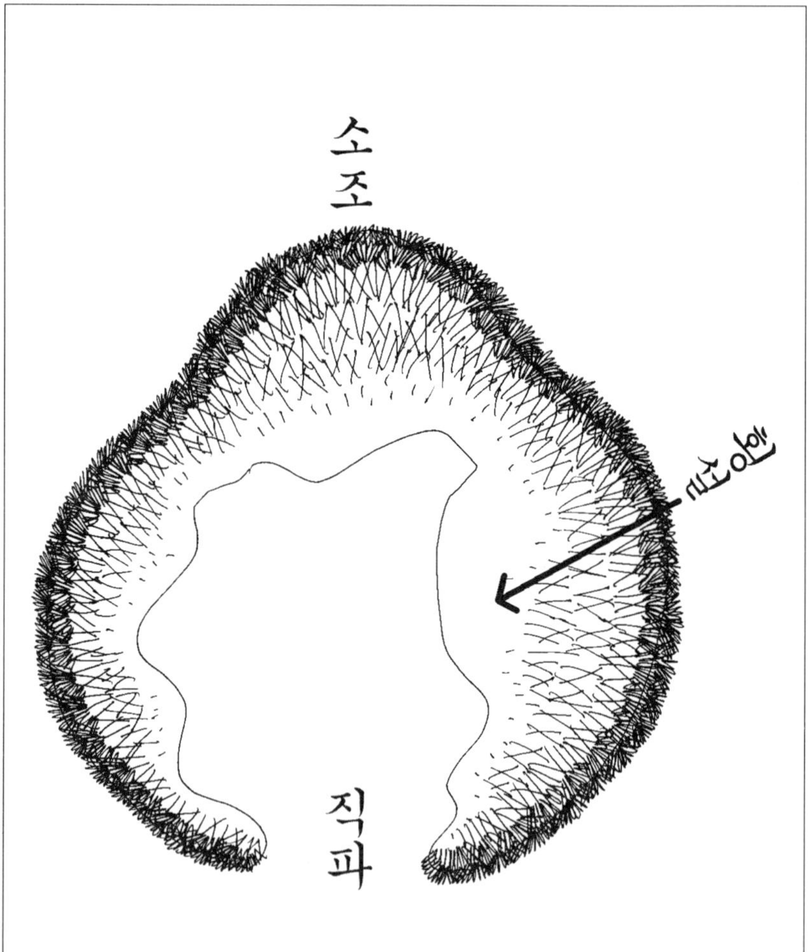

## 산도 4-10 측정(測定)

신술(辛戌)직파 - 을진(乙辰)소조

을진(乙辰)통맥 - 병오(丙午)횡설

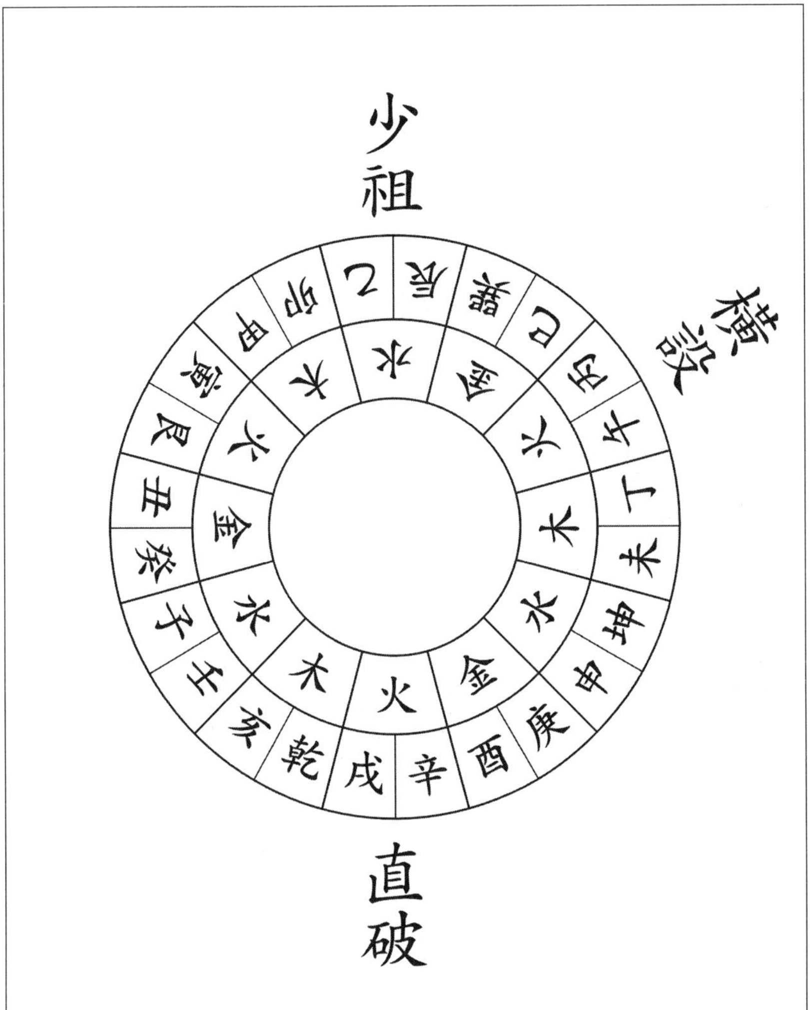

## 4-카. 직파횡설(直破横設) 12

<산도(山圖) 4-11>

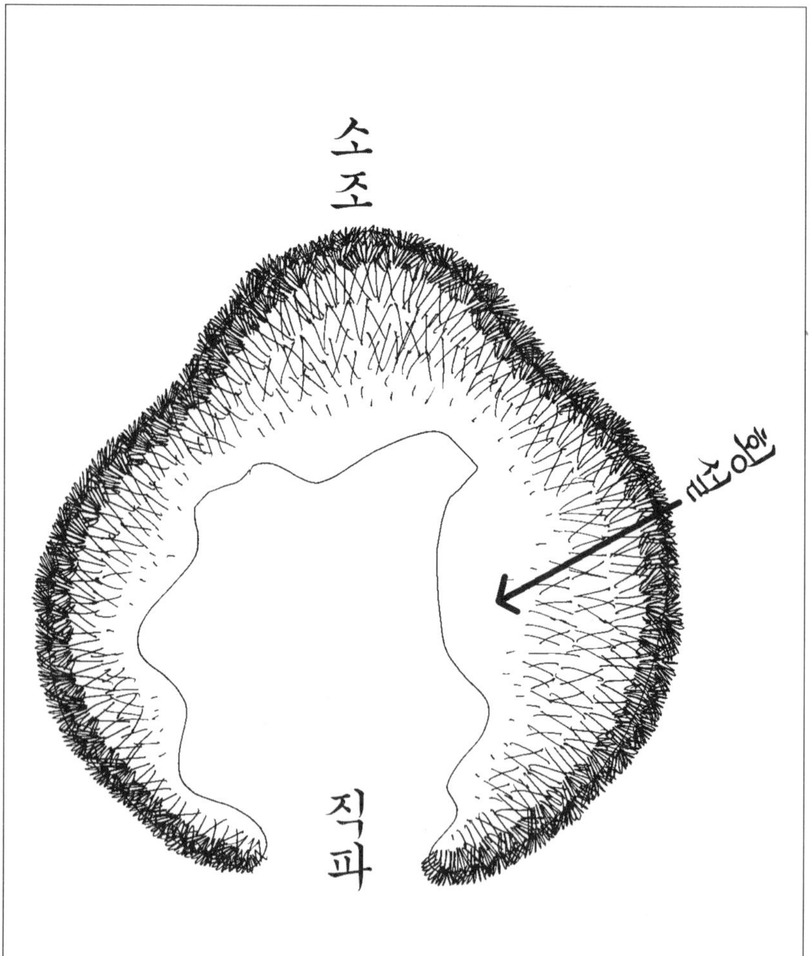

### 산도 4-11 측정(測定)

경유(庚酉)직파 - 갑묘(甲卯)소조

갑묘(甲卯)통맥 - 손사(巽巳)횡설

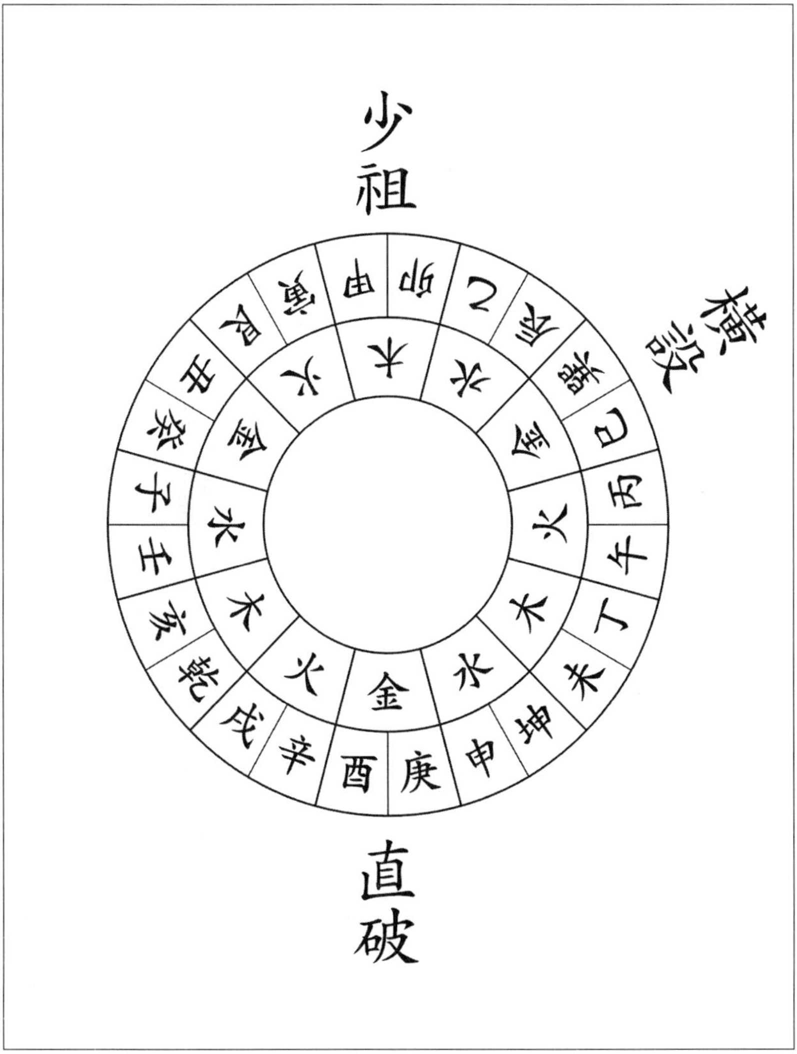

## 4-타. 직파횡설(直破橫設) 12

<산도(山圖) 4-12>

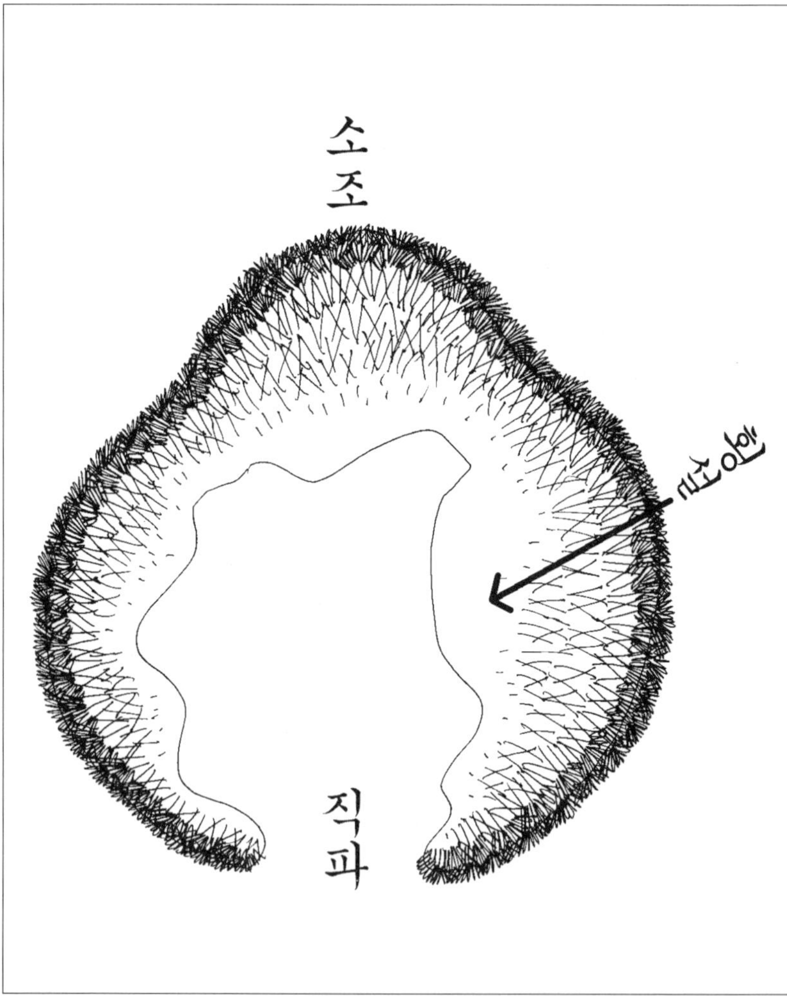

### 산도 4-12 측정(測定)

곤신(坤申)직파 - 간인(艮寅)소조

간인(艮寅)통맥 - 을진(乙辰)횡설

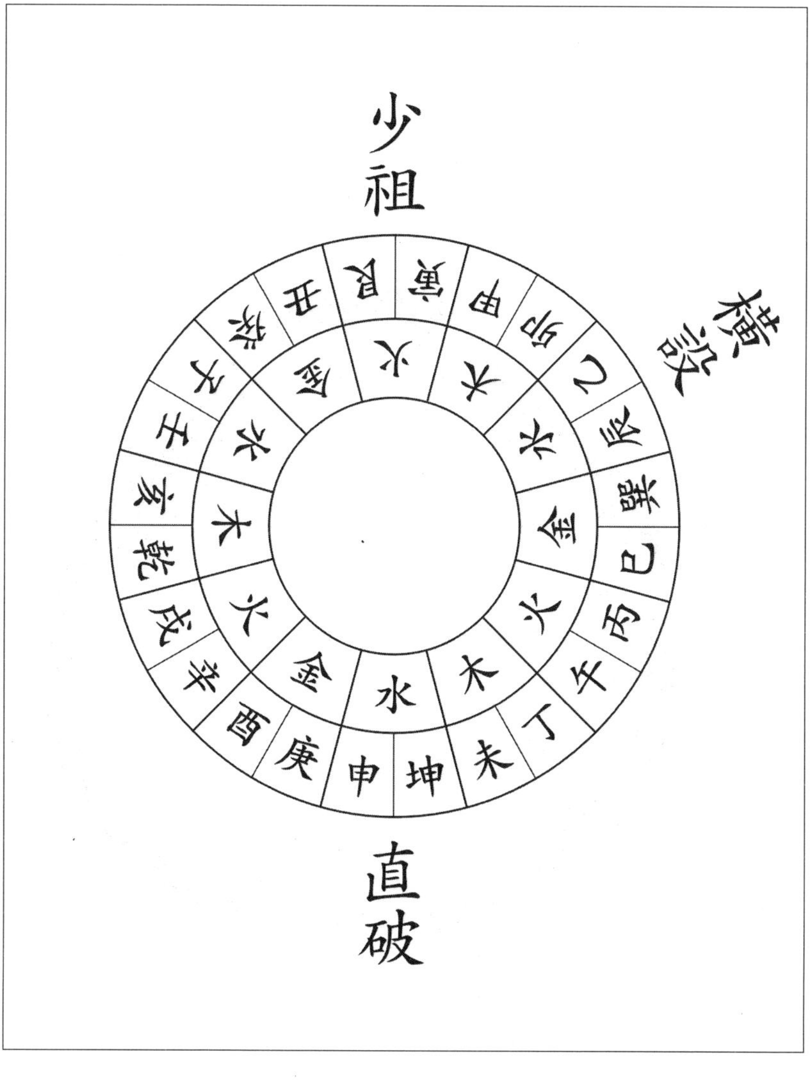

## 5-가. 직파횡설(直破橫設) 12

<산도(山圖) 5-1>

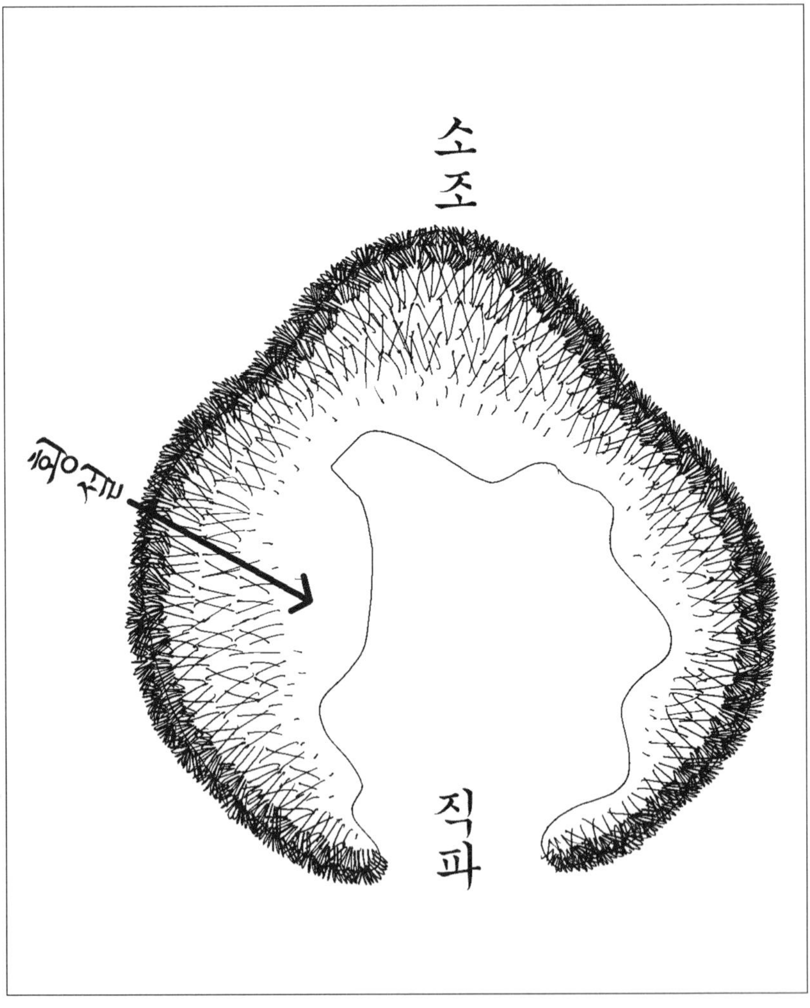

## 산도 5-1 측정(測定)

갑묘(甲卯)직파 - 경유(庚酉)소조

경유(庚酉)통맥 - 정미(丁未)횡설

## 5-나. 직파횡설(直破横設) 12

<산도(山圖) 5-2>

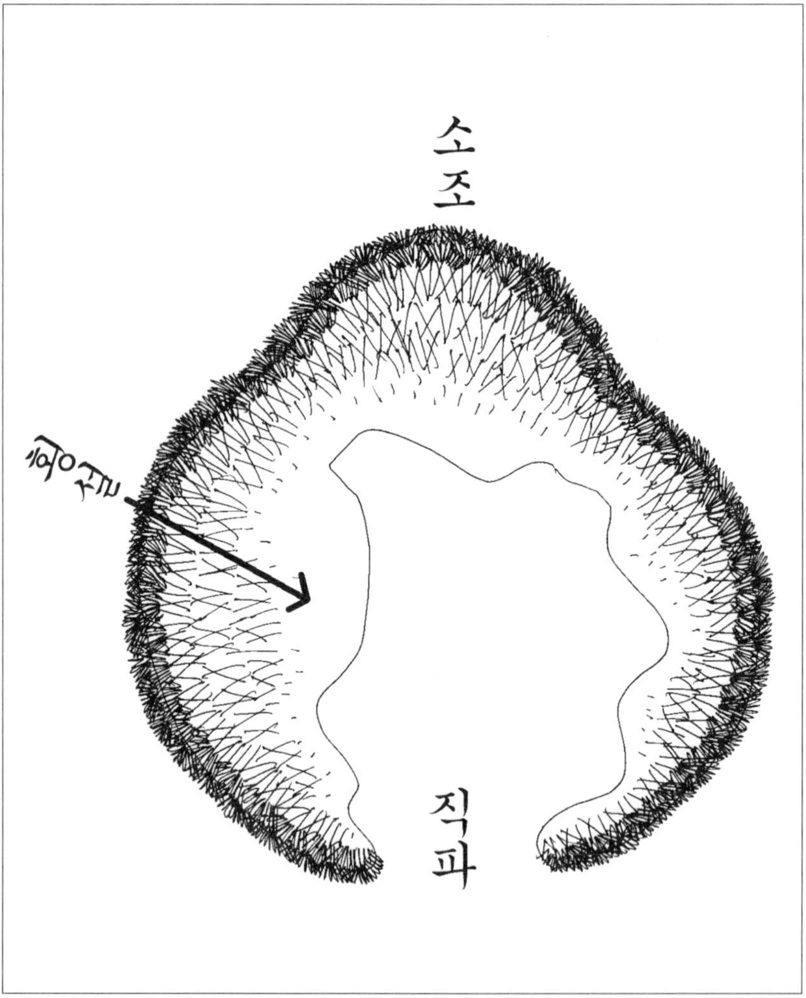

## 산도 5-2 측정(測定)

간인(艮寅)직파 - 곤신(坤申)소조

곤신(坤申)통맥 - 병오(丙午)횡설

# 5-다. 직파횡설(直破橫設) 12

<산도(山圖) 5-3>

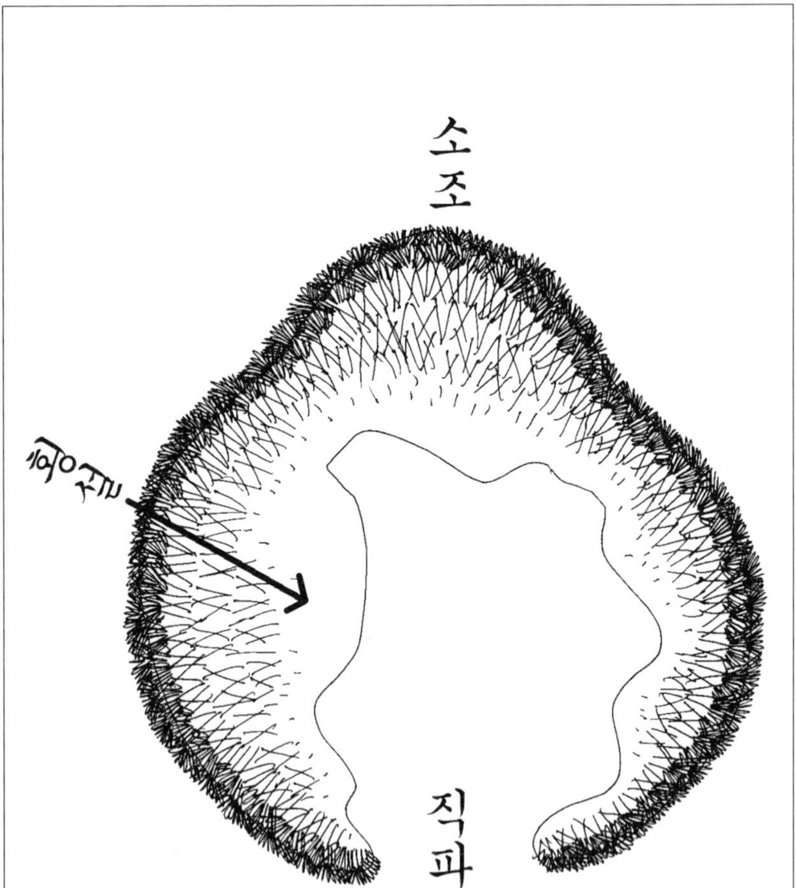

## 산도 5-3 측정(測定)

계축(癸丑)직파 – 정미(丁未)소조

정미(丁未)통맥 – 손사(巽巳)횡설

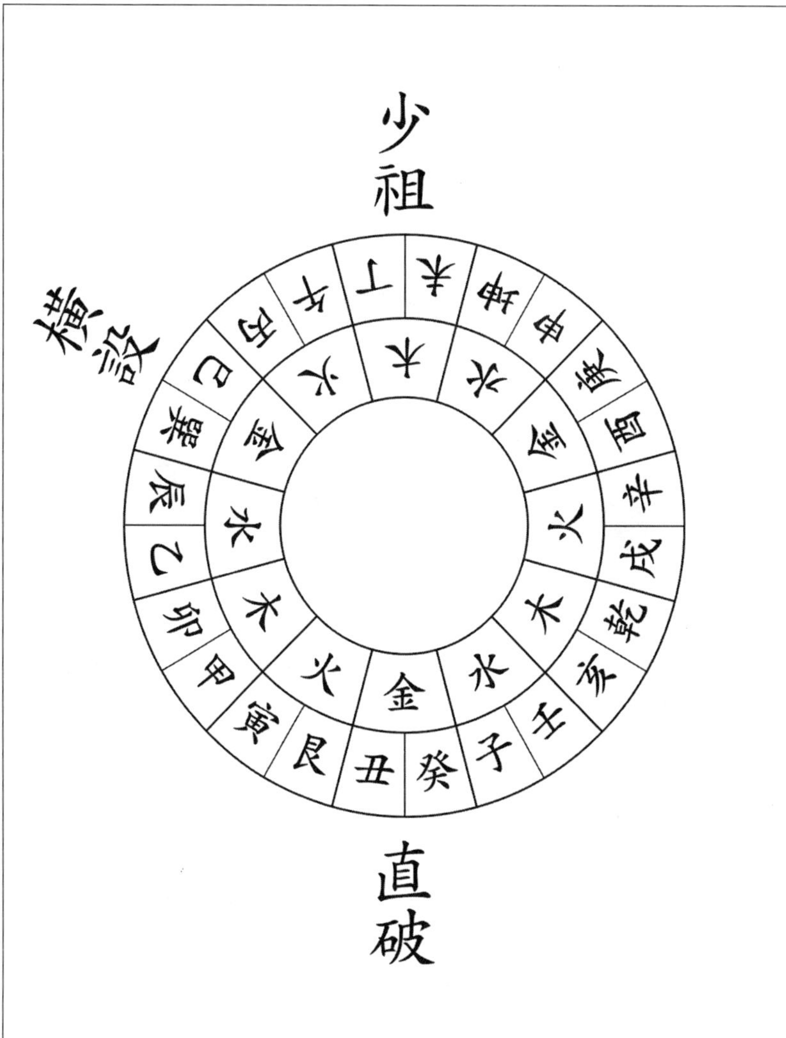

## 5-라. 직파횡설(直破橫設) 12

<산도(山圖) 5-4>

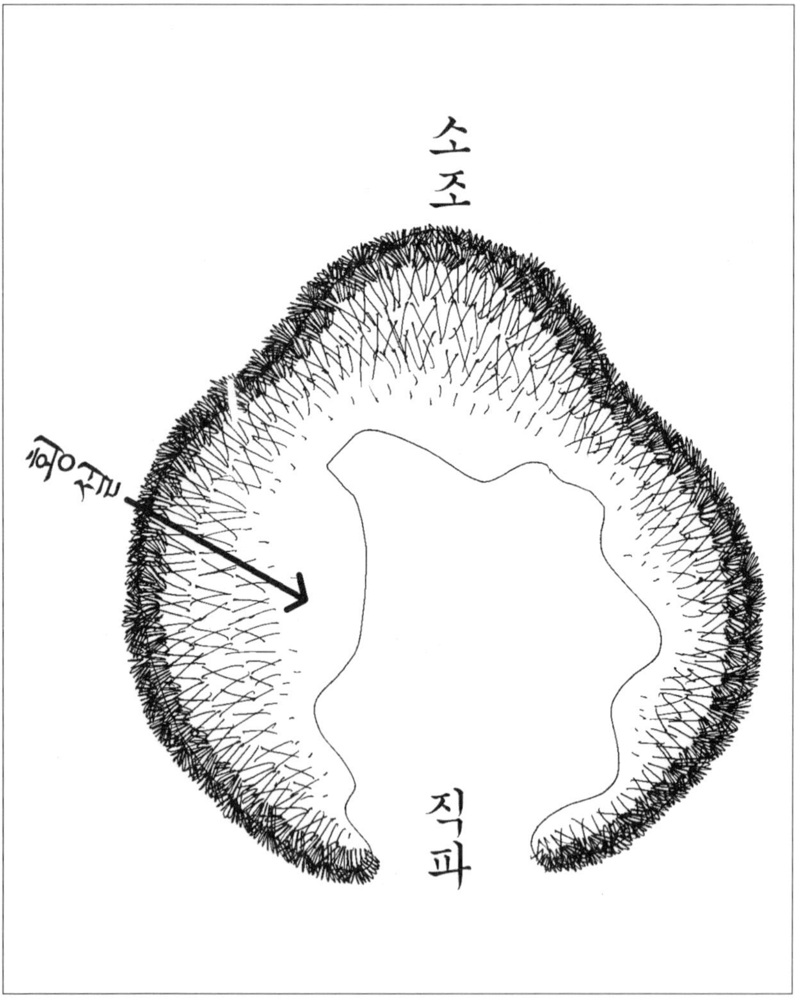

## 산도 5-4 측정(測定)

임자(壬子)직파 - 병오(丙午)소조

병오(丙午)통맥 - 을진(乙辰)횡설

## 5-마. 직파횡설(直破橫設) 12

<산도(山圖) 5-5>

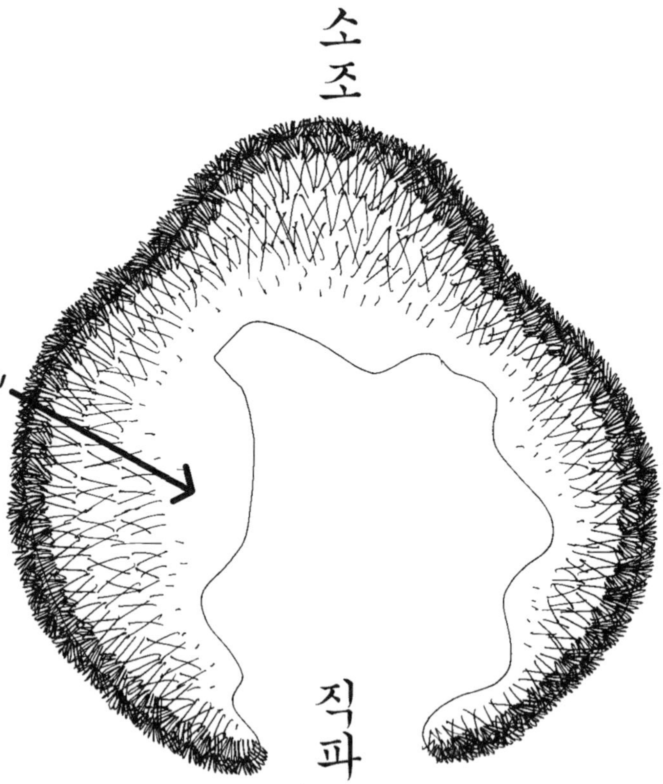

**산도 5-5 측정(測定)**

건해(乾亥)직파 - 손사(巽巳)소조

손사(巽巳)통맥 - 갑묘(甲卯)횡설

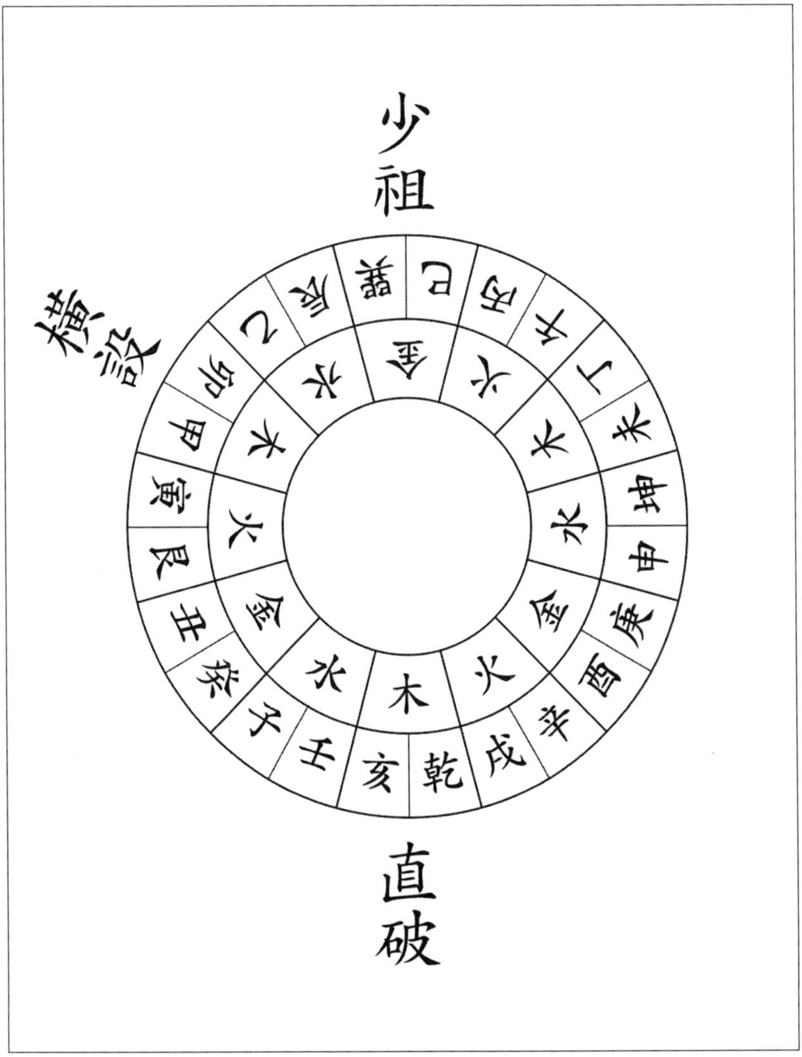

# 5-바. 직파횡설(直破橫設) 12

<산도(山圖) 5-6>

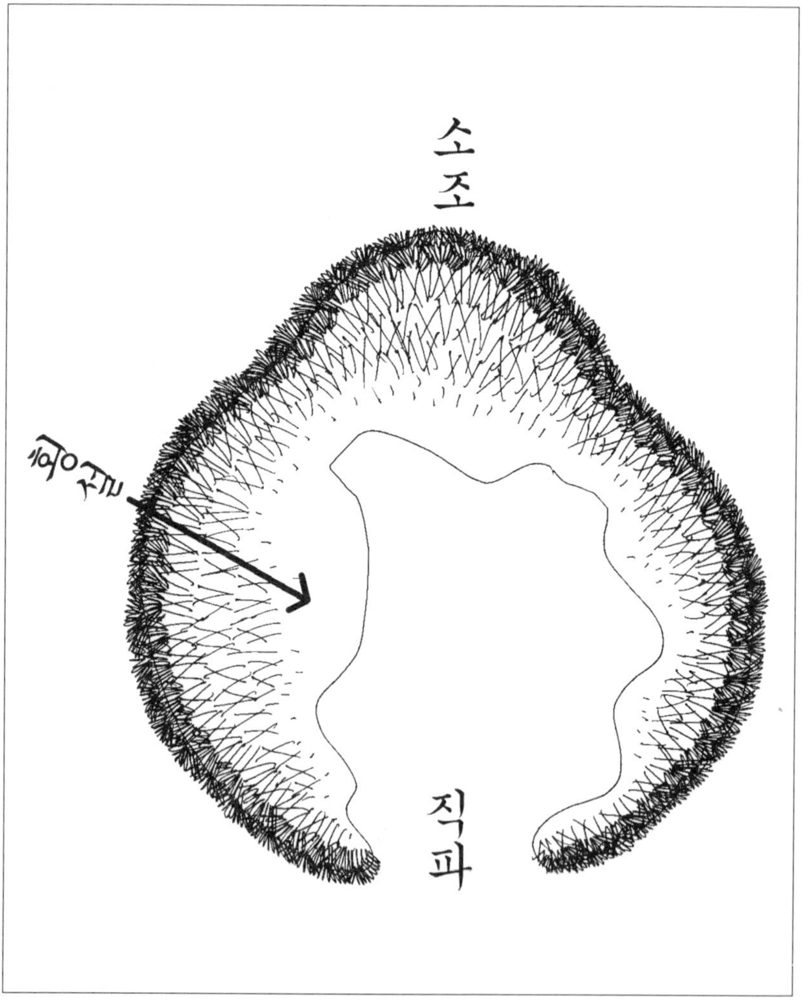

## 산도 5-6 측정(測定)

신술(辛戌)직파 - 을진(乙辰)소조

을진(乙辰)통맥 - 간인(艮寅)횡설

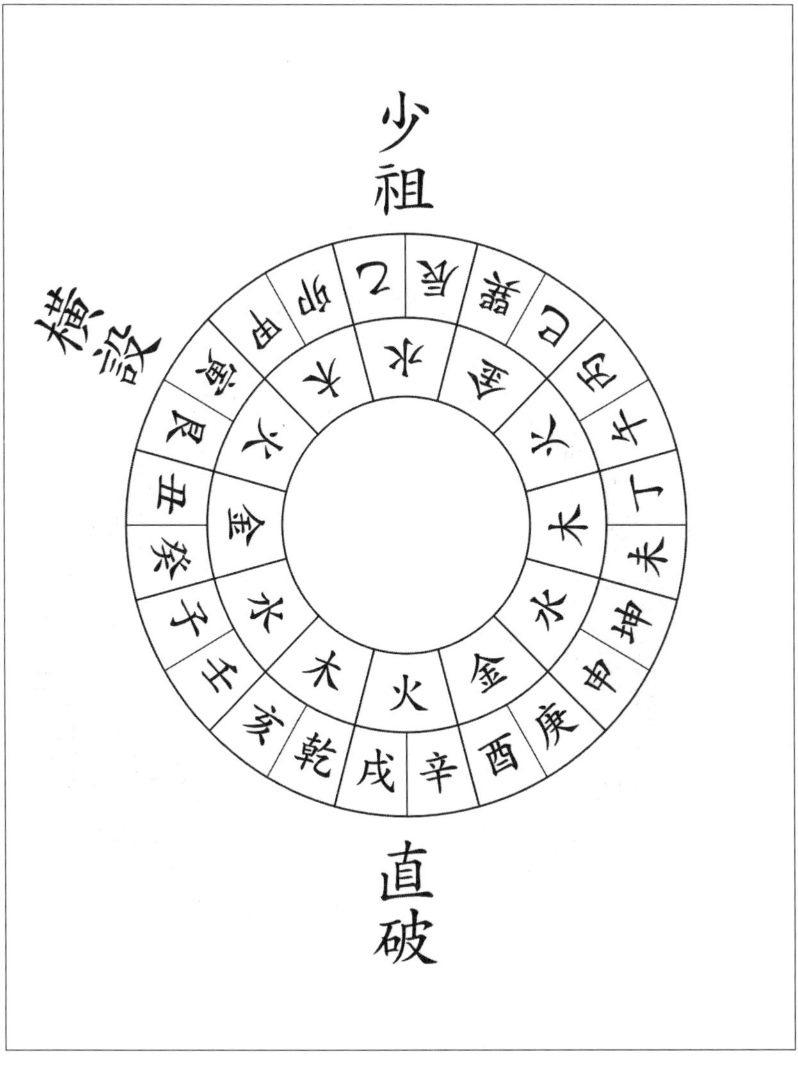

## 5-사. 직파횡설(直破橫設) 12

<산도(山圖) 5-7>

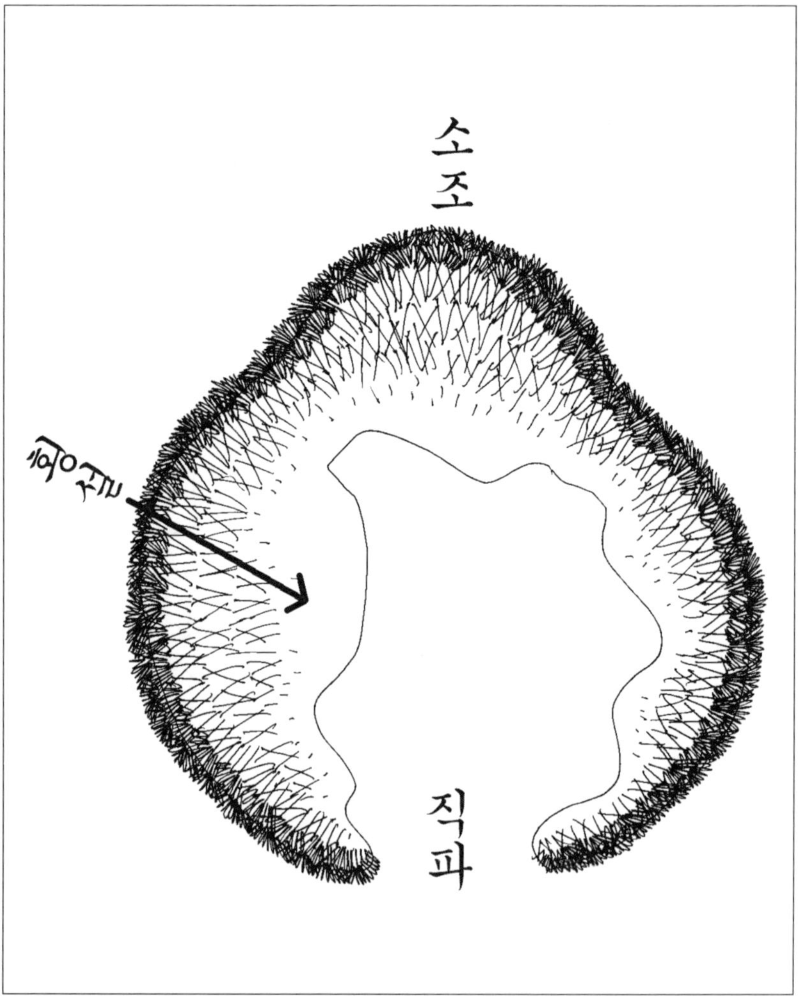

## 산도 5-7 측정(測定)

경유(庚酉)직파 - 갑묘(甲卯)소조

갑묘(甲卯)통맥 - 계축(癸丑)횡설

## 5-아. 직파횡설(直破橫設) 12

<산도(山圖) 5-8>

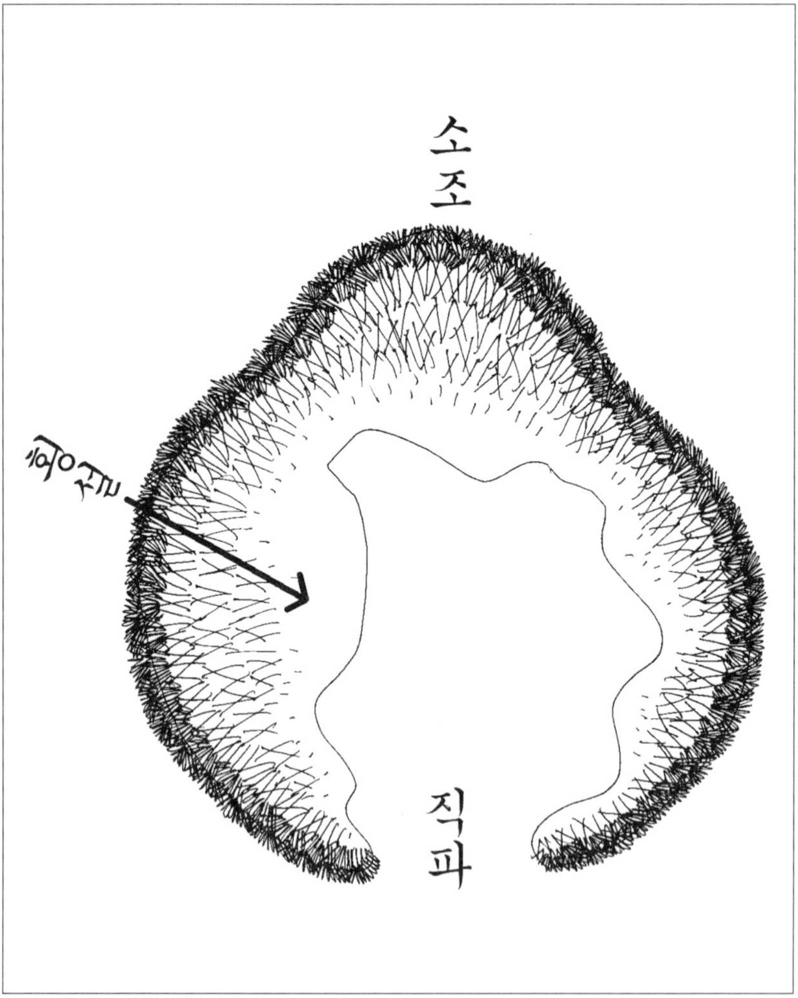

## 산도 5-8 측정(測定)

곤신(坤申)직파 - 간인(艮寅)소조

간인(艮寅)통맥 - 임자(壬子)횡설

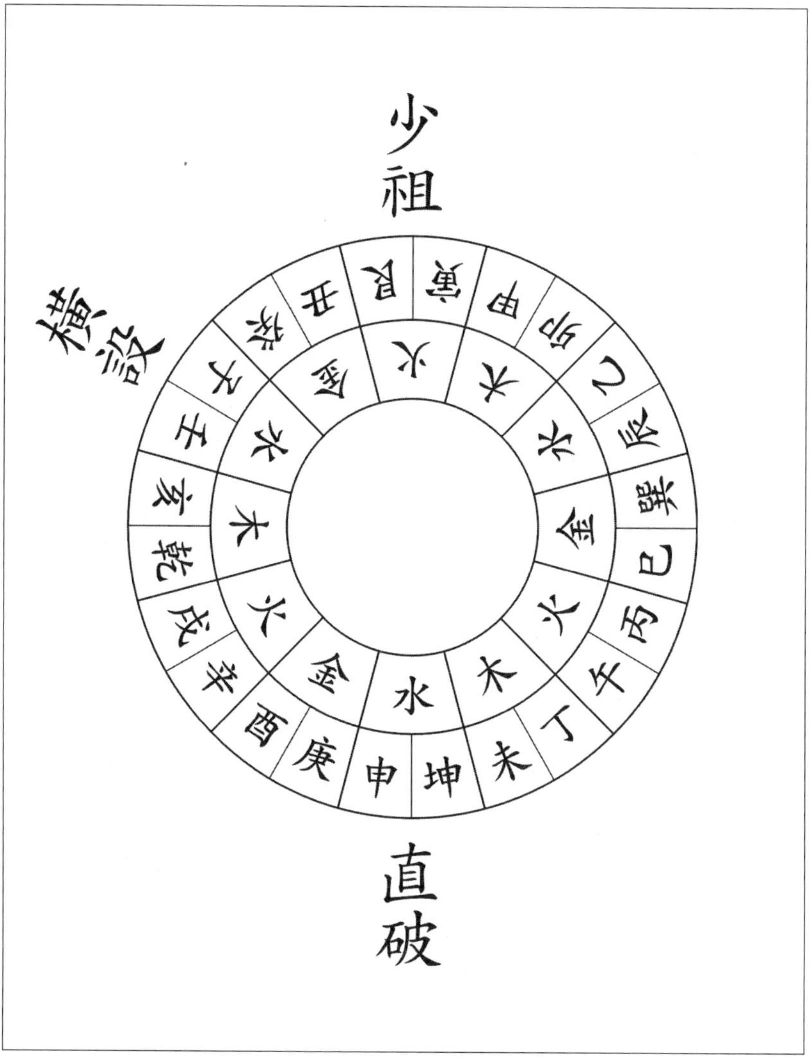

## 5-자. 직파횡설(直破横設) 12

<산도(山圖) 5-9>

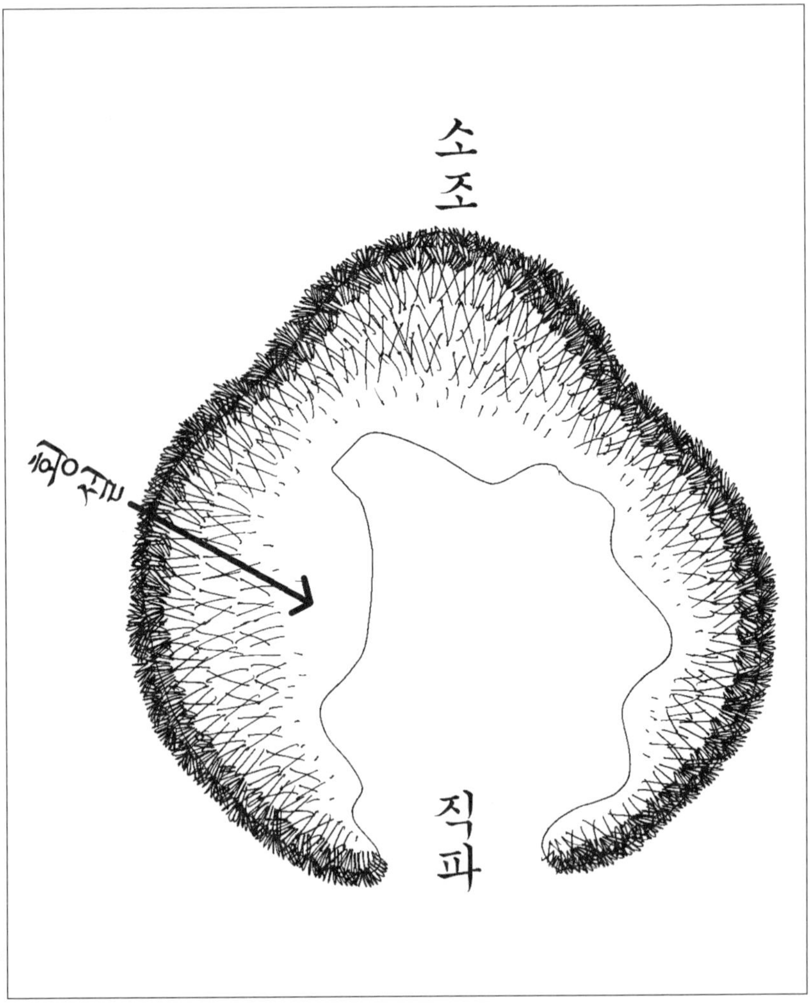

**산도 5-9 측정(測定)**

정미(丁未)직파 - 계축(癸丑)소조

계축(癸丑)통맥 - 건해(乾亥)횡설

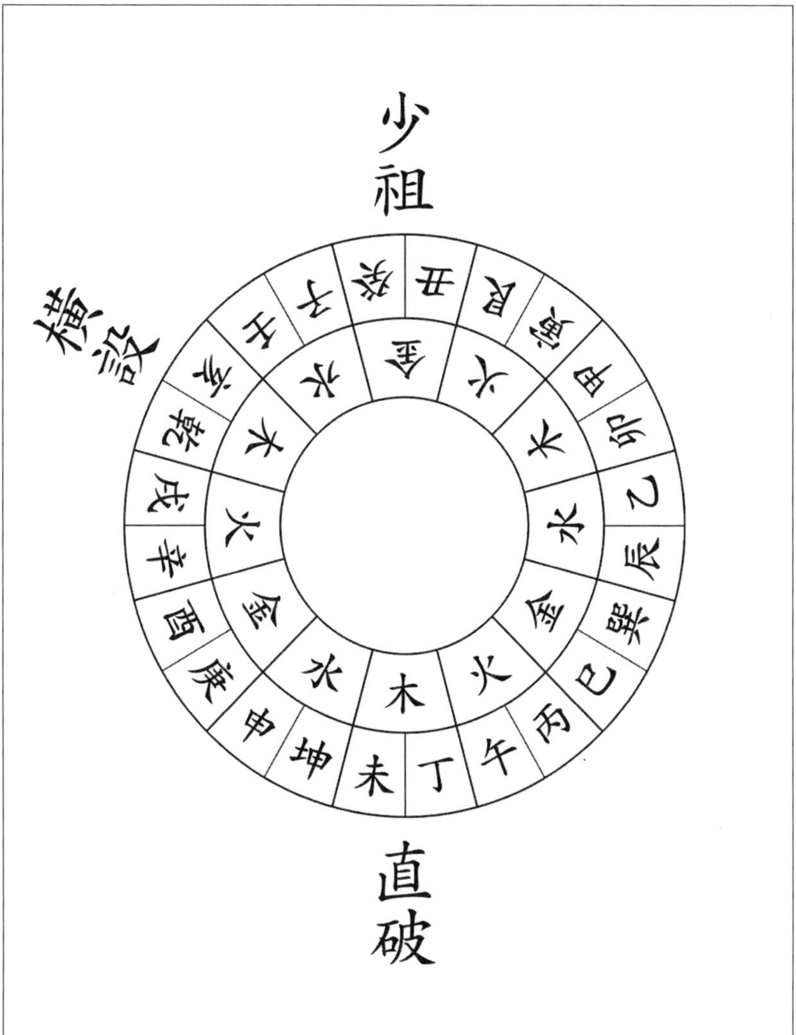

## 5-차. 직파횡설(直破橫設) 12

<산도(山圖) 5-10>

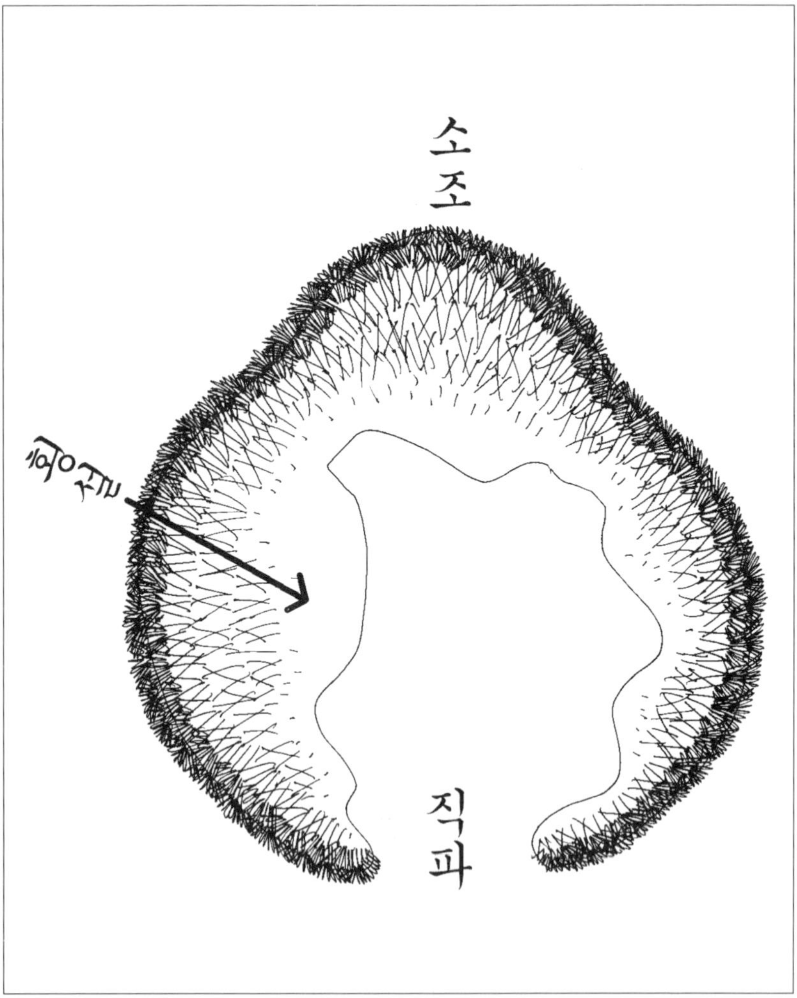

## 산도 5-10 측정(測定)

병오(丙午)직파 - 임자(壬子)소조

임자(壬子)통맥 - 신술(辛戌)횡설

# 5-카. 직파횡설(直破横設) 12

<산도(山圖) 5-11>

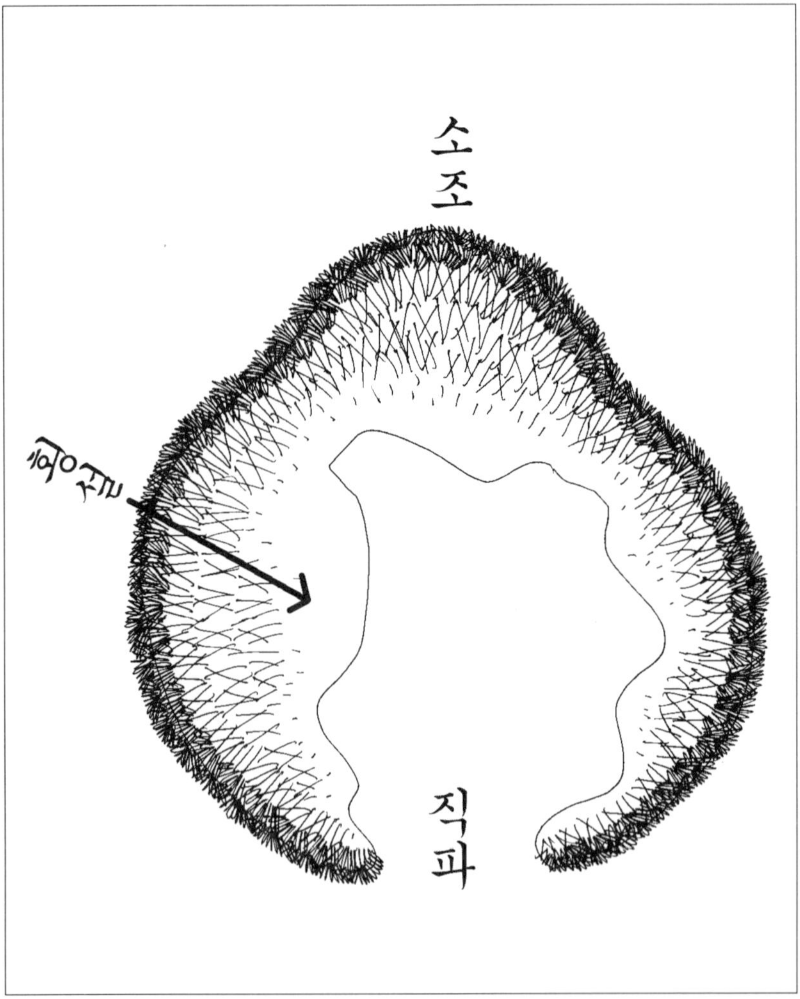

**산도 5-11 측정(測定)**

손사(巽巳)직파 - 건해(乾亥)소조

건해(乾亥)통맥 - 경유(庚酉)횡설

## 5-타. 직파횡설(直破橫設) 12

<산도(山圖) 5-12>

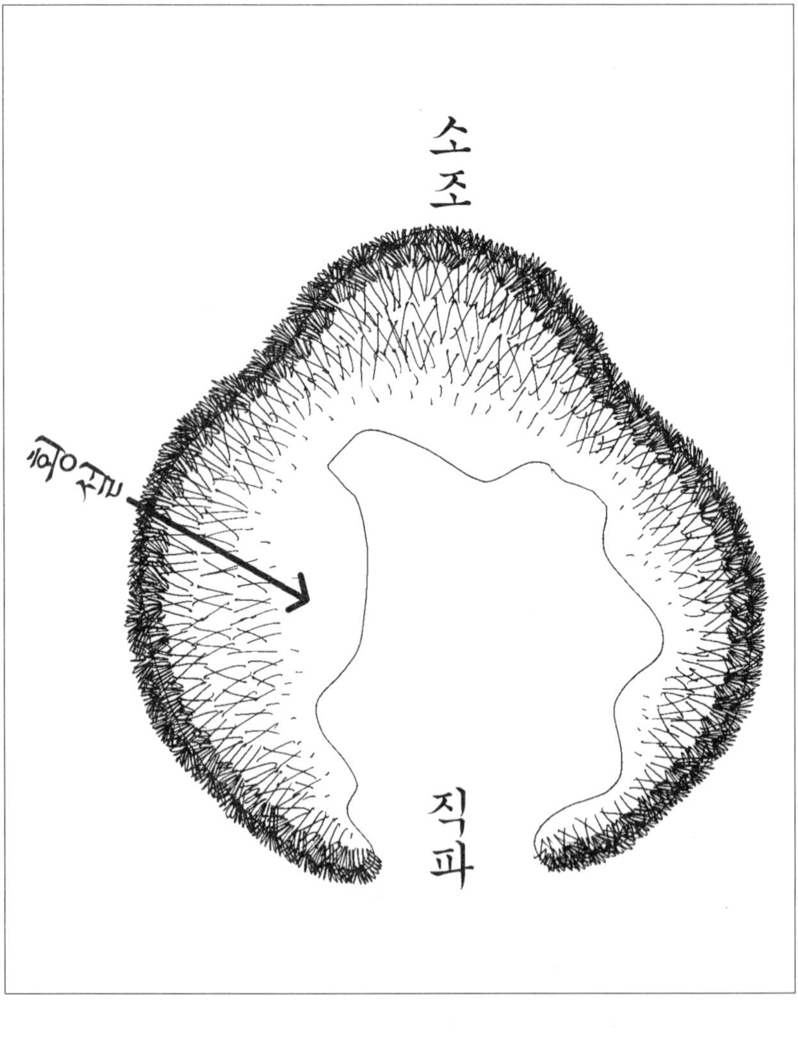

## 산도 5-12 측정(測定)

을진(乙辰)직파 - 신술(辛戌)소조

신술(辛戌)통맥 - 곤신(坤申)횡설

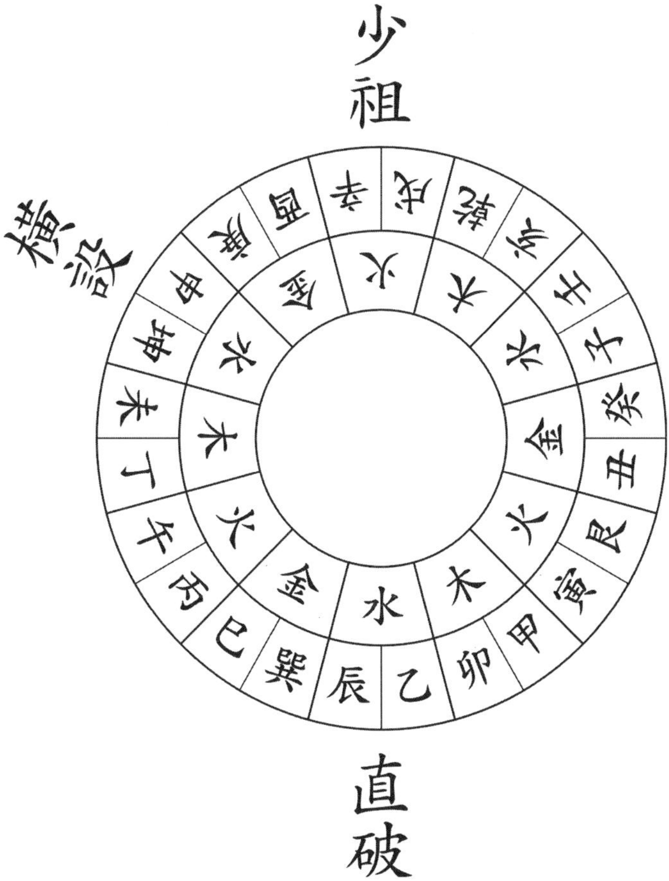

# 제五장 맥수배합법을 알면 혈 보는 눈이 밝아진다

## 1. 입수자맥야(入首者脈也)라

파(破)가 직(直)으로 되면 입수(入首)는 횡(橫)으로 되고, 파(破)가 횡(橫)으로 되면 입수(入首)는 직(直)으로 된다. 직(直)은 양동(陽動)하고 횡(橫)은 음정(陰靜)한다. 이와 같이 맥(脈)도 물과 음양배합(陰陽配合)이 된다.

직파(直破)에 직(直)으로 된 맥(脈)은 혈(穴)이 없고, 횡파(橫破)에 횡(橫)으로 된 맥(脈)도 혈(穴)이 없다. 음양불배합(陰陽不配合)이 되어 혈(穴)은 이루어지지 않는다.

득파(得破)가 어디인지, 산맥(山脈)이 어디에서 왔는지 불확실(不確實)하여 분간(分揀)이 안 될 때에는 주변(周邊)의 산세(山勢)를 잘 살펴보아야 한다. 물이 없는 계곡(溪谷)이나 평지(平地)에도 비(雨)가 오고 눈(雪)이 내리면 물이 흐르게 되니 맥(脈)과 물이 짝을 이루려면 물이 있는 쪽으로 면(面)하여 혈(穴)을 맺기 위해 은현낙맥(隱現落脈, 숨었다 나타났다 하면서 떨어진 맥)한다.

아울러 장풍득수(藏風得水, 바람을 은폐하고 물을 얻어 짝이 됨)로 물은 득파(得破)를 만들고 맥(脈)은 혈자리(穴坐)를 만들어 일기(一氣)로 삼합(三合)을 이룬다.

## 2. 직입수(直入首)와 횡입수(橫入首)

소조(少祖)와 혈장(穴場)은 통맥(通脈)이 되고, 입수(入首)와 혈장(穴場)은 상부(相符)한다.

직소조(直少祖) 좌우에서 횡(橫)으로 입수(入首)하면 횡좌(橫坐)를 놓고, 횡소조(橫少祖) 좌우에서 직(直)으로 입수(入首)하면 직좌(直坐)를 놓는다. 반대로 직파직산(直破直山)이나 횡파횡산(橫破橫山)은 맥(脈)도 혈(穴)도 이루어지지 않는다.

심혈(尋穴)의 관건(關鍵)은 기맥(氣脈)에 있다. 천조지설(天造地設)로 이루어진 기맥(氣脈)을 벗어나면 진혈(眞穴)이 아니다. 맥불이관 관불이맥(脈不離棺 棺不離脈)이니 혈(穴)과 맥(脈)은 불가분(不可分)의 관계이다. 비장(秘藏)해 놓은 혈자리(穴坐)를 이탈(離脫)해도 안 되고 파혈(破穴)해도 안 된다. 삼가고 삼가야 할 것이다.

## 3. 좌선횡입수(左旋橫入首) 12

가. 건해(乾亥)직파 - 손사(巽巳)소조
　좌선(左旋)통맥 - 정미(丁未)입수
　갑묘(甲卯)득, 우선수(右旋水)

나. 신술(辛戌)직파 - 을진(乙辰)소조
좌선(左旋)통맥 - 병오(丙午)입수
간인(艮寅)득, 우선수(右旋水)

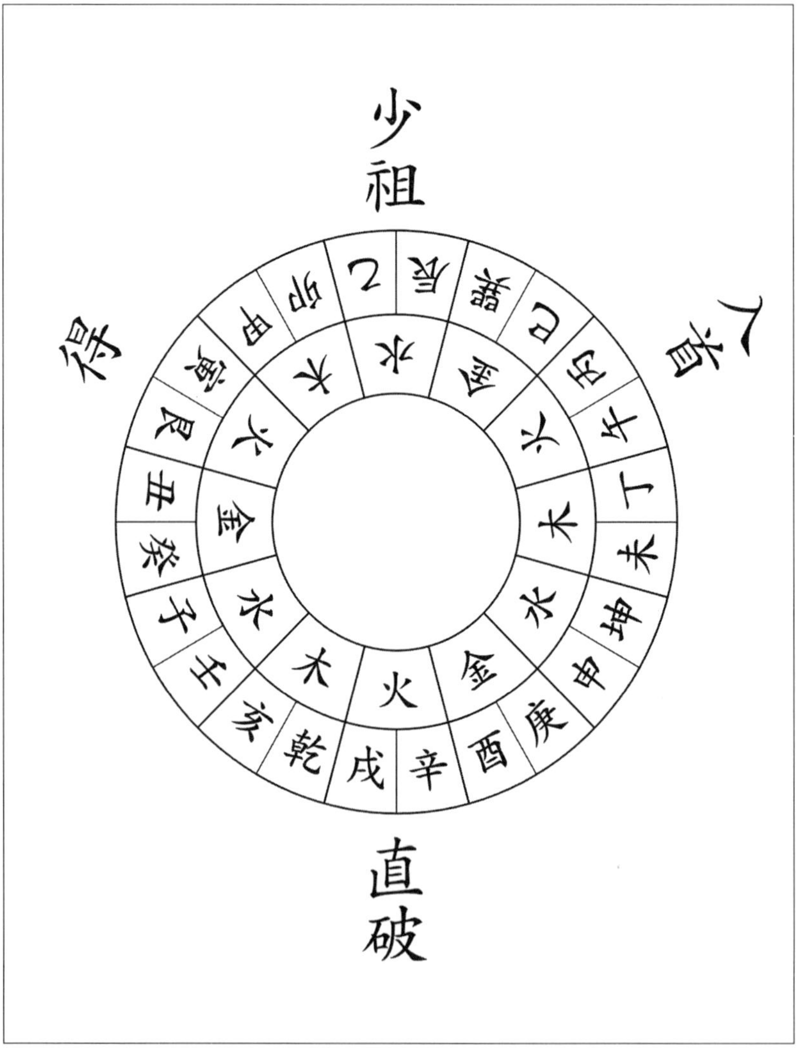

다. 경유(庚酉)직파 - 갑묘(甲卯)소조

좌선(左旋)통맥 - 손사(巽巳)입수

계축(癸丑)득, 우선수(右旋水)

라. 곤신(坤申)직파 - 간인(艮寅)소조

좌선(左旋)통맥 - 을진(乙辰)입수

임자(壬子)득, 우선수(右旋水)

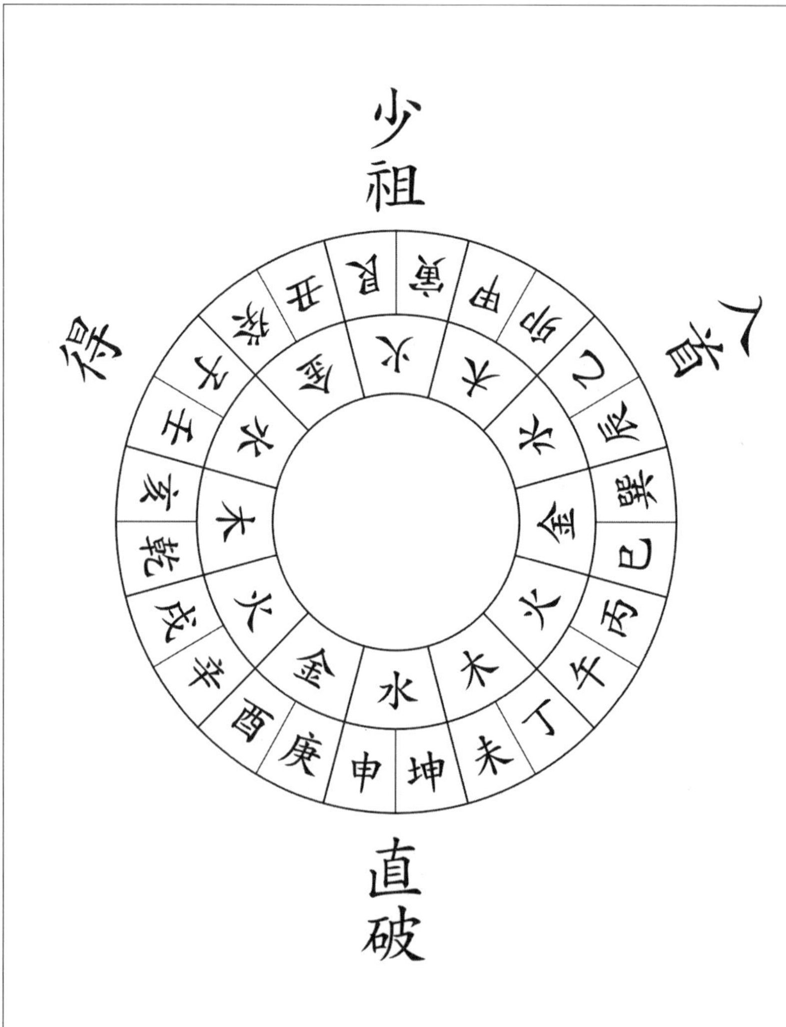

마. 정미(丁未)직파 – 계축(癸丑)소조

좌선(左旋)통맥 – 갑묘(甲卯)입수

건해(乾亥)득, 우선수(右旋水)

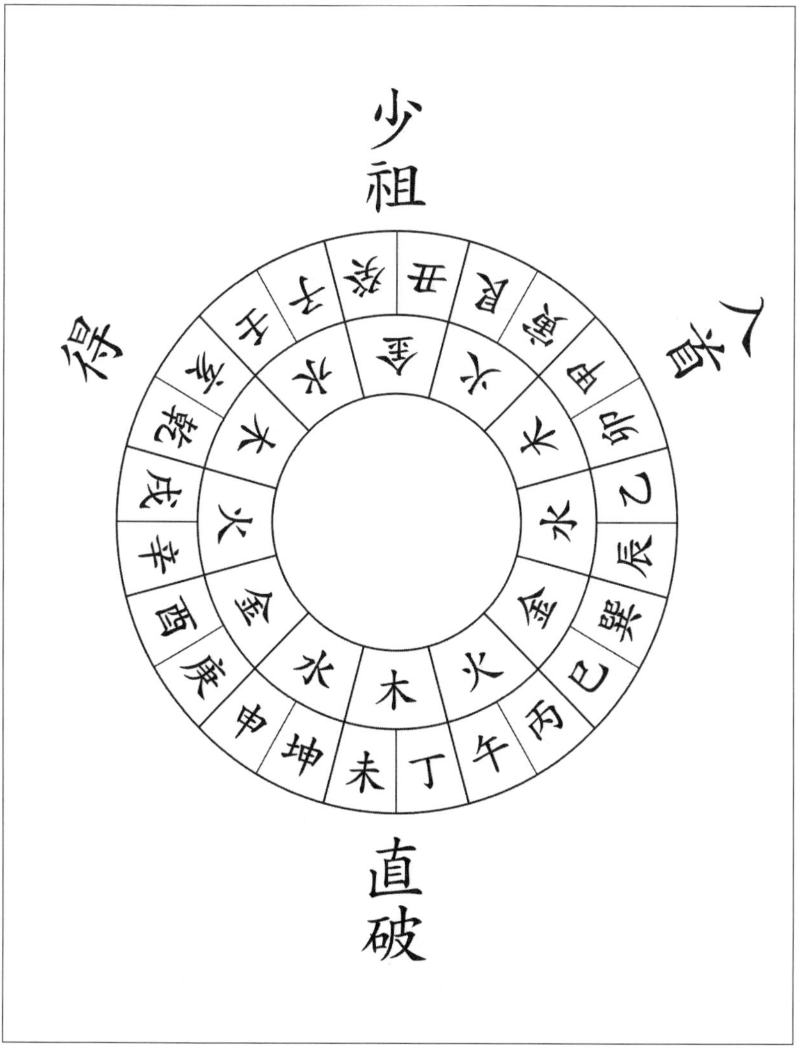

바. 병오(丙午)직파 - 임자(壬子)소조
좌선(左旋)통맥 - 간인(艮寅)입수
신술(辛戌)득, 우선수(右旋水)

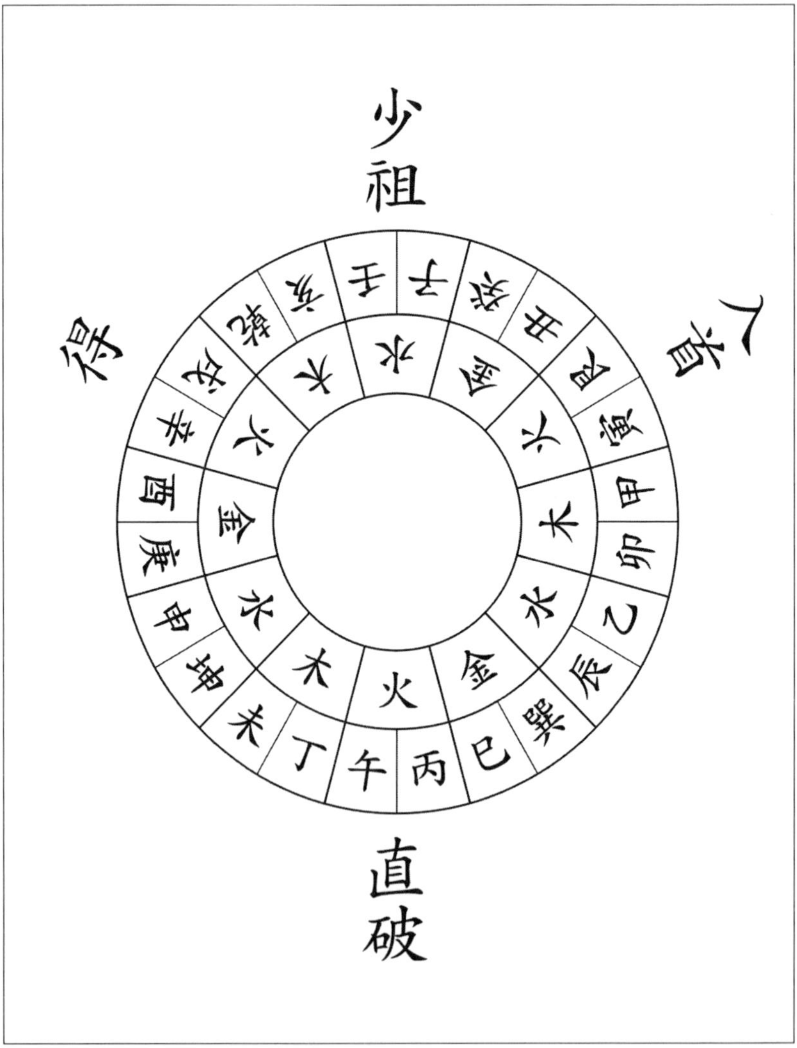

사. 손사(巽巳)직파 - 건해(乾亥)소조

좌선(左旋)통맥 - 계축(癸丑)입수

경유(庚酉)득, 우선수(右旋水)

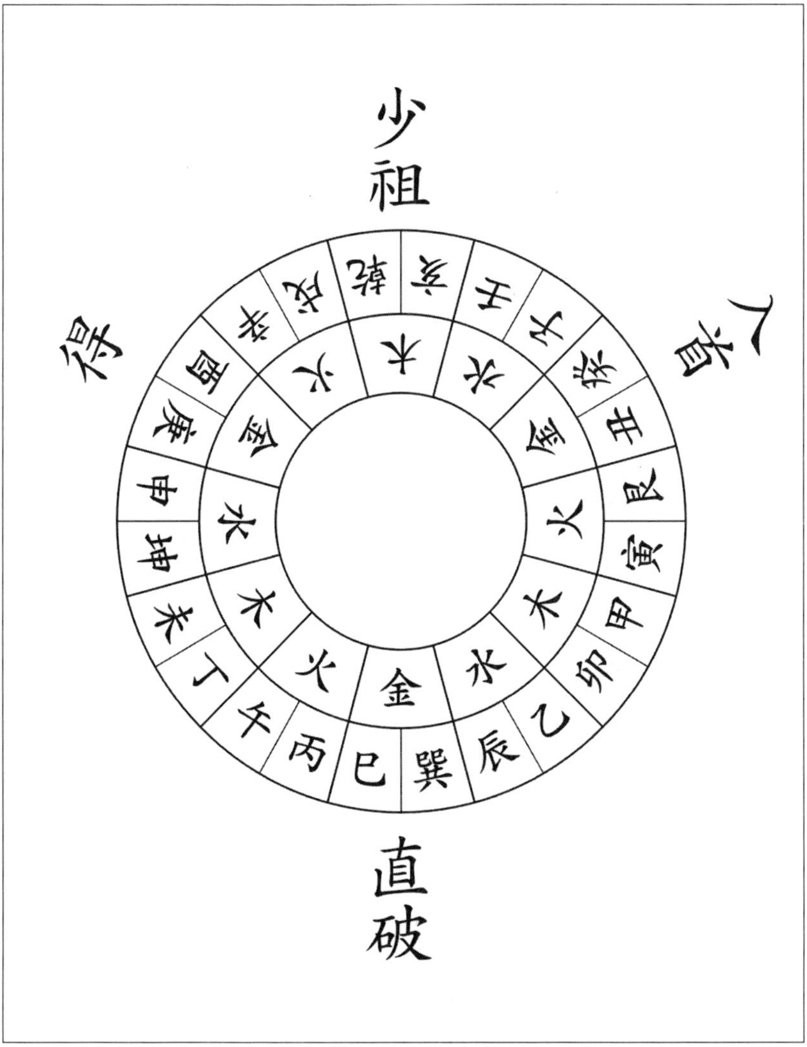

아. 을진(乙辰)직파 - 신술(辛戌)소조
좌선(左旋)통맥 - 임자(壬子)입수
곤신(坤申)득, 우선수(右旋水)

자. 갑묘(甲卯) 직파 - 경유(庚酉) 소조
좌선(左旋) 통맥 - 건해(乾亥) 입수
정미(丁未) 득, 우선수(右旋水)

차. 간인(艮寅)직파 - 곤신(坤申)소조

좌선(左旋)통맥 - 신술(辛戌)입수

병오(丙午)득, 우선수(右旋水)

카. 계축(癸丑)직파 - 정미(丁未)소조

좌선(左旋)통맥 - 경유(庚酉)입수

손사(巽巳)득, 우선수(右旋水)

타. 임자(壬子)직파 - 병오(丙午)소조
좌선(左旋)통맥 - 곤신(坤申)입수
을진(乙辰)득, 우선수(右旋水)

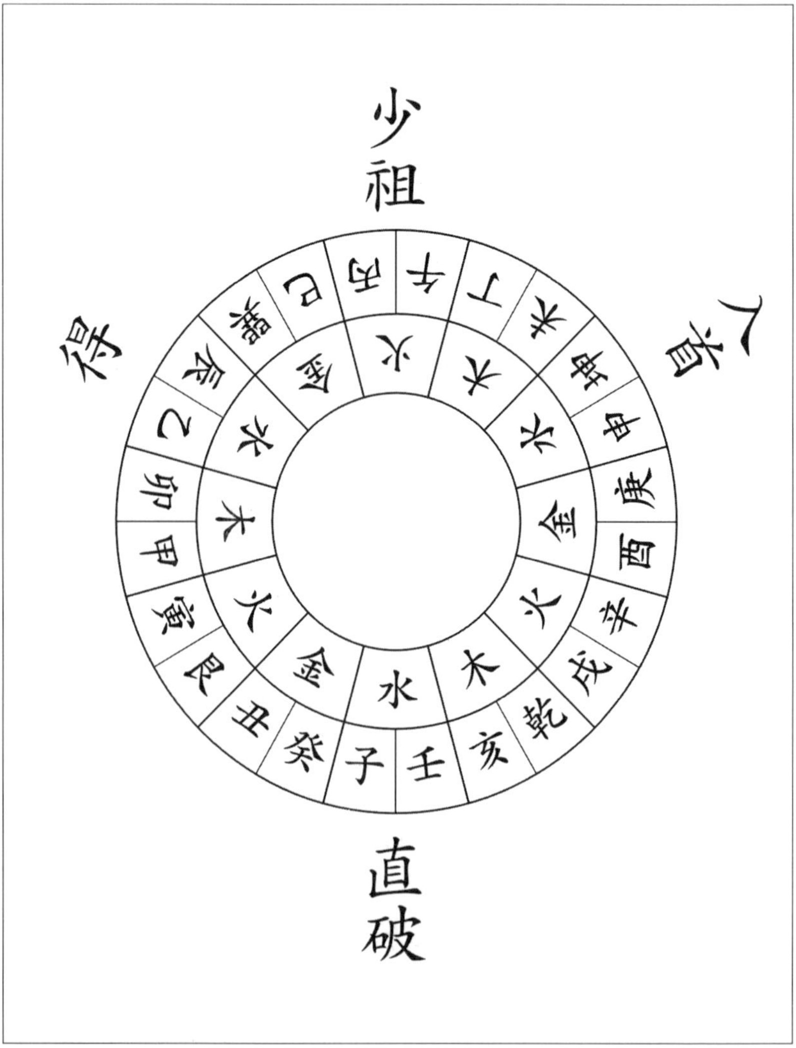

## 4. 우선횡입수(右旋橫入首) 12

가. 신술(辛戌)직파 - 을진(乙辰)소조

우선(右旋)통맥 - 간인(艮寅)입수

병오(丙午)득, 좌선수(左旋水)

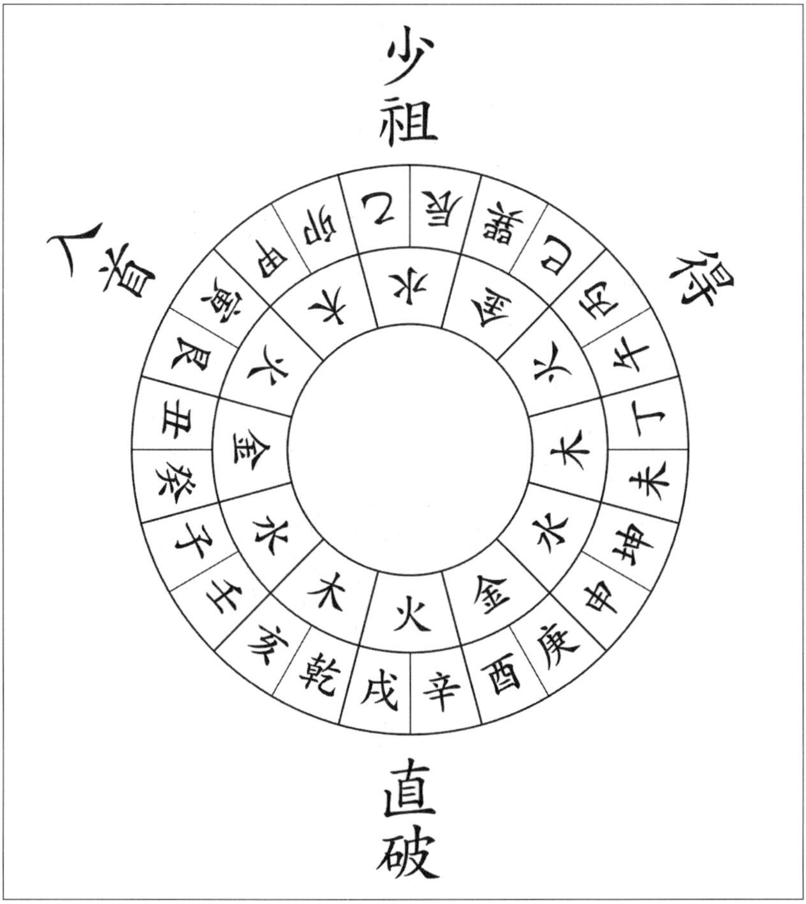

나. 경유(庚酉)직파 - 갑묘(甲卯)소조
우선(右旋)통맥 - 계축(癸丑)입수
손사(巽巳)득, 좌선수(左旋水)

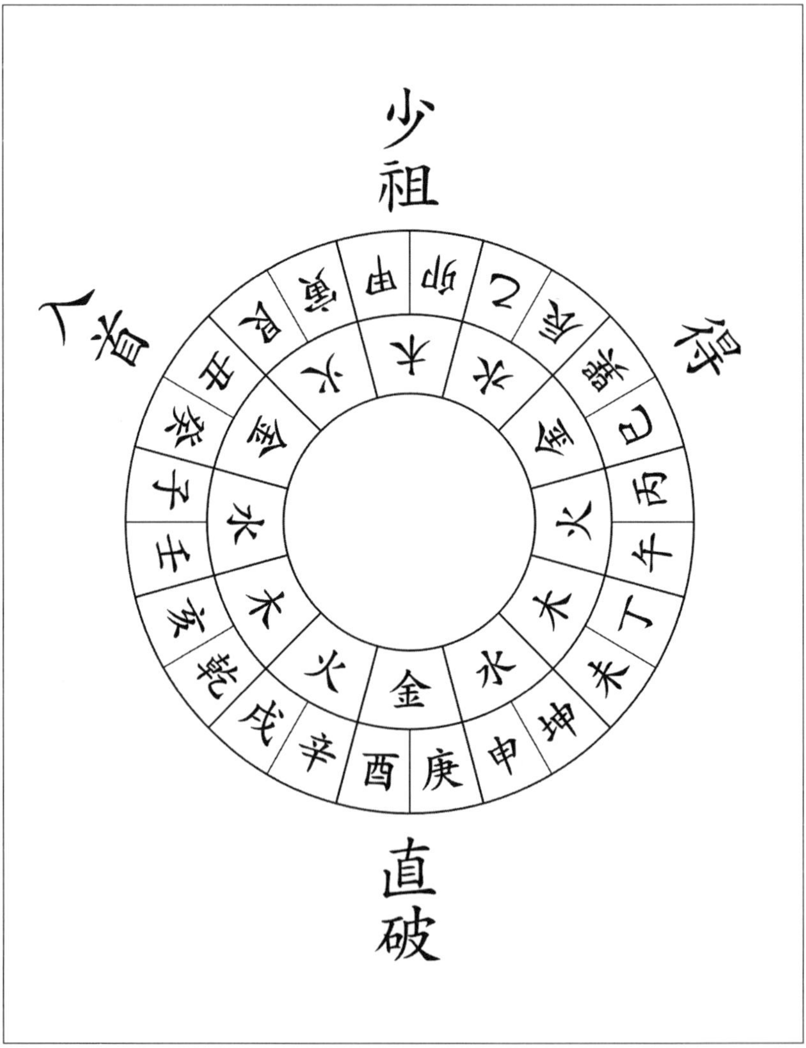

다. 곤신(坤申)직파 - 간인(艮寅)소조
우선(右旋)통맥 - 임자(壬子)입수
을진(乙辰)득, 좌선수(左旋水)

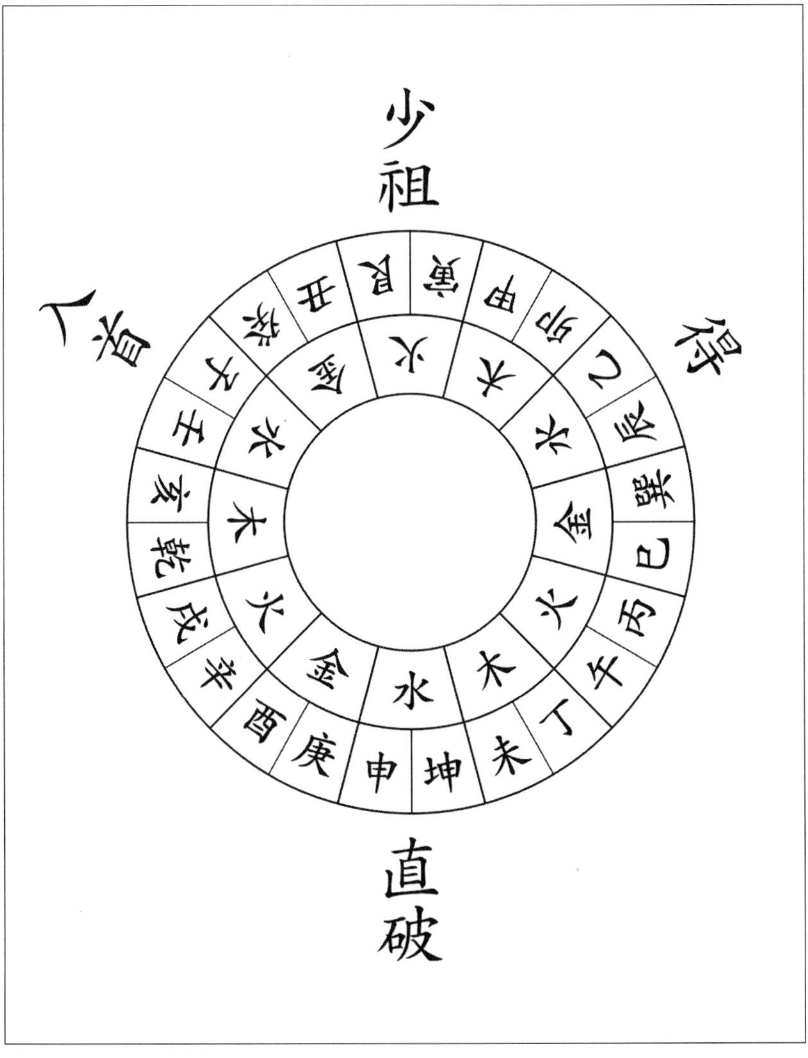

라. 정미(丁未)직파 - 계축(癸丑)소조

우선(右旋)통맥 - 건해(乾亥)입수

갑묘(甲卯)득, 좌선수(左旋水)

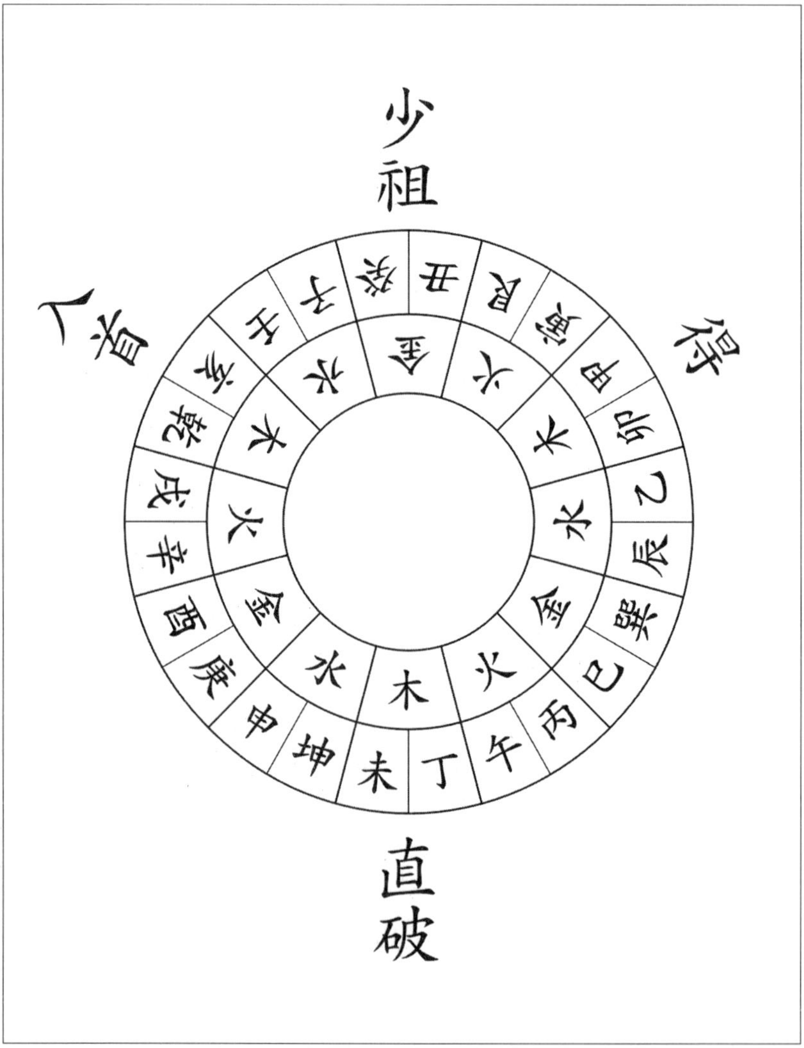

마. 병오(丙午)직파 - 임자(壬子)소조
우선(右旋)통맥 - 신술(辛戌)입수
간인(艮寅)득, 좌선수(左旋水)

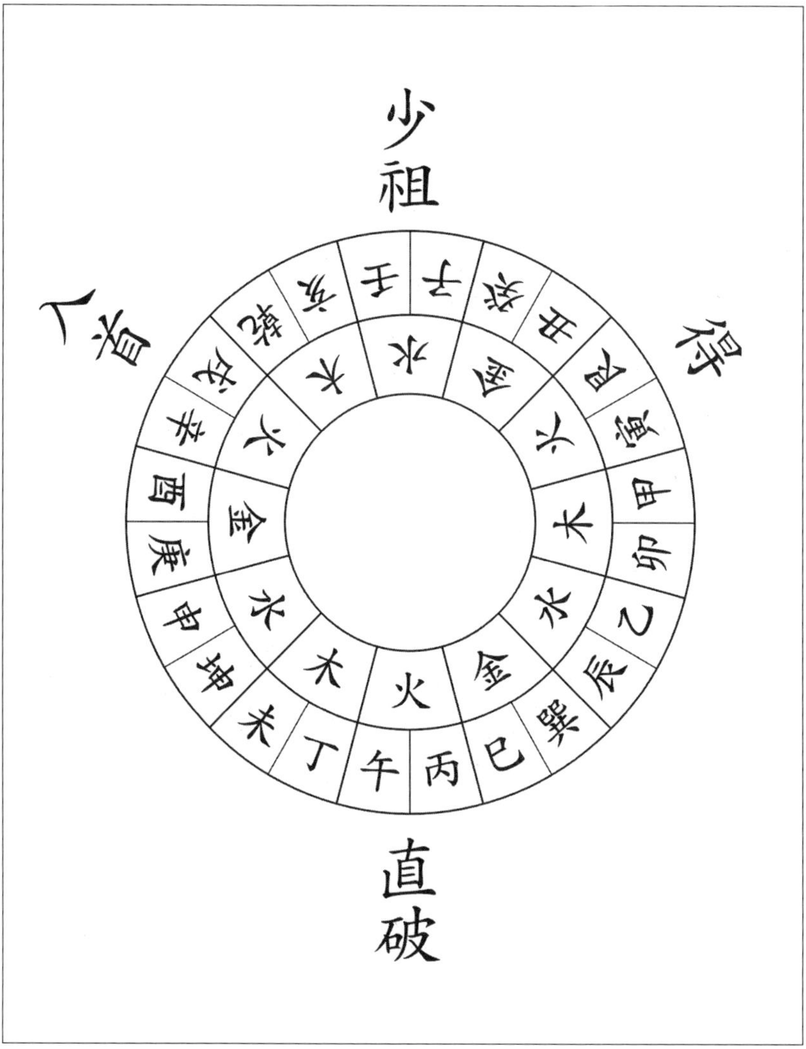

바. 손사(巽巳)직파 - 건해(乾亥)소조
우선(右旋)통맥 - 경유(庚酉)입수
계축(癸丑)득, 좌선수(左旋水)

사. 을진(乙辰)직파 - 신술(辛戌)소조
우선(右旋)통맥 - 곤신(坤申)입수
임자(壬子)득, 좌선수(左旋水)

아. 갑묘(甲卯)직파 - 경유(庚酉)소조
우선(右旋)통맥 - 정미(丁未)입수
건해(乾亥)득, 좌선수(左旋水)

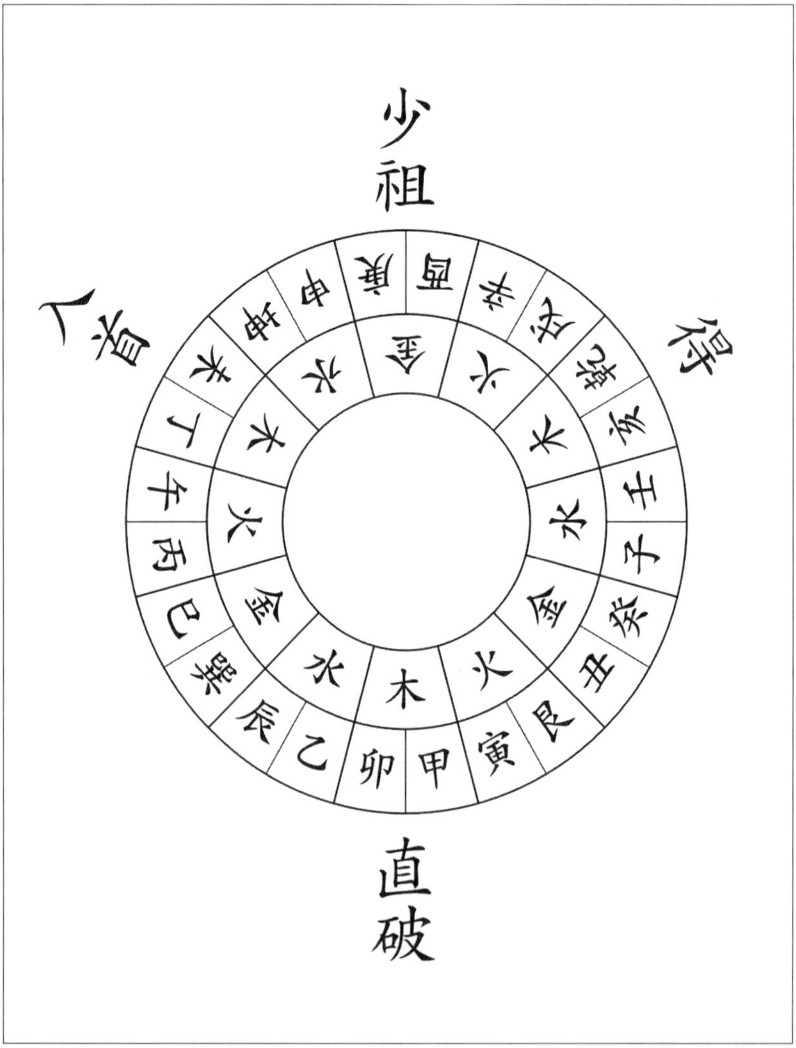

자. 간인(艮寅)직파 - 곤신(坤申)소조
우선(右旋)통맥 - 병오(丙午)입수
신술(辛戌)득, 좌선수(左旋水)

차. 계축(癸丑)직파 - 정미(丁未)소조
우선(右旋)통맥 - 손사(巽巳)입수
경유(庚酉)득, 좌선수(左旋水)

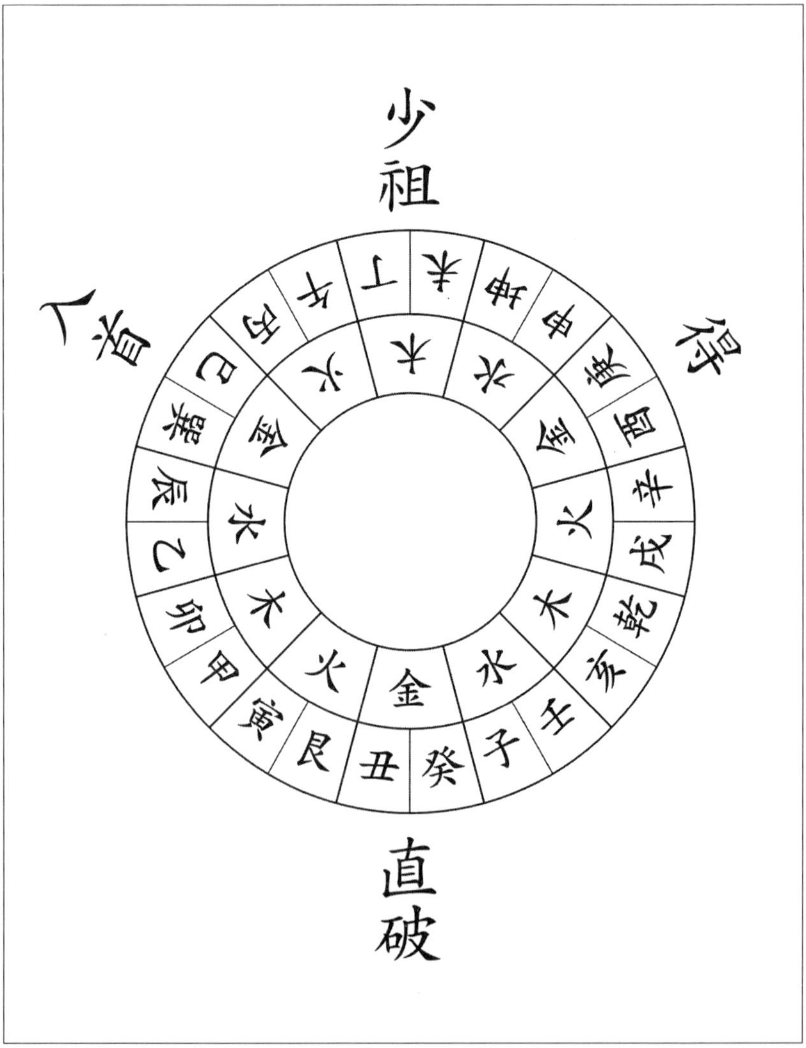

카. 임자(壬子)직파 - 병오(丙午)소조
우선(右旋)통맥 - 을진(乙辰)입수
곤신(坤申)득, 좌선수(左旋水)

타. 건해(乾亥)직파 - 손사(巽巳)소조
우선(右旋)통맥 - 갑묘(甲卯)입수
정미(丁未)득, 좌선수(左旋水)

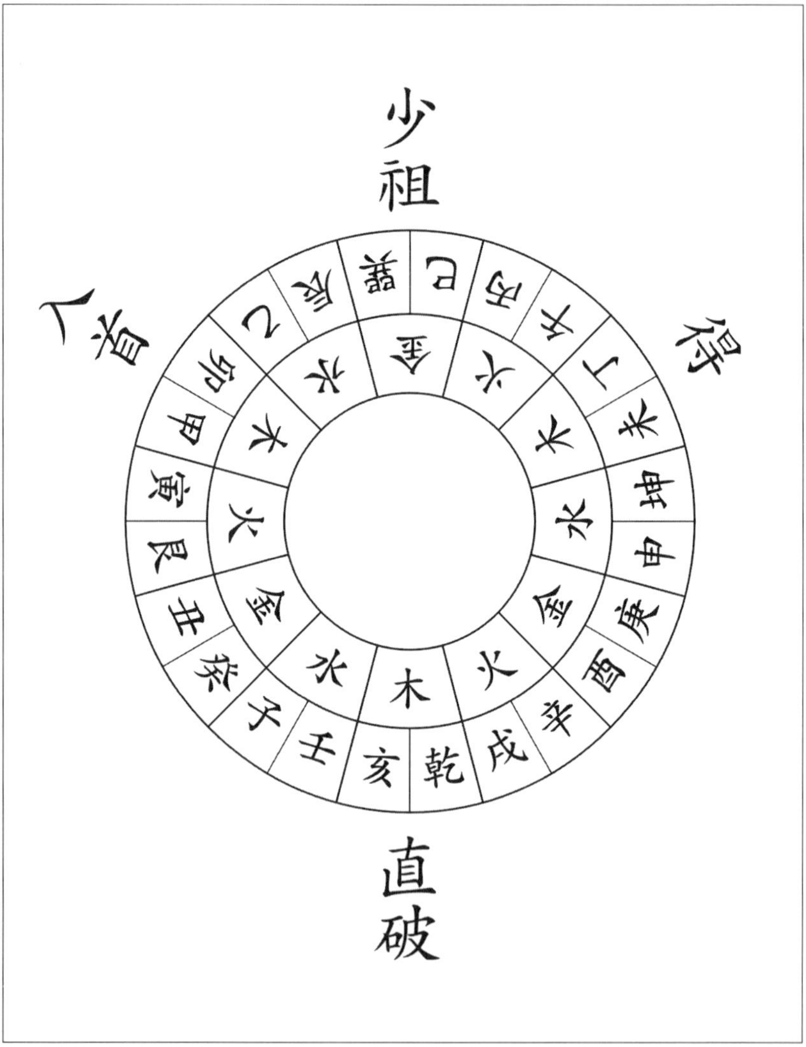

# 5. 좌선직입수(左旋直入首) 12

가. 을진(乙辰)횡파 - 신술(辛戌)소조

좌선(左旋)통맥 - 임자(壬子)입수

곤신(坤申)득, 우선수(右旋水)

나. 손사(巽巳)횡파 - 건해(乾亥)소조
좌선(左旋)통맥 - 계축(癸丑)입수
경유(庚酉)득, 우선수(右旋水)

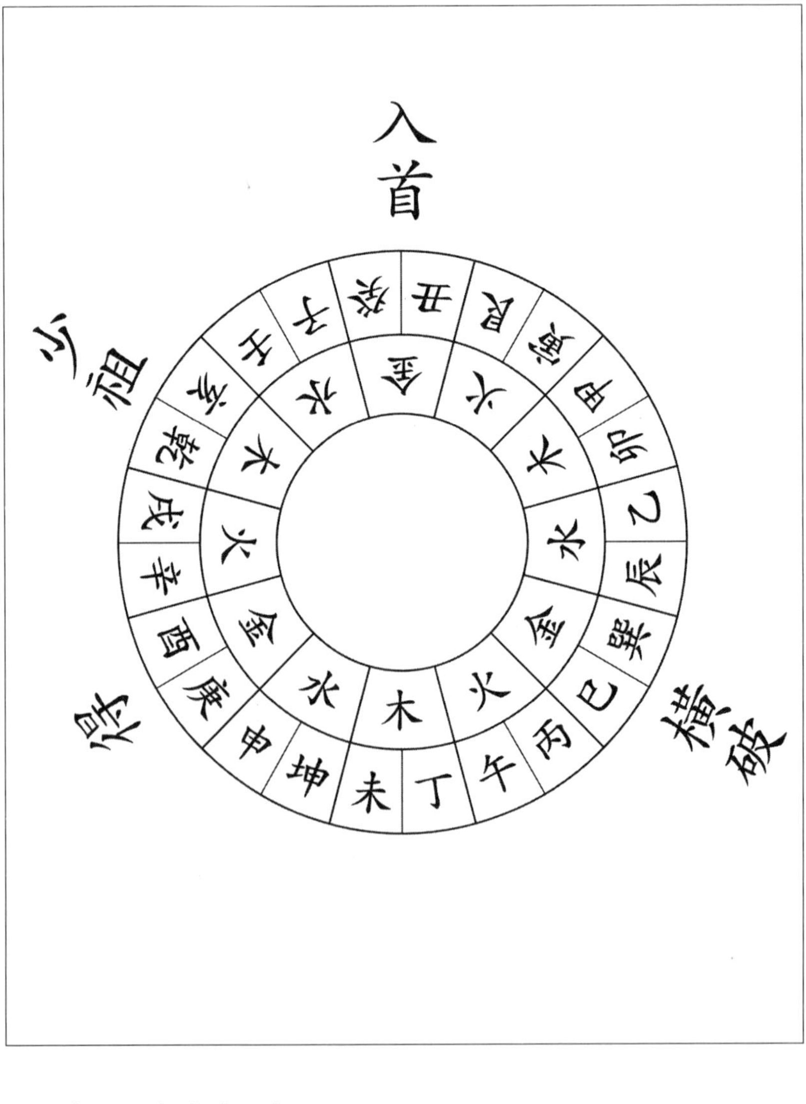

다. 병오(丙午)횡파 - 임자(壬子)소조
좌선(左旋)통맥 - 간인(艮寅)입수
신술(辛戌)득, 우선수(右旋水)

라. 정미(丁未)횡파 - 계축(癸丑)소조

좌선(左旋)통맥 - 갑묘(甲卯)입수

건해(乾亥)득, 우선수(右旋水)

마. 곤신(坤申)횡파 – 간인(艮寅)소조
좌선(左旋)통맥 – 을진(乙辰)입수
임자(壬子)득, 우선수(右旋水)

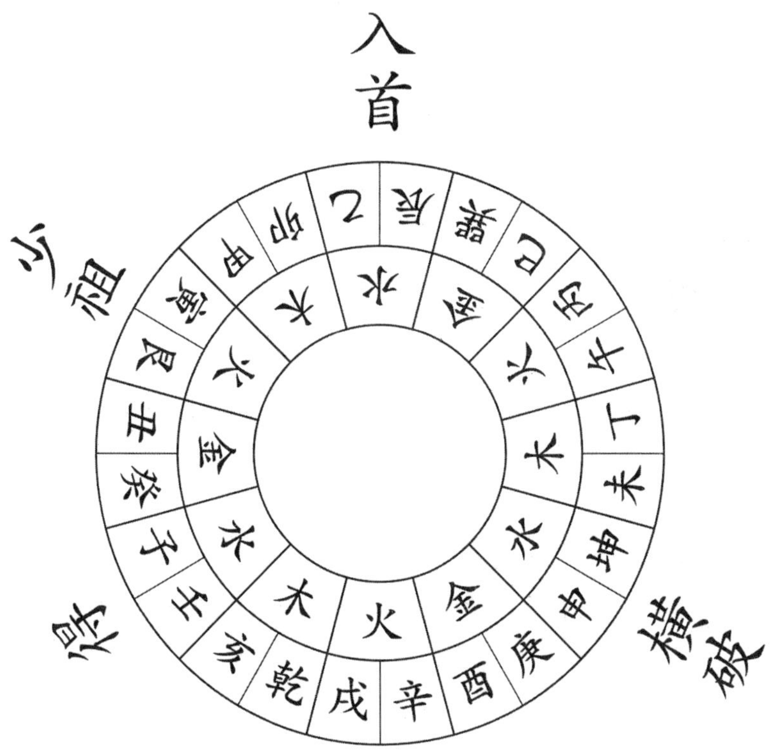

바. 경유(庚酉)횡파 - 갑묘(甲卯)소조
좌선(左旋)통맥 - 손사(巽巳)입수
계축(癸丑)득, 우선수(右旋水)

사. 신술(辛戌)횡파 - 을진(乙辰)소조
좌선(左旋)통맥 - 병오(丙午)입수
간인(艮寅)득, 우선수(右旋水)

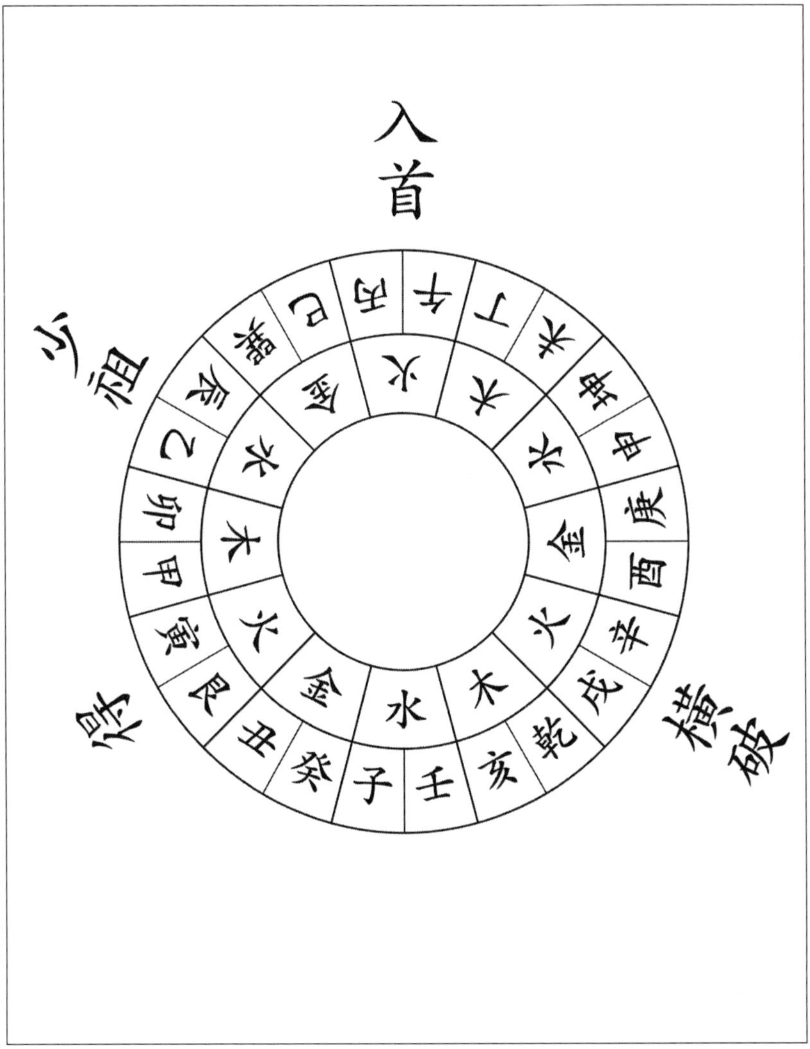

아. 건해(乾亥)횡파 - 손사(巽巳)소조

좌선(左旋)통맥 - 정미(丁未)입수

갑묘(甲卯)득, 우선수(右旋水)

자. 임자(壬子)횡파 - 병오(丙午)소조
좌선(左旋)통맥 - 곤신(坤申)입수
을진(乙辰)득, 우선수(右旋水)

차. 계축(癸丑)횡파 - 정미(丁未)소조

좌선(左旋)통맥 - 경유(庚酉)입수

손사(巽巳)득, 우선수(右旋水)

카. 간인(艮寅)횡파 - 곤신(坤申)소조
좌선(左旋)통맥 - 신술(辛戌)입수
병오(丙午)득, 우선수(右旋水)

타. 갑묘(甲卯)횡파 - 경유(庚酉)소조
좌선(左旋)통맥 - 건해(乾亥)입수
정미(丁未)득, 우선수(右旋水)

# 6. 우선직입수(右旋直入首) 12

가. 계축(癸丑)횡파 - 정미(丁未)소조
　　우선(右旋)통맥 - 손사(巽巳)입수
　　경유(庚酉)득, 좌선수(左旋水)

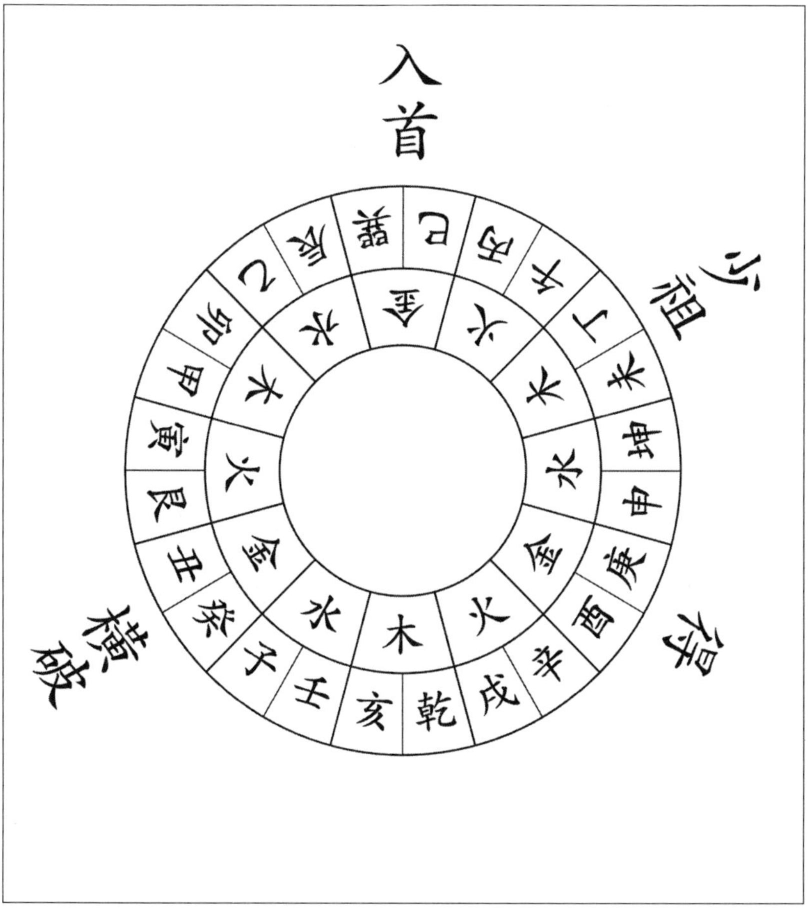

나. 임자(壬子)횡파 - 병오(丙午)소조
우선(右旋)통맥 - 을진(乙辰)입수
곤신(坤申)득, 좌선수(左旋水)

다. 건해(乾亥)횡파 - 손사(巽巳)소조
우선(右旋)통맥 - 갑묘(甲卯)입수
정미(丁未)득, 좌선수(左旋水)

라. 신술(辛戌)횡파 - 을진(乙辰)소조
우선(右旋)통맥 - 간인(艮寅)입수
병오(丙午)득, 좌선수(左旋水)

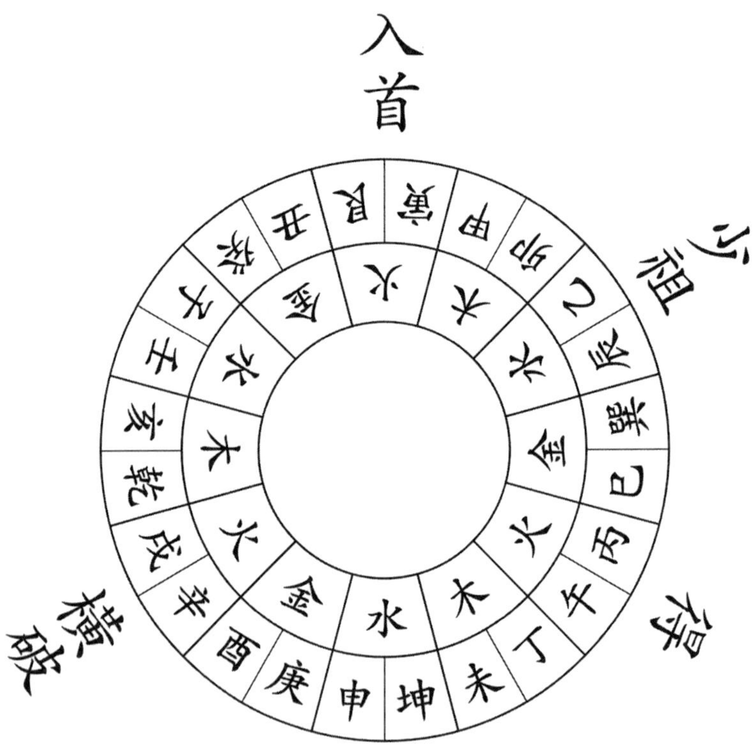

마. 경유(庚酉)횡파 - 갑묘(甲卯)소조
우선(右旋)통맥 - 계축(癸丑)입수
손사(巽巳)득, 좌선수(左旋水)

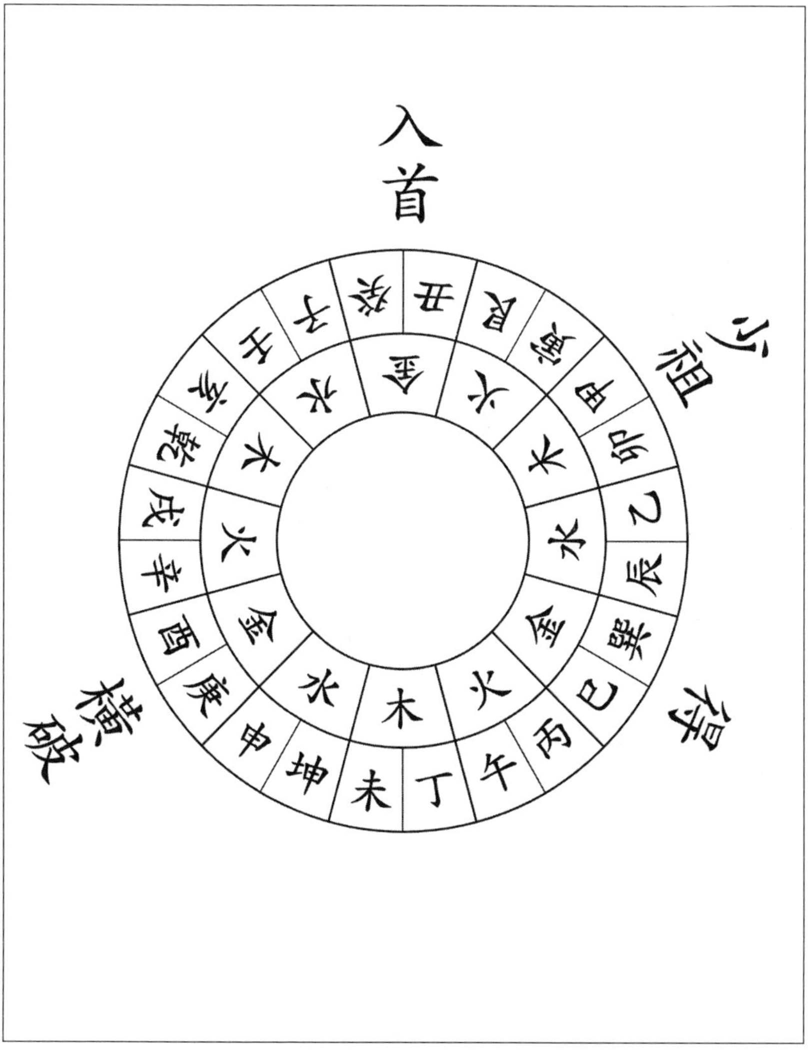

바. 곤신(坤申)횡파 - 간인(艮寅)소조
우선(右旋)통맥 - 임자(壬子)입수
을진(乙辰)득, 좌선수(左旋水)

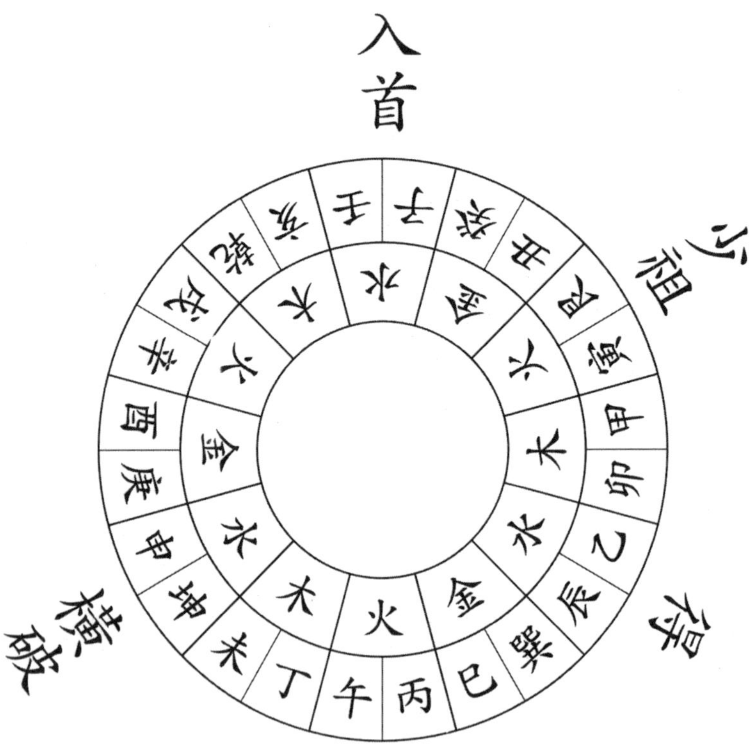

사. 정미(丁未)횡파 - 계축(癸丑)소조

우선(右旋)통맥 - 건해(乾亥)입수

갑묘(甲卯)득, 좌선수(左旋水)

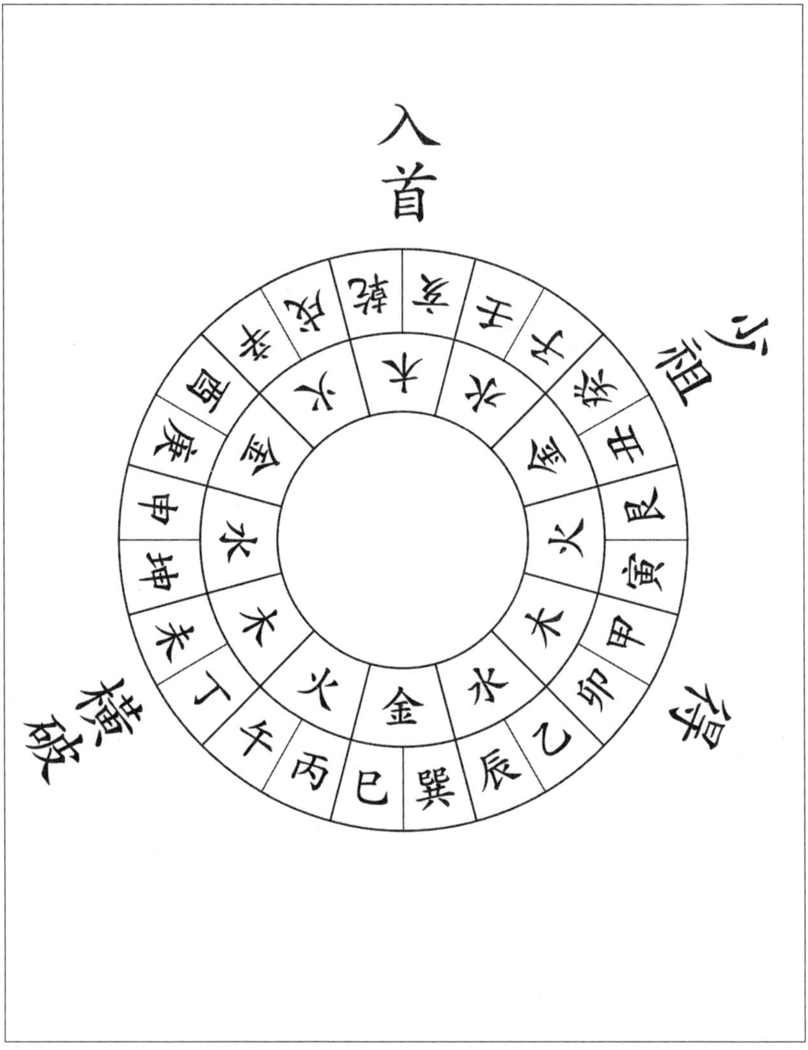

아. 병오(丙午)횡파 - 임자(壬子)소조
우선(右旋)통맥 - 신술(辛戌)입수
간인(艮寅)득, 좌선수(左旋水)

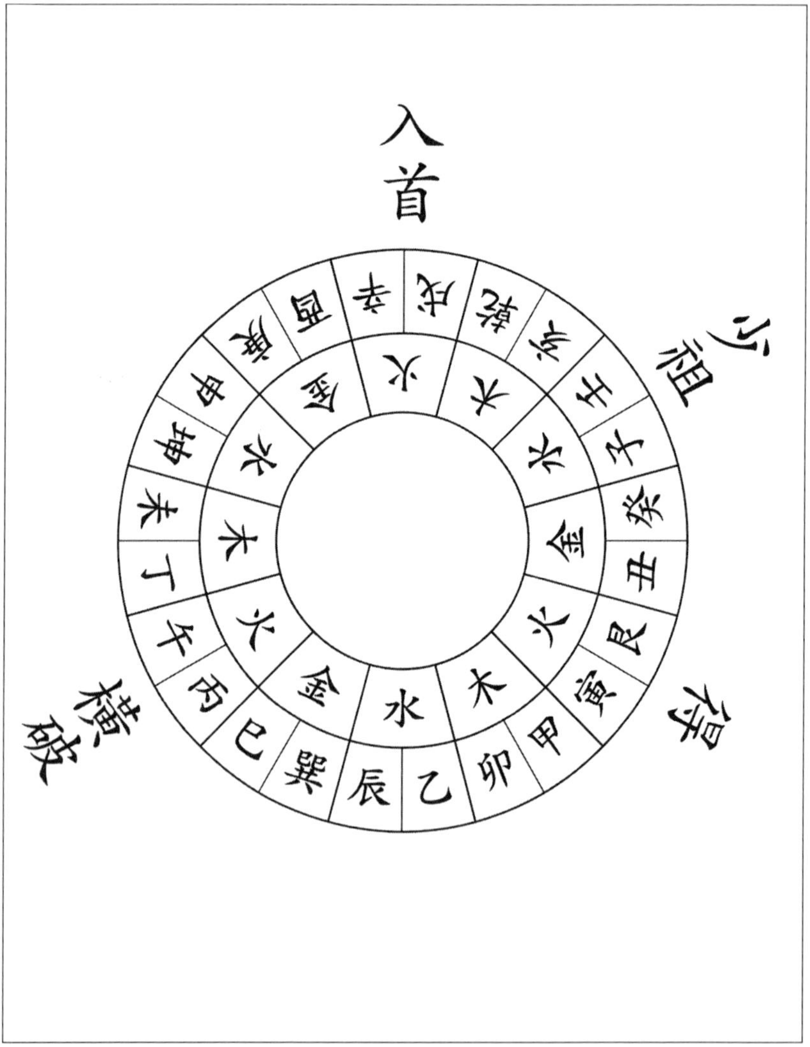

자. 손사(巽巳)횡파 - 건해(乾亥)소조
우선(右旋)통맥 - 경유(庚酉)입수
계축(癸丑)득, 좌선수(左旋水)

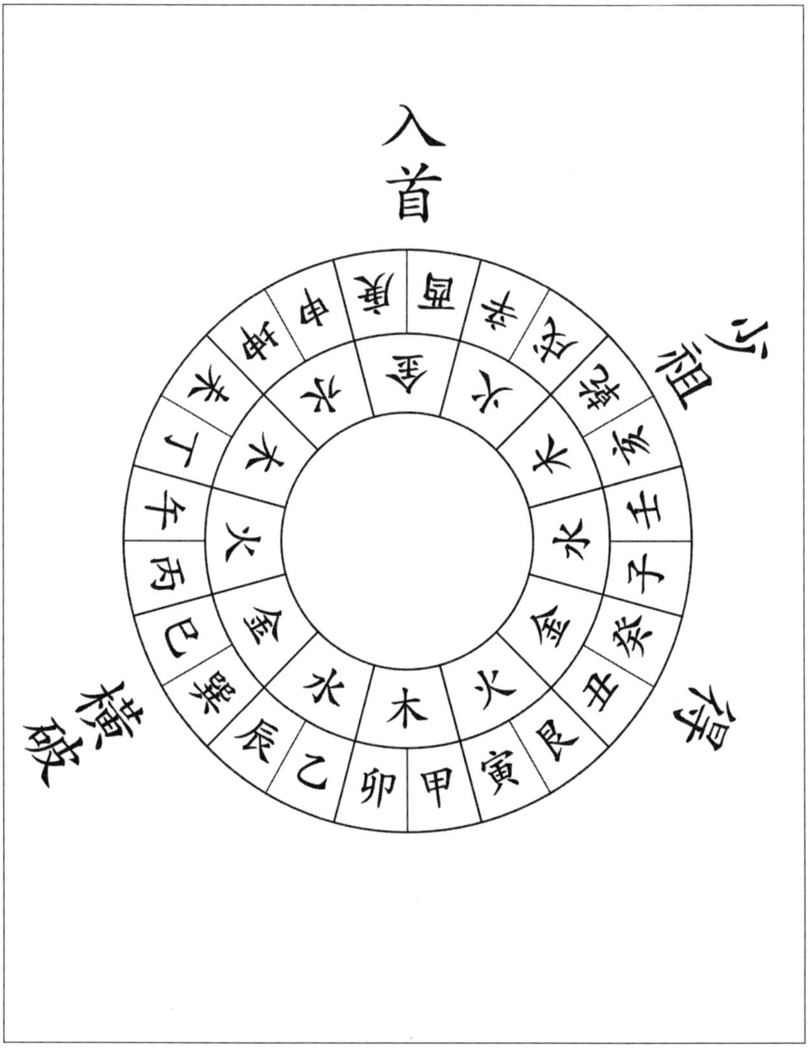

차. 을진(乙辰)횡파 - 신술(辛戌)소조

우선(右旋)통맥 - 곤신(坤申)입수

임자(壬子)득, 좌선수(左旋水)

카. 갑묘(甲卯)횡파 - 경유(庚酉)소조
우선(右旋)통맥 - 정미(丁未)입수
건해(乾亥)득, 좌선수(左旋水)

타. 간인(艮寅)횡파 - 곤신(坤申)소조
우선(右旋)통맥 - 병오(丙午)입수
신술(辛戌)득, 좌선수(左旋水)

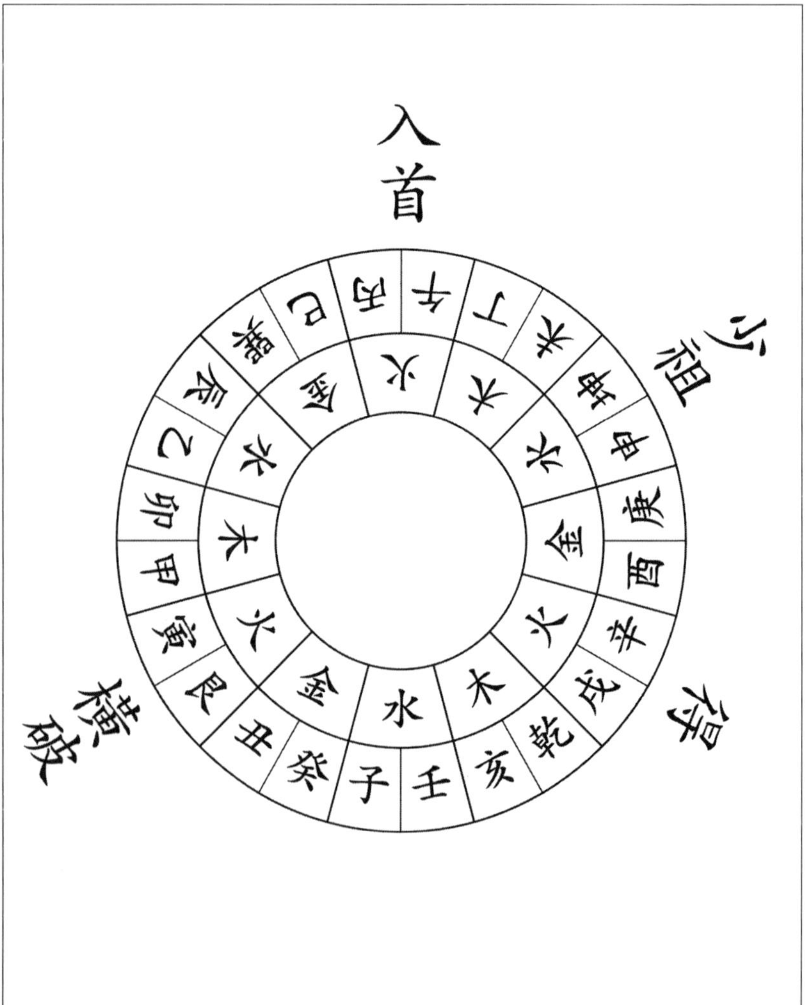

# 제 六 장

# 좌는 단자로 정한다

# 1. 좌(坐)는 단자(單字)로 정(定)한다

쌍산(雙山)의 구성(構成)에서 앞 글자는 입수(入首)를, 뒷 글자는 좌(坐)로 정(定)한다.

직파대직소조·횡파대횡소조가 확실하고, 소조(少祖)에서 좌선(左旋)하면 천간좌(天干坐)로 정하고, 소조(少祖)에서 우선(右旋)하면 지지좌(地支坐)로 정한다.

좌선룡(左旋龍)과 천간좌(天干坐)는 양(陽)이고 우선수(右旋水)는 음(陰)이므로 음양배합(陰陽配合)이 된다.

우선룡(右旋龍)과 지지좌(地支坐)는 음(陰)이고 좌선수(左旋水)는 양(陽)이므로 음양배합(陰陽配合)을 이룬다.

좌선룡(左旋龍)에 지지좌(地支坐)를 하고 우선수(右旋水)가 되거나 우선룡(右旋龍)에 천간좌(天干坐)를 하고 좌선수(左旋水)가 되면 용수배합(龍水配合)은 되지만 혈수배합(穴水配合)이 안 되기 때문에 득(得)보다는 실(失)이 많다.

## 2. 직소조 좌선후좌(直少祖左旋後坐) 12

가. 계축(癸丑)직소조 - 좌선(左旋)

선입수(先入首) - 묘(卯)

후좌(後坐) - 갑(甲)

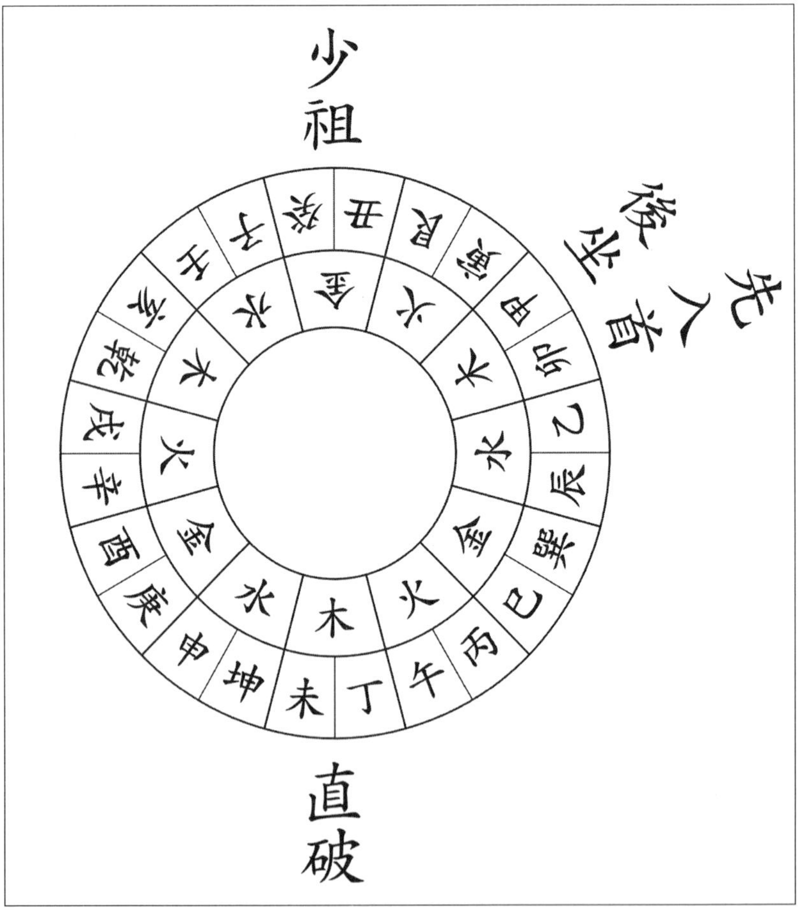

나. 간인(艮寅)직소조 - 좌선(左旋)

선입수(先入首) - 진(辰)

후좌(後坐) - 을(乙)

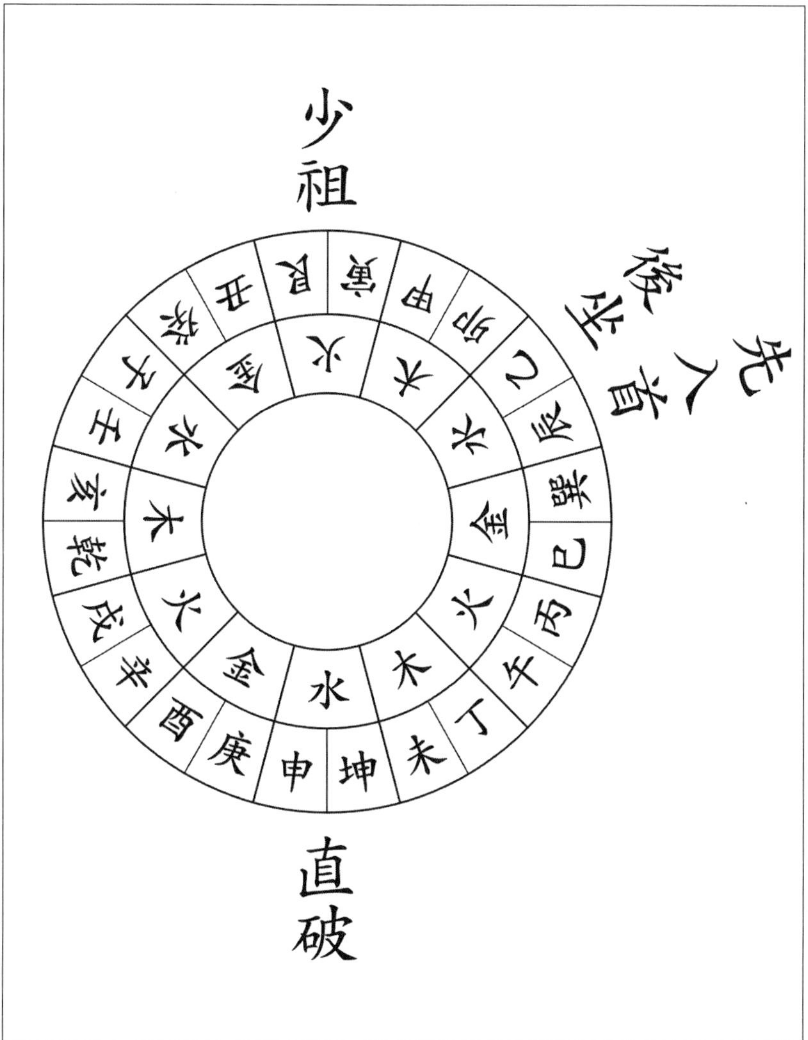

다. 갑묘(甲卯)직소조 - 좌선(左旋)

선입수(先入首) - 사(巳)

후좌(後坐) - 손(巽)

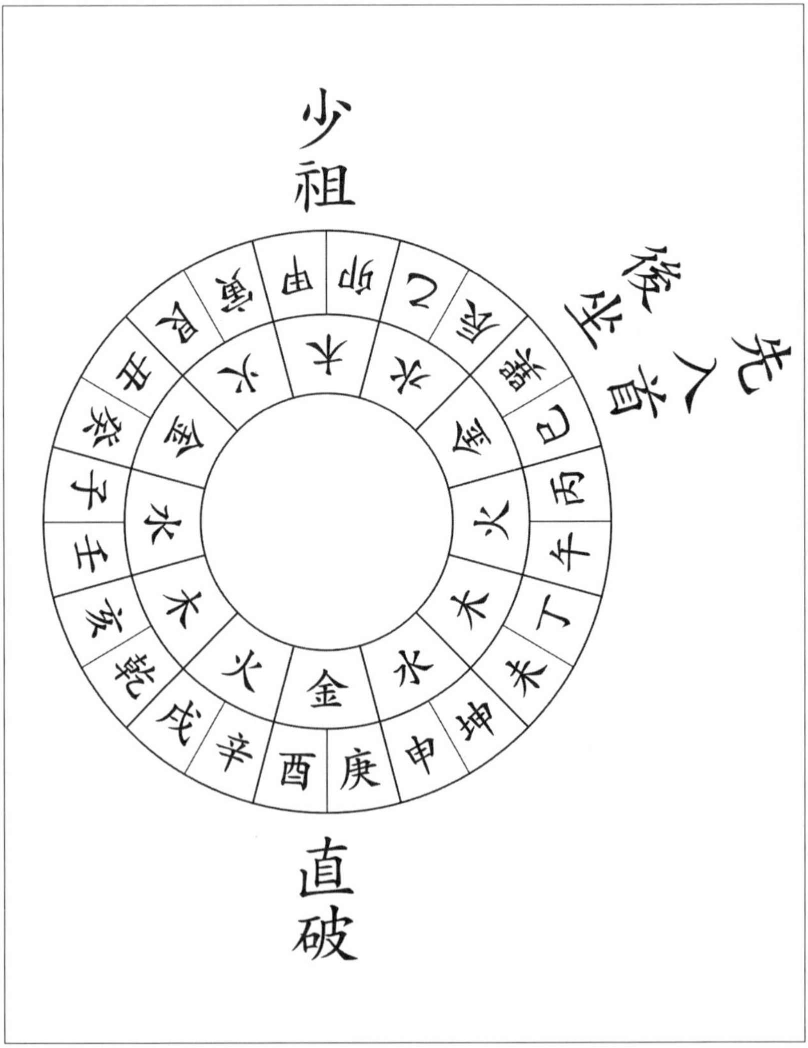

라. 을진(乙辰)직소조 - 좌선(左旋)

선입수(先入首) - 오(午)

후좌(後坐) - 병(丙)

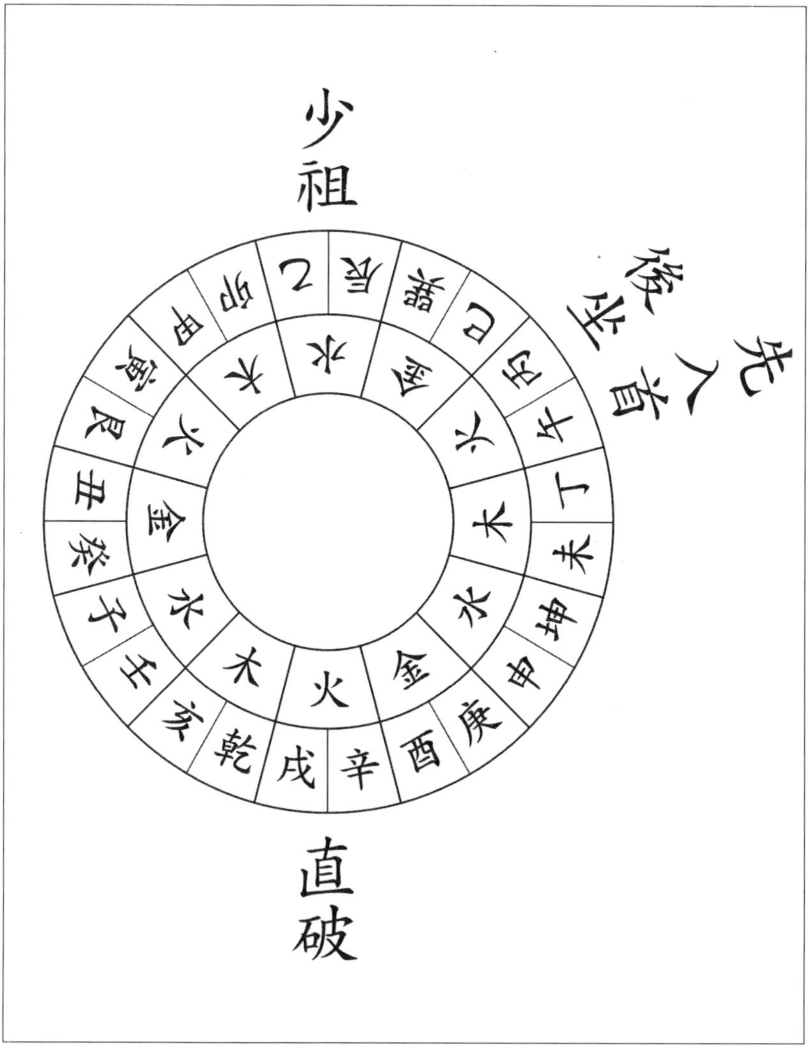

마. 손사(巽巳)직소조 - 좌선(左旋)

선입수(先入首) - 미(未)

후좌(後坐) - 정(丁)

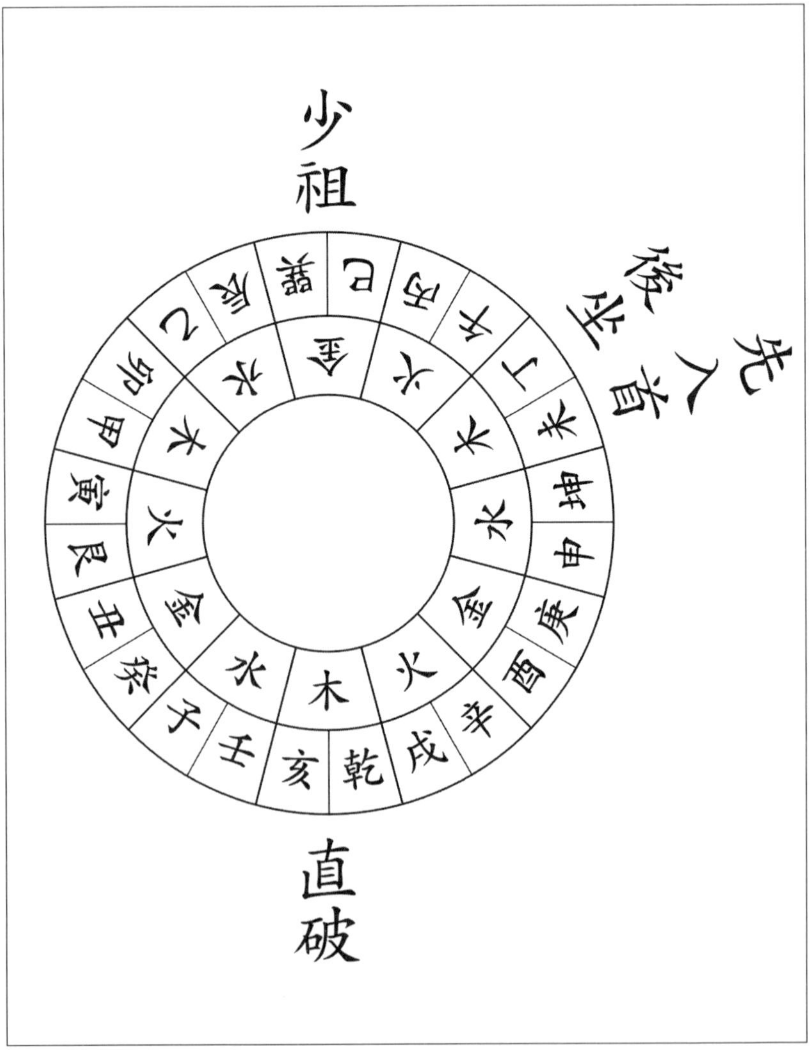

바. 병오(丙午)직소조 - 좌선(左旋)

선입수(先入首) - 신(申)

후좌(後坐) - 곤(坤)

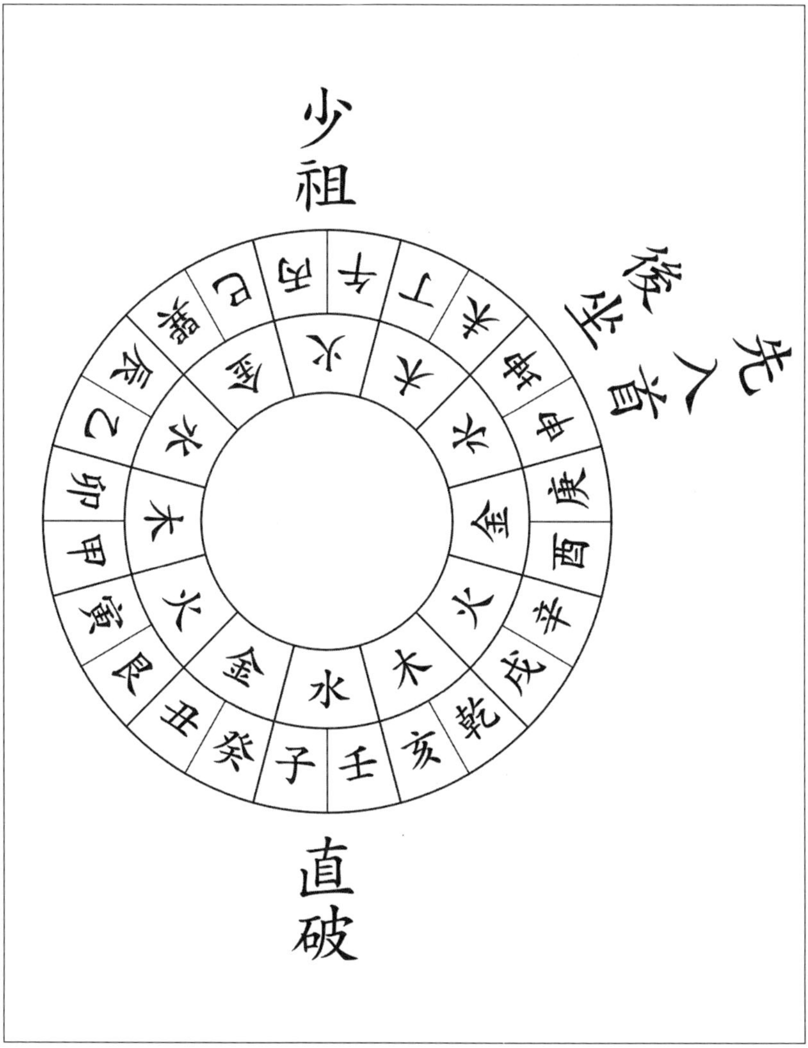

사. 정미(丁未)직소조 - 좌선(左旋)

선입수(先入首) - 유(酉)

후좌(後坐) - 경(庚)

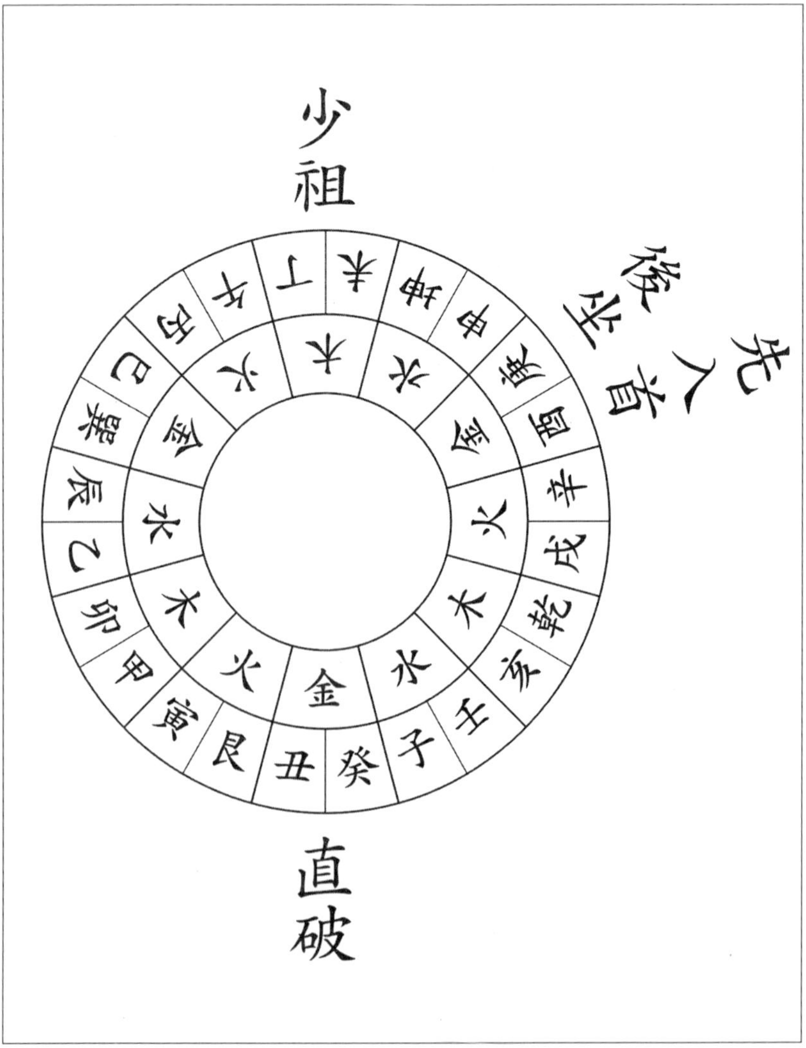

아. 곤신(坤申)직소조 - 좌선(左旋)

선입수(先入首) - 술(戌)

후좌(後坐) - 신(辛)

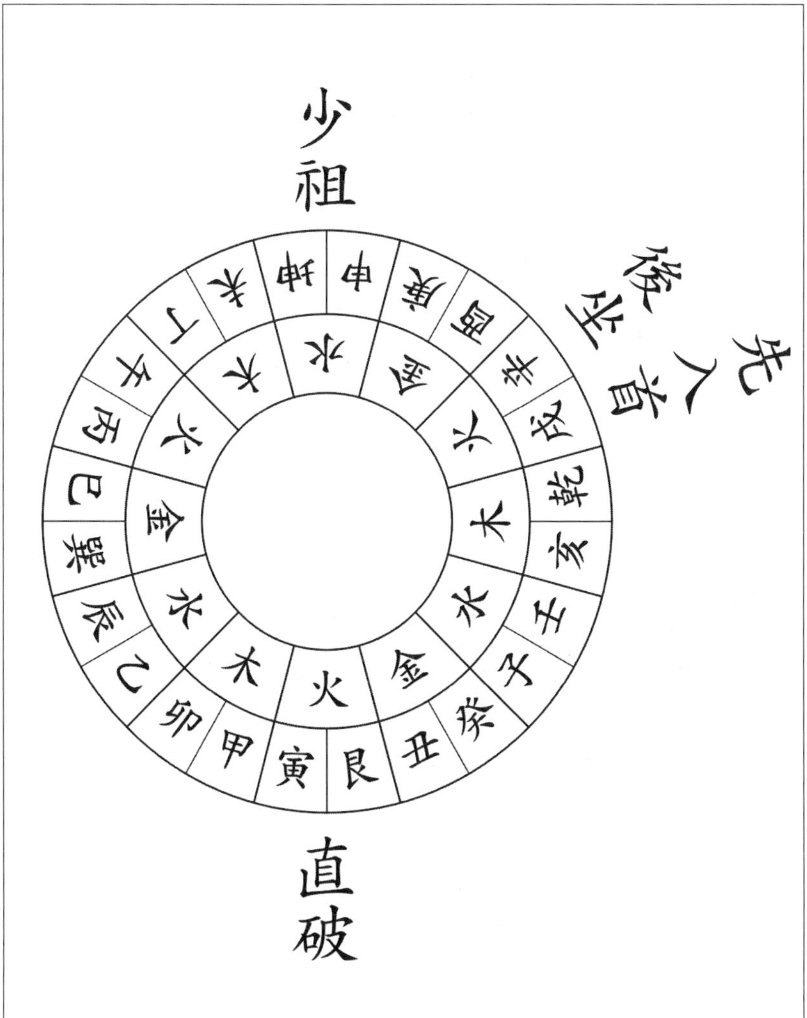

자. 경유(庚酉)직소조 - 좌선(左旋)

선입수(先入首) - 해(亥)

후좌(後坐) - 건(乾)

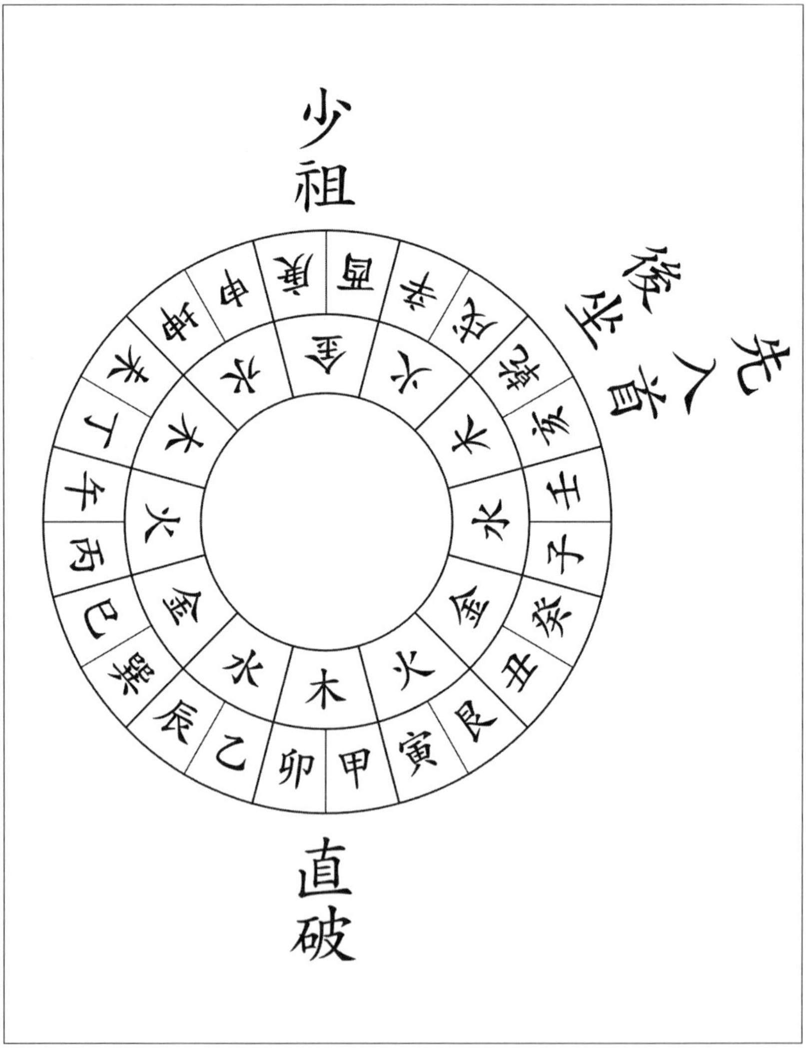

차. 신술(辛戌)직소조 - 좌선(左旋)

선입수(先入首) - 자(子)

후좌(後坐) - 임(壬)

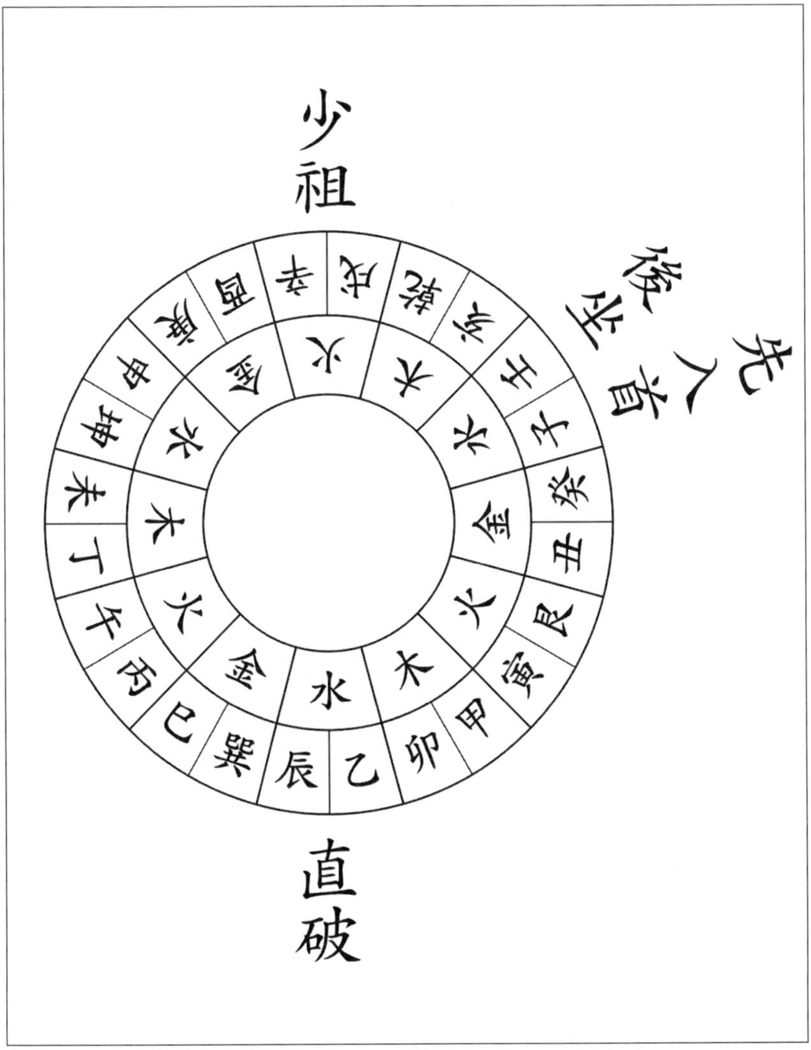

카. 건해(乾亥)직소조 - 좌선(左旋)

선입수(先入首) - 축(丑)

후좌(後坐) - 계(癸)

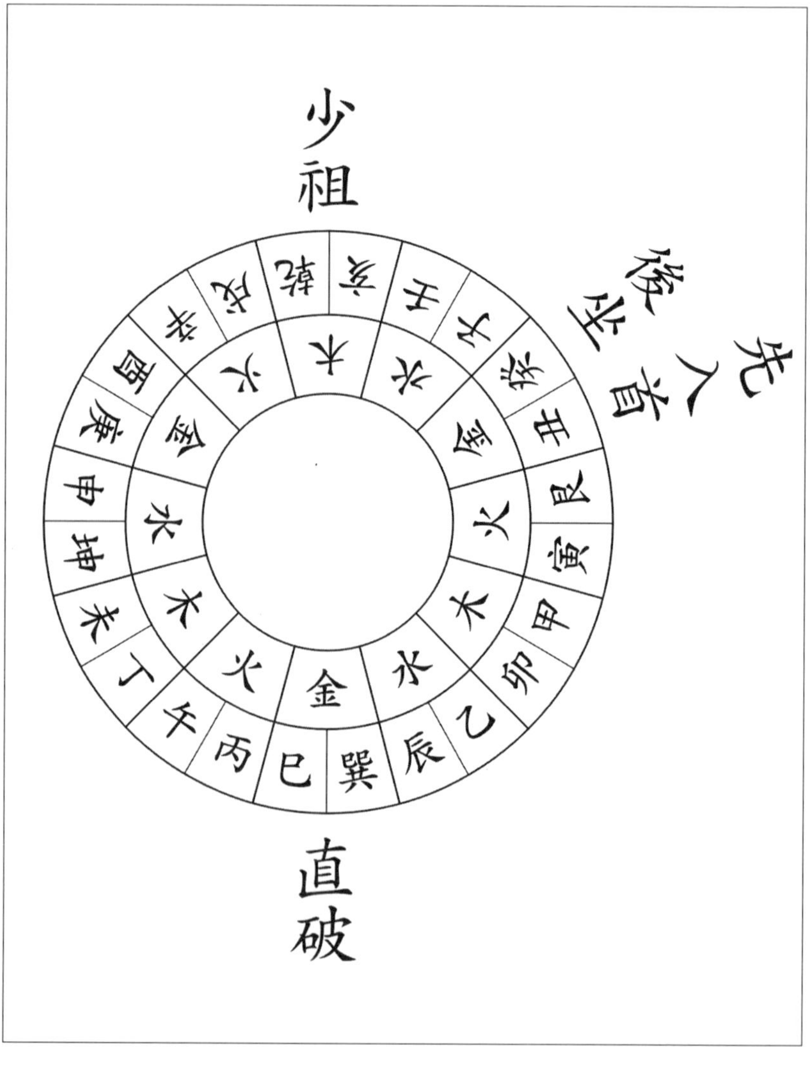

타. 임자(壬子)직소조 - 좌선(左旋)

선입수(先入首) - 인(寅)

후좌(後坐) - 간(艮)

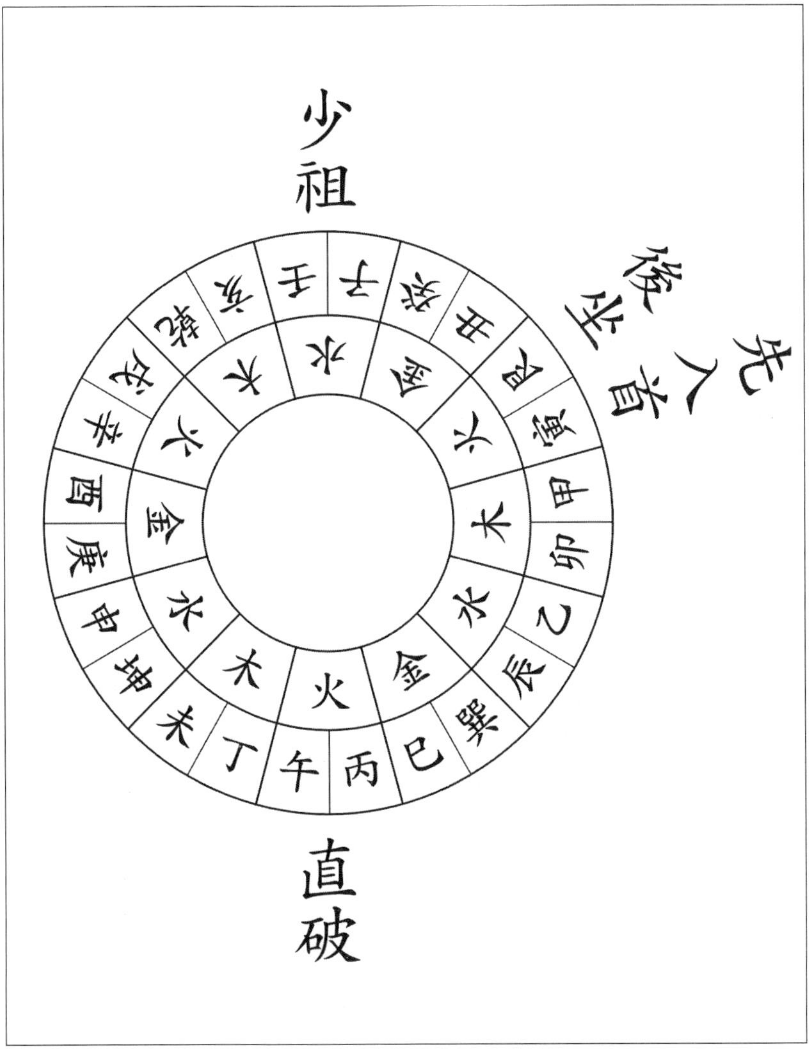

## 3. 직소조 우선후좌(直少祖右旋後坐) 12

가. 건해(乾亥)직소조 - 우선(右旋)

선입수(先入首) - 경(庚)

후좌(後坐) - 유(酉)

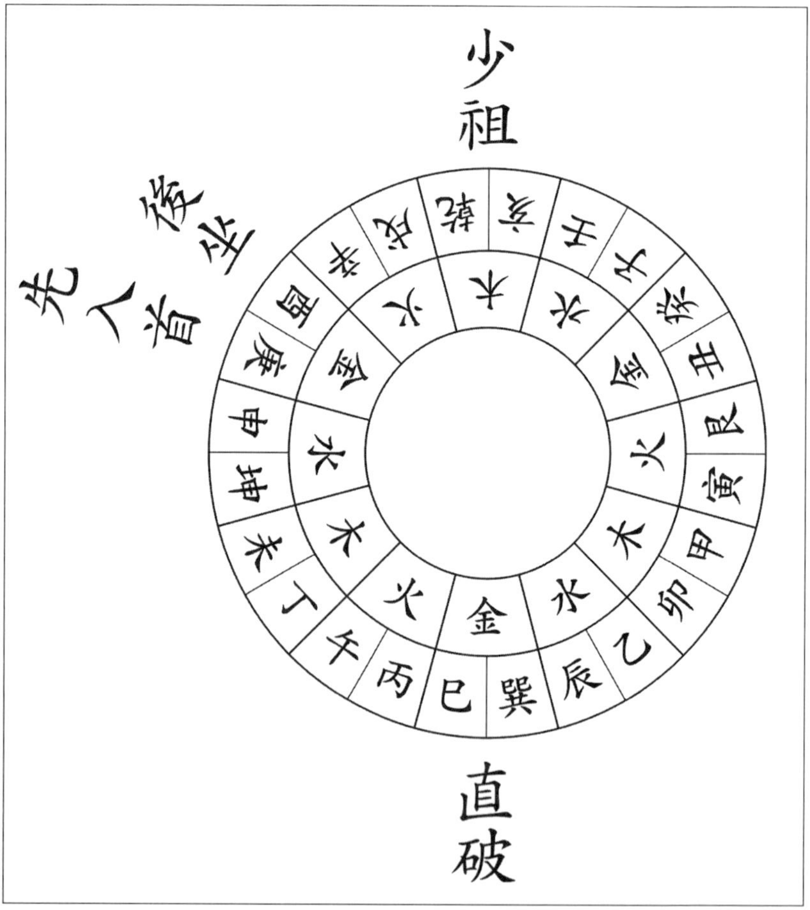

나. 신술(辛戌)직소조 - 우선(右旋)

선입수(先入首) - 곤(坤)

후좌(後坐) - 신(申)

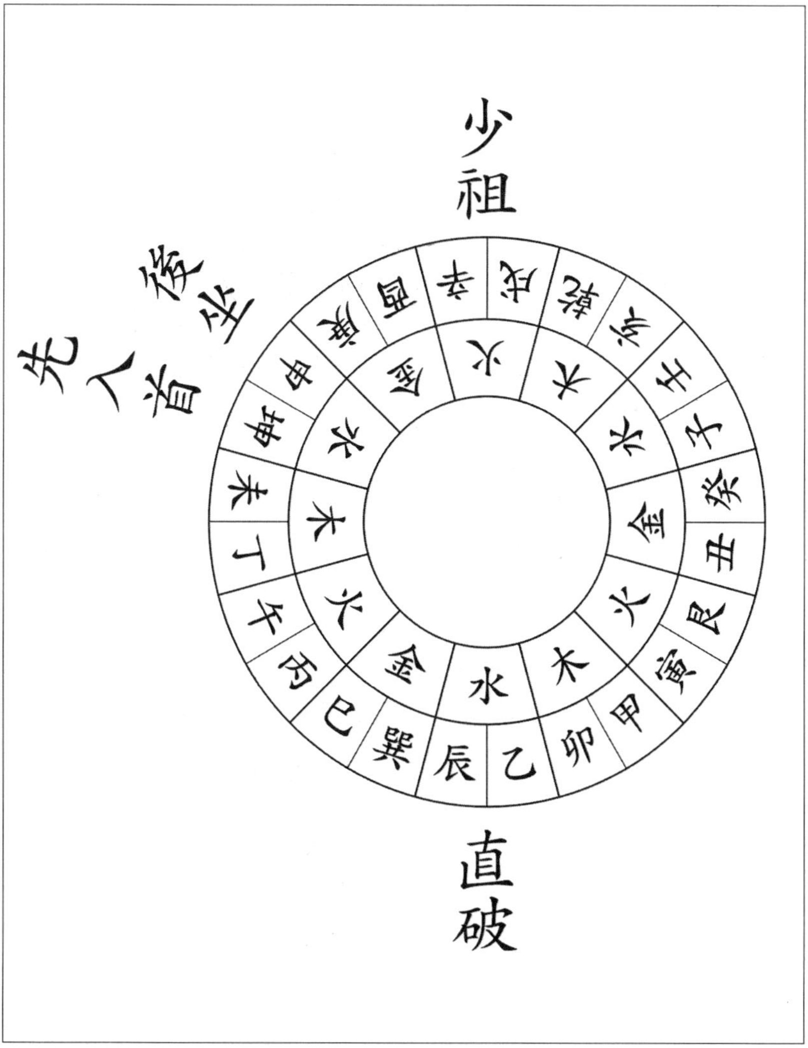

다. 경유(庚酉)직소조 - 우선(右旋)

선입수(先入首) - 정(丁)

후좌(後坐) - 미(未)

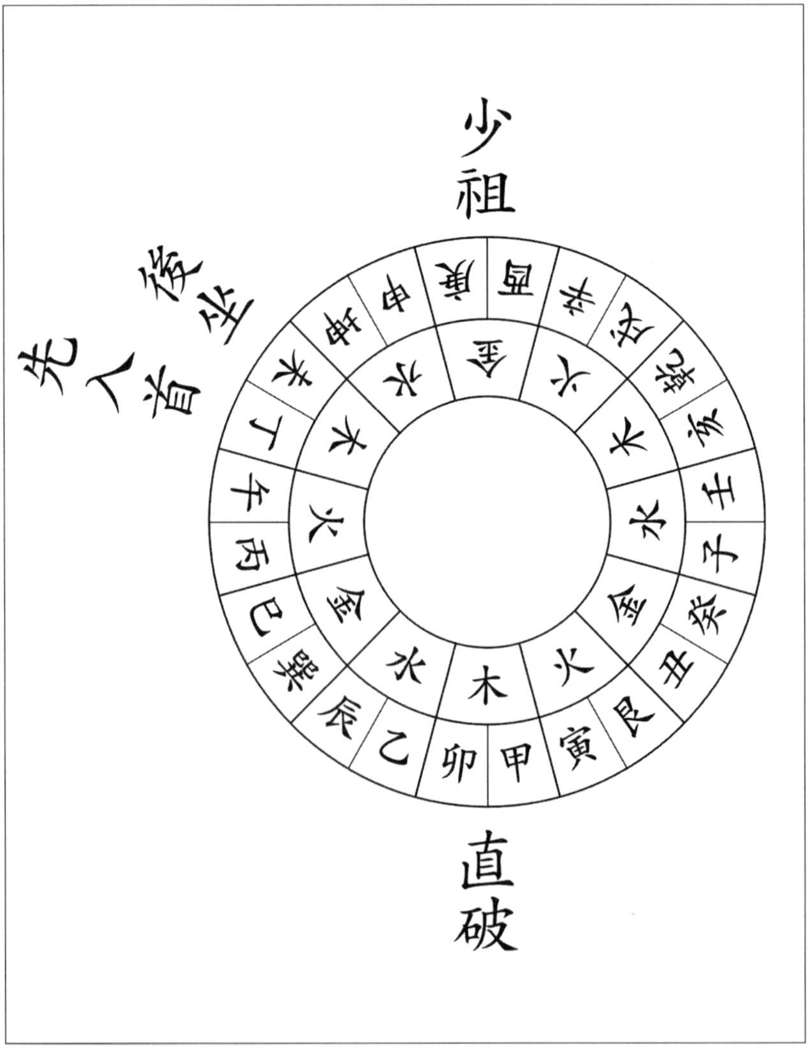

라. 곤신(坤申)직소조 - 우선(右旋)

선입수(先入首) - 병(丙)

후좌(後坐) - 오(午)

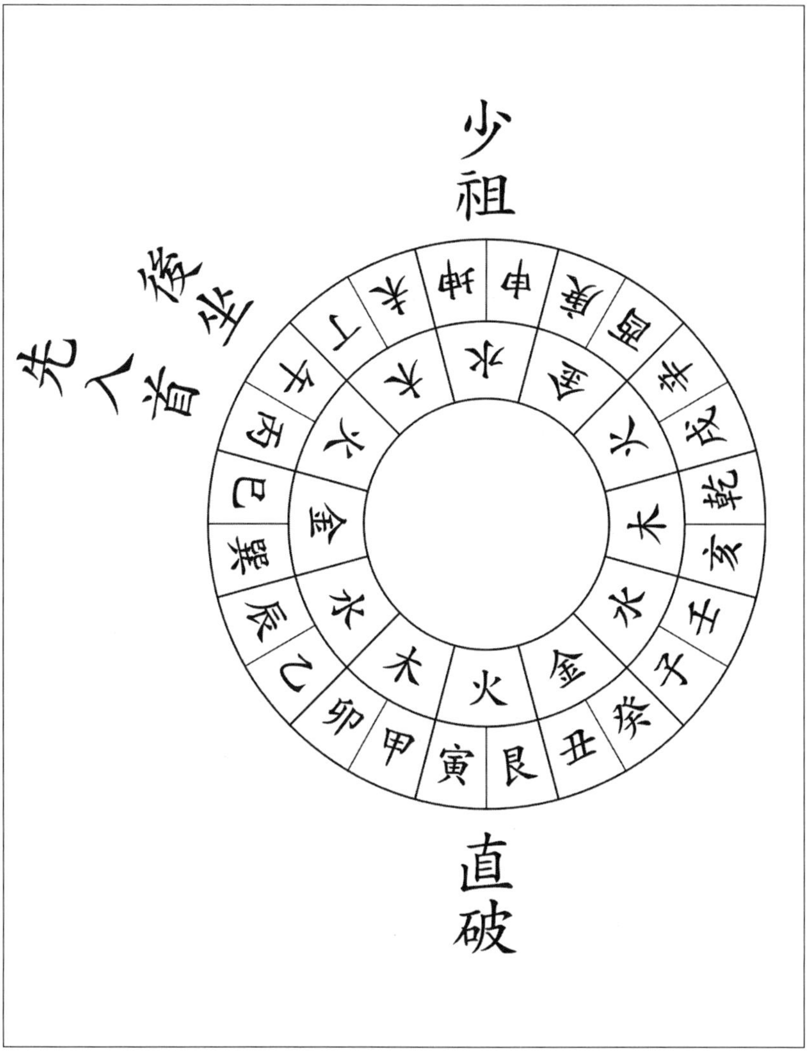

마. 정미(丁未)직소조 - 우선(右旋)

선입수(先入首) - 손(巽)

후좌(後坐) - 사(巳)

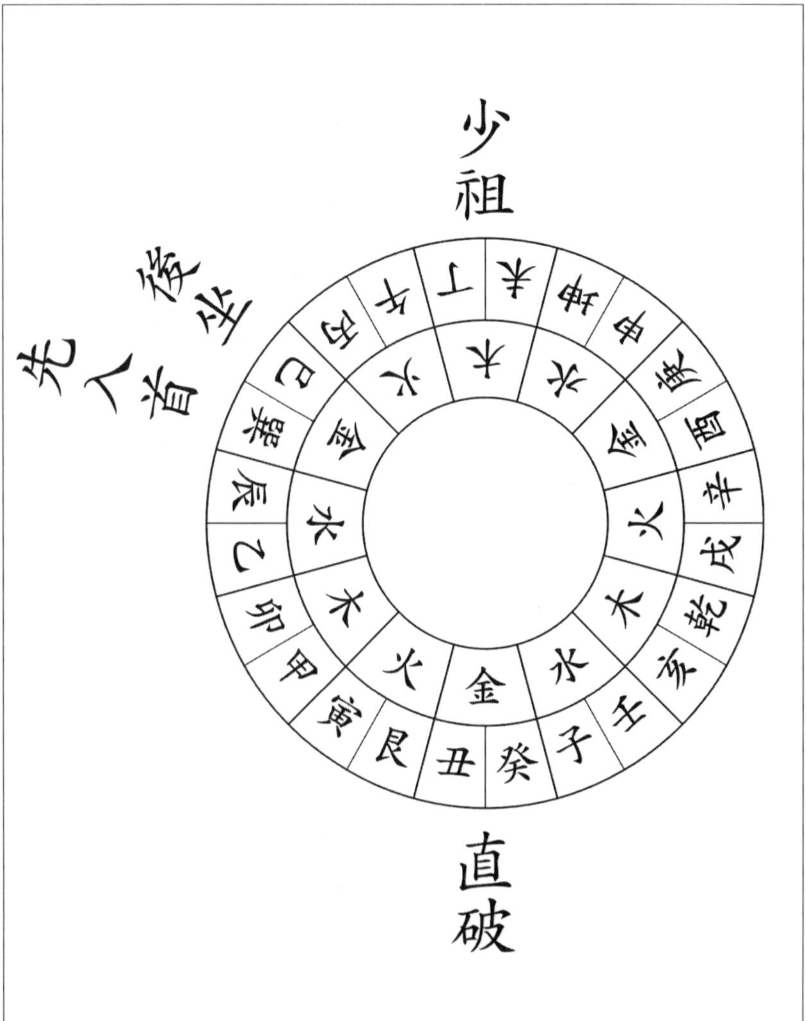

바. 병오(丙午)직소조 - 우선(右旋)

선입수(先入首) - 을(乙)

후좌(後坐) - 진(辰)

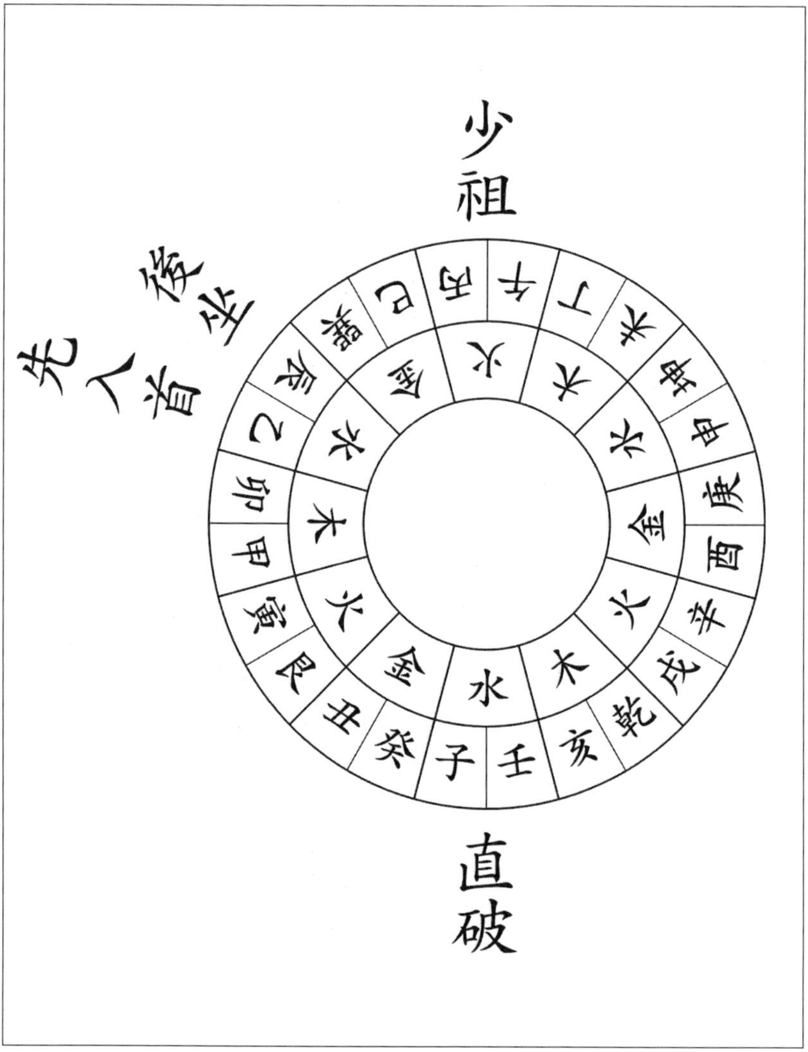

사. 손사(巽巳)직소조 - 우선(右旋)

선입수(先入首) - 갑(甲)

후좌(後坐) - 묘(卯)

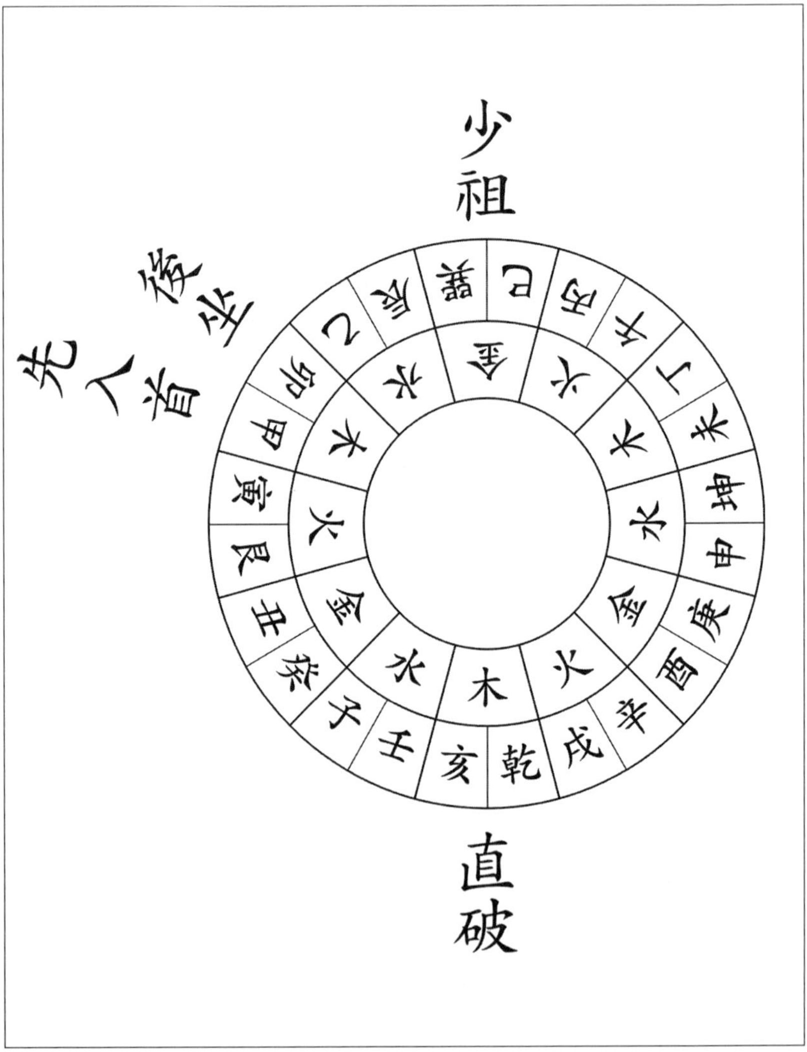

아. 을진(乙辰)직소조 - 우선(右旋)

선입수(先入首) - 간(艮)

후좌(後坐) - 인(寅)

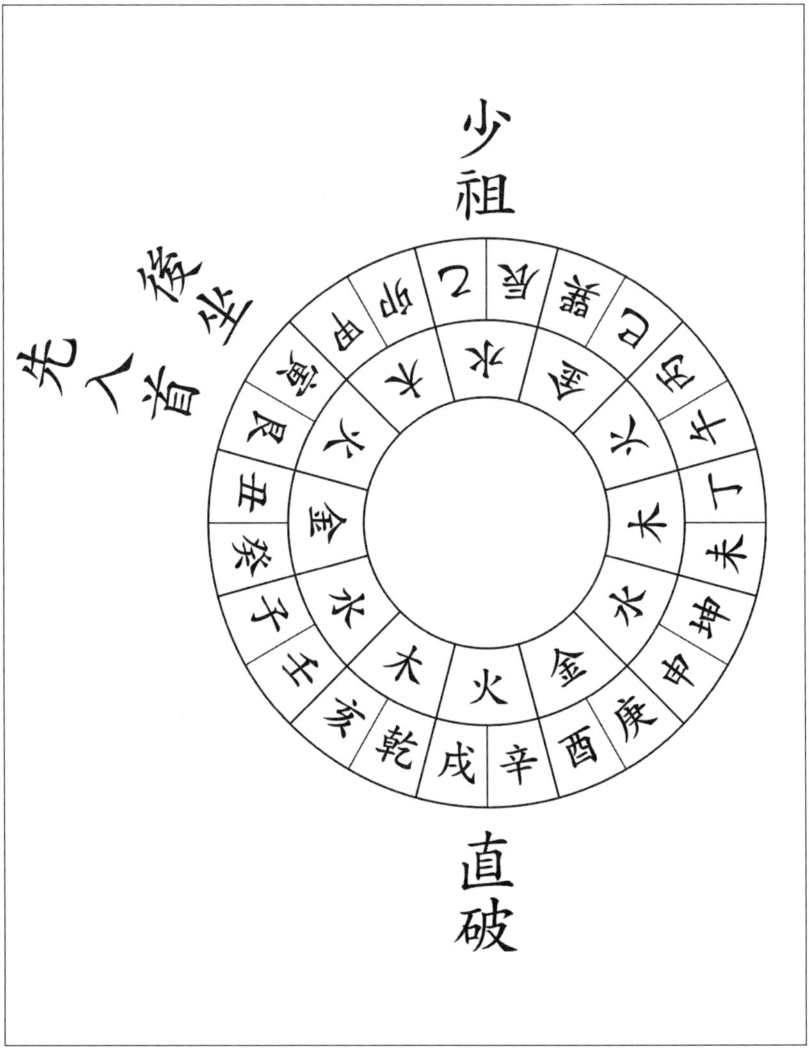

자. 갑묘(甲卯)직소조 - 우선(右旋)

선입수(先入首) - 계(癸)

후좌(後坐) - 축(丑)

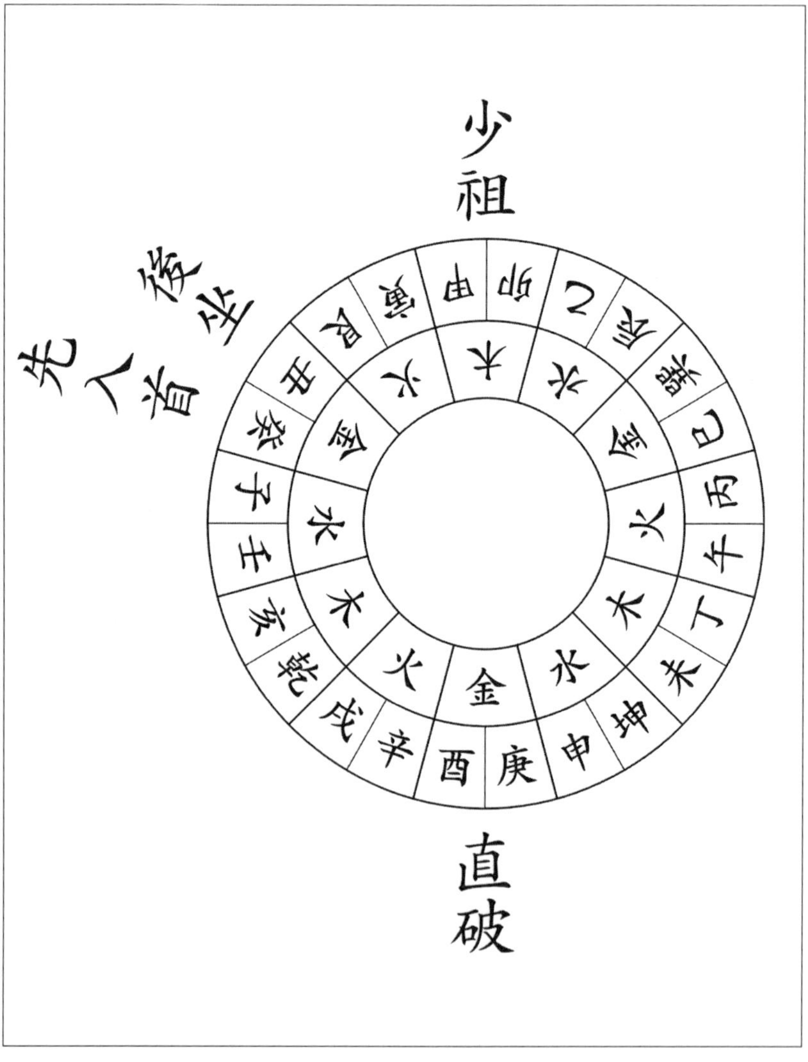

차. 간인(艮寅)직소조 - 우선(右旋)

선입수(先入首) - 임(壬)

후좌(後坐) - 자(子)

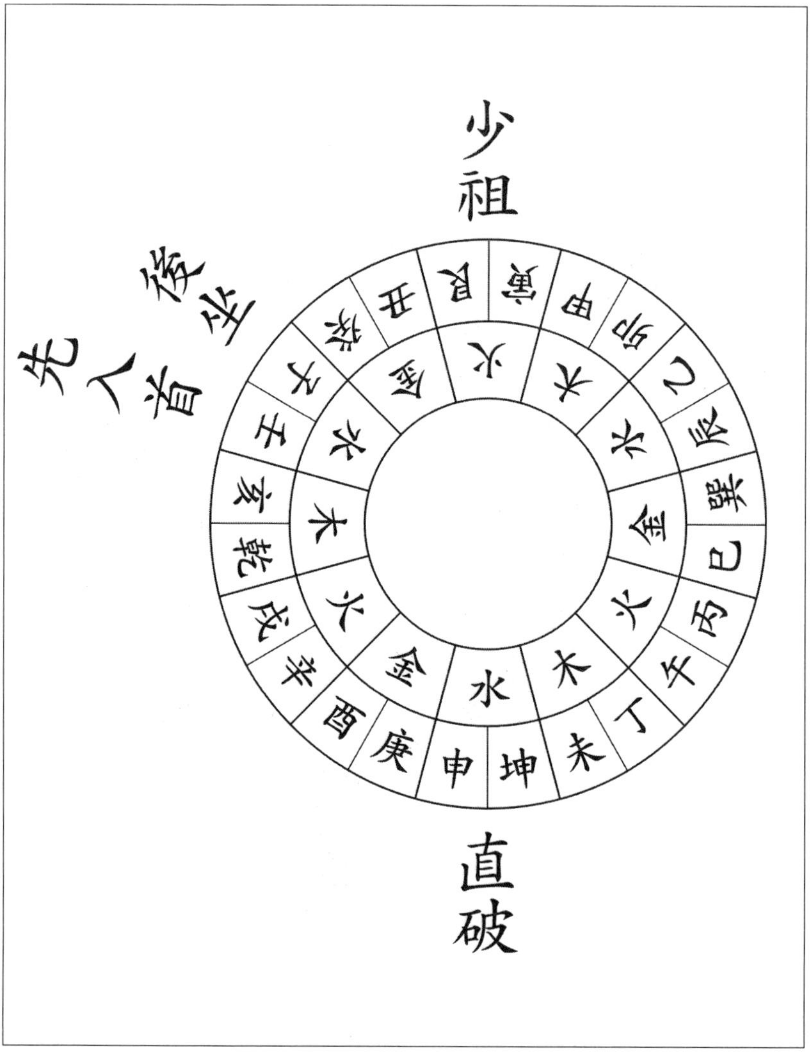

카. 계축(癸丑)직소조 - 우선(右旋)

선입수(先入首) - 건(乾)

후좌(後坐) - 해(亥)

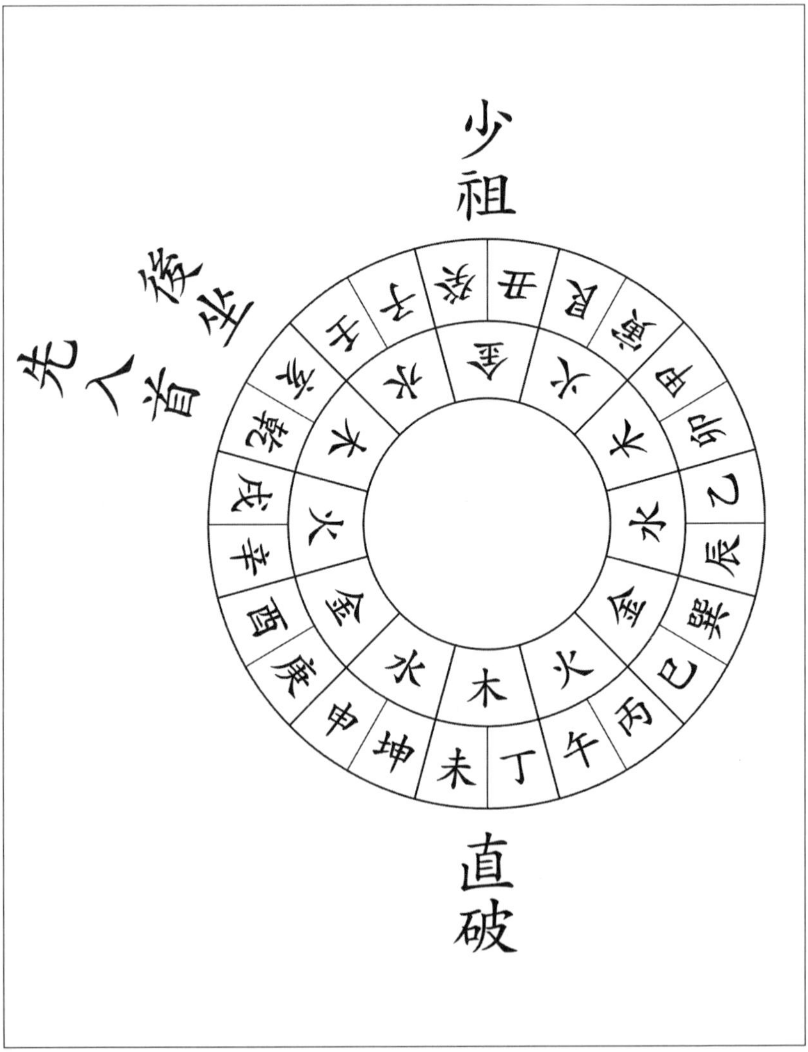

타. 임자(壬子)직소조 - 우선(右旋)

선입수(先入首) - 신(辛)

후좌(後坐) - 술(戌)

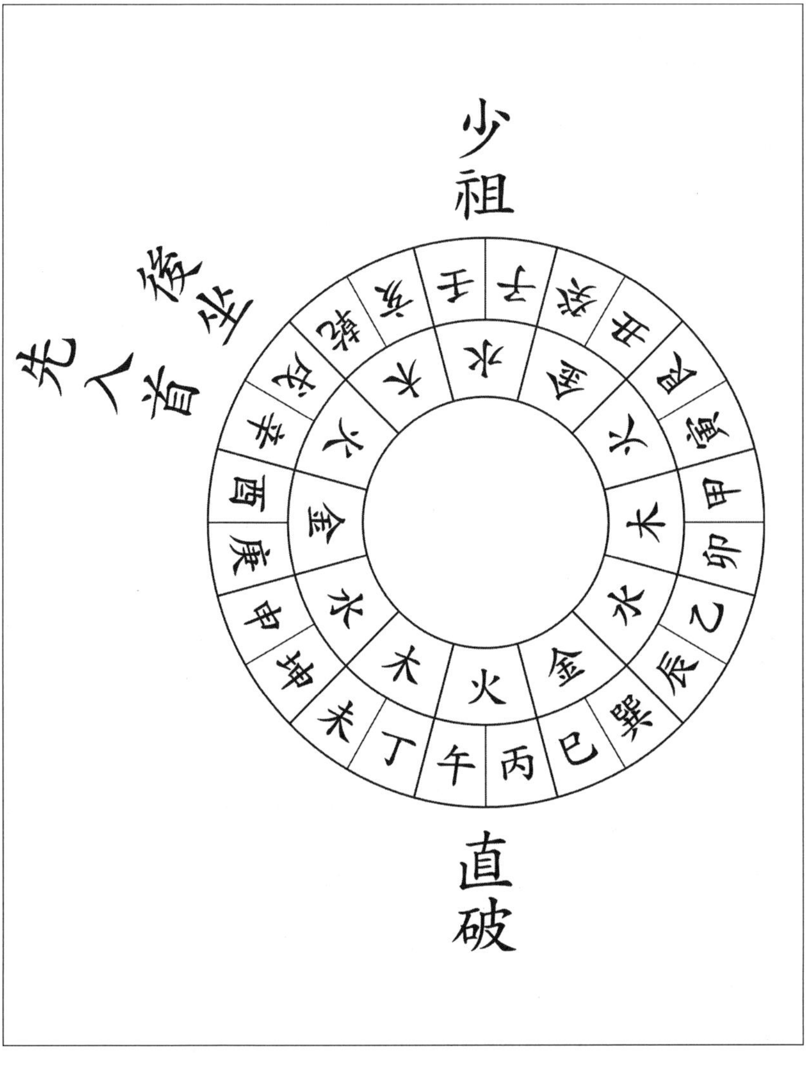

## 4. 횡소조 좌선후좌(橫少祖左旋後坐) 12

가. 곤신(坤申)횡소조 - 좌선(左旋)

선입수(先入首) - 술(戌)

후좌(後坐) - 신(辛)

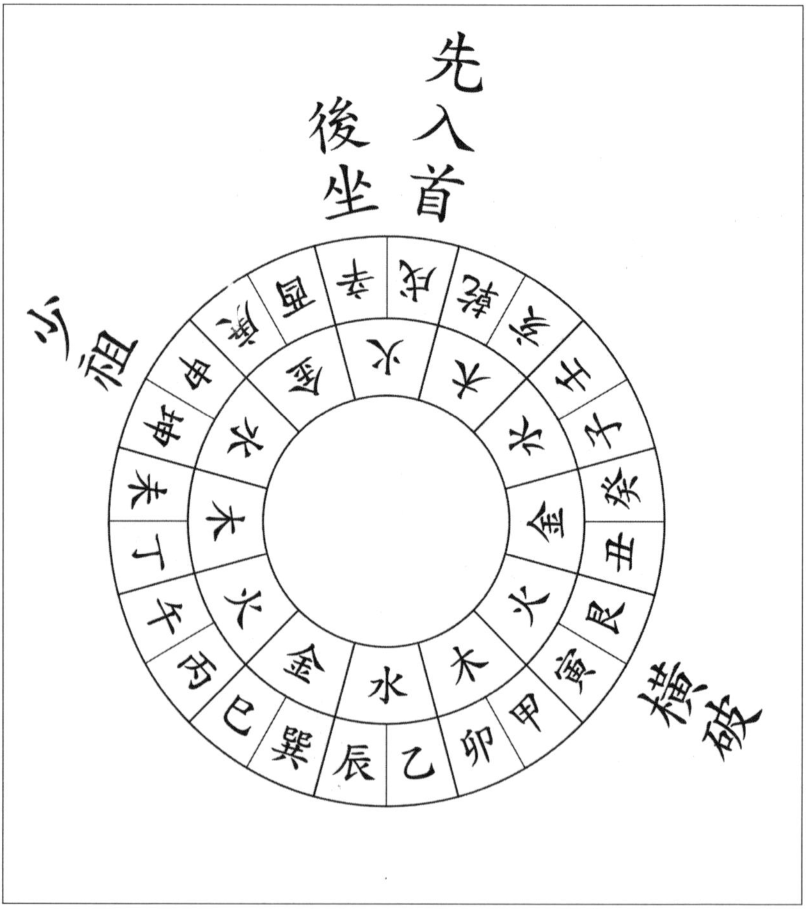

나. 정미(丁未)횡소조 - 좌선(左旋)

선입수(先入首) - 유(酉)

후좌(後坐) - 경(庚)

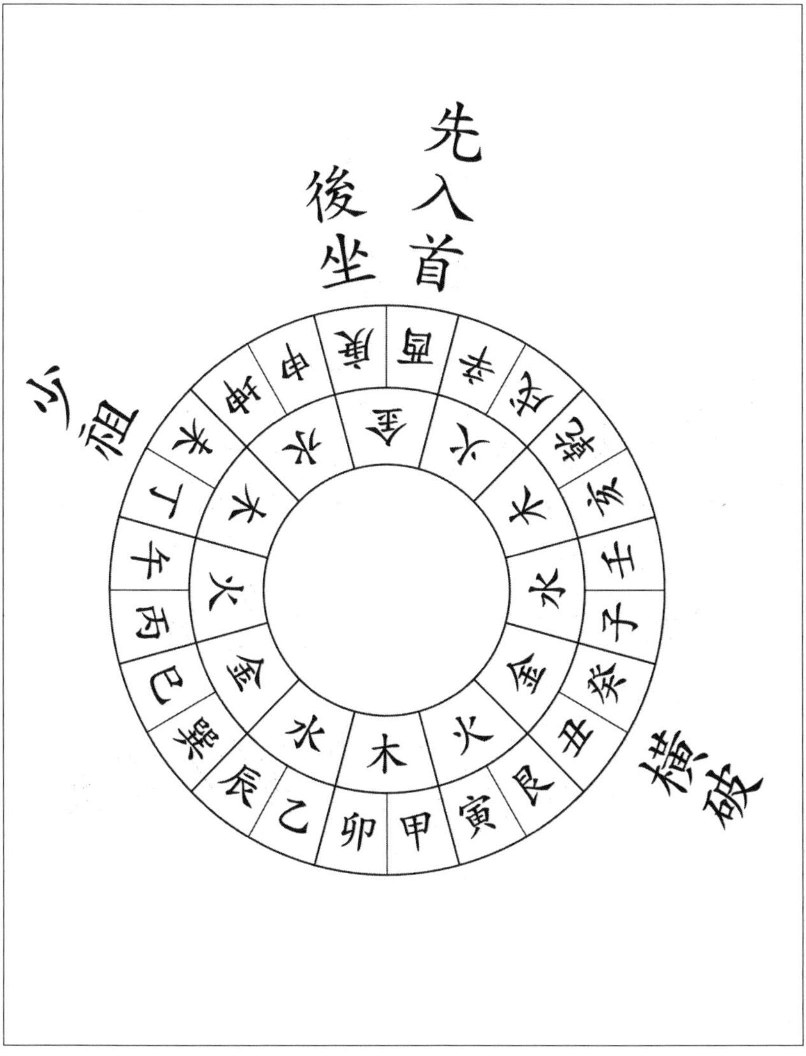

다. 병오(丙午)횡소조 - 좌선(左旋)

선입수(先入首) - 신(申)

후좌(後坐) - 곤(坤)

라. 손사(巽巳)횡소조 - 좌선(左旋)

선입수(先入首) - 미(未)

후좌(後坐) - 정(丁)

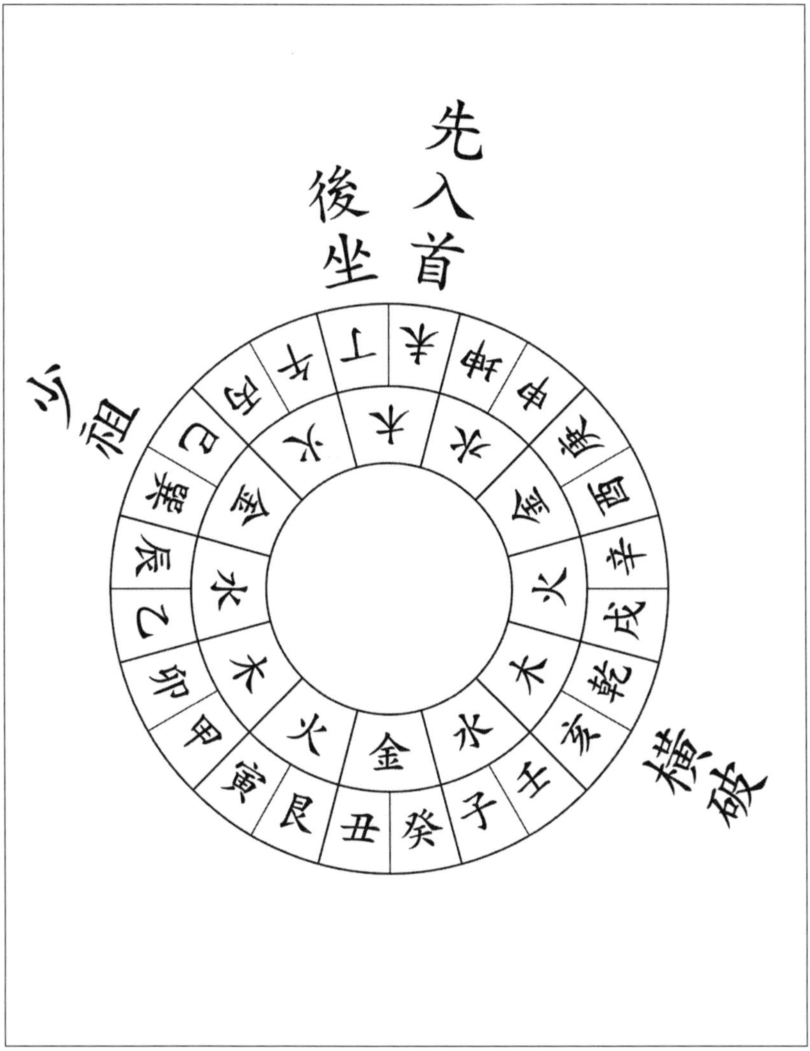

마. 을진(乙辰)횡소조 - 좌선(左旋)

선입수(先入首) - 오(午)

후좌(後坐) - 병(丙)

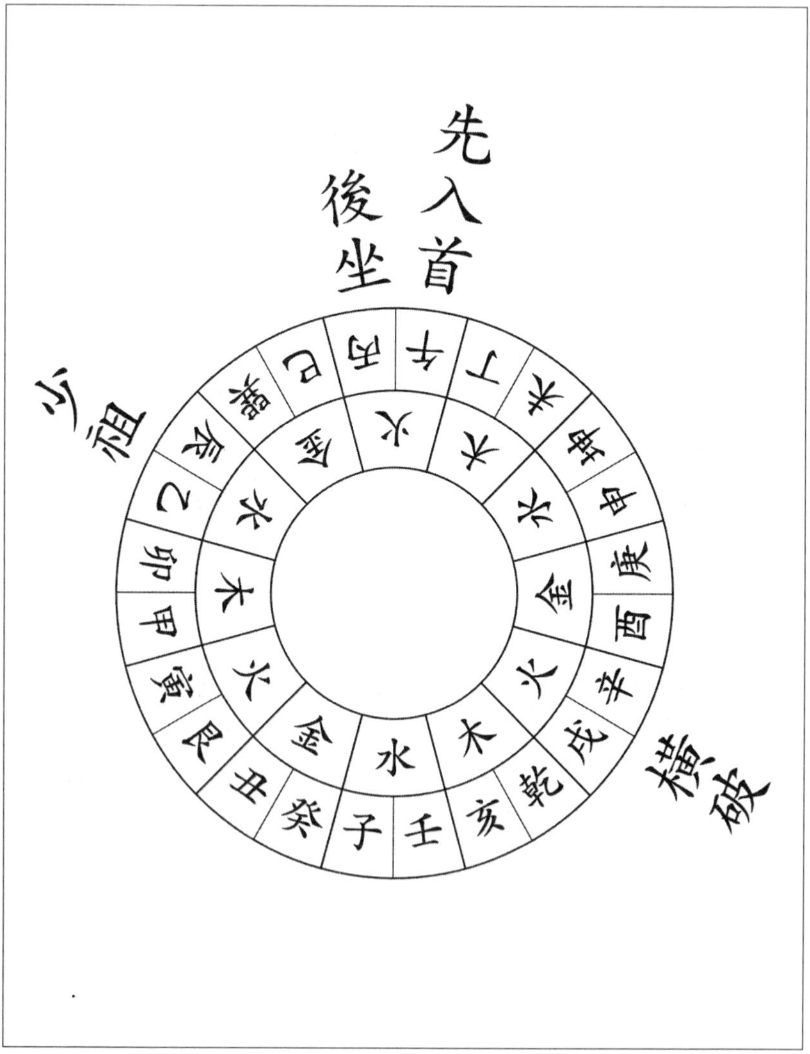

바. 갑묘(甲卯)횡소조 - 좌선(左旋)

선입수(先入首) - 사(巳)

후좌(後坐) - 손(巽)

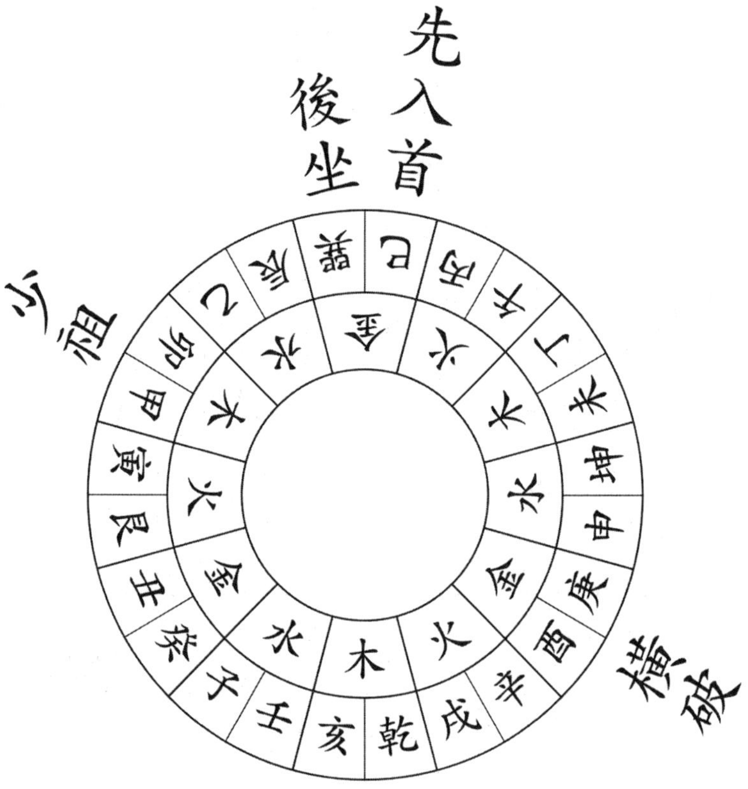

사. 간인(艮寅)횡소조 - 좌선(左旋)

선입수(先入首) - 진(辰)

후좌(後坐) - 을(乙)

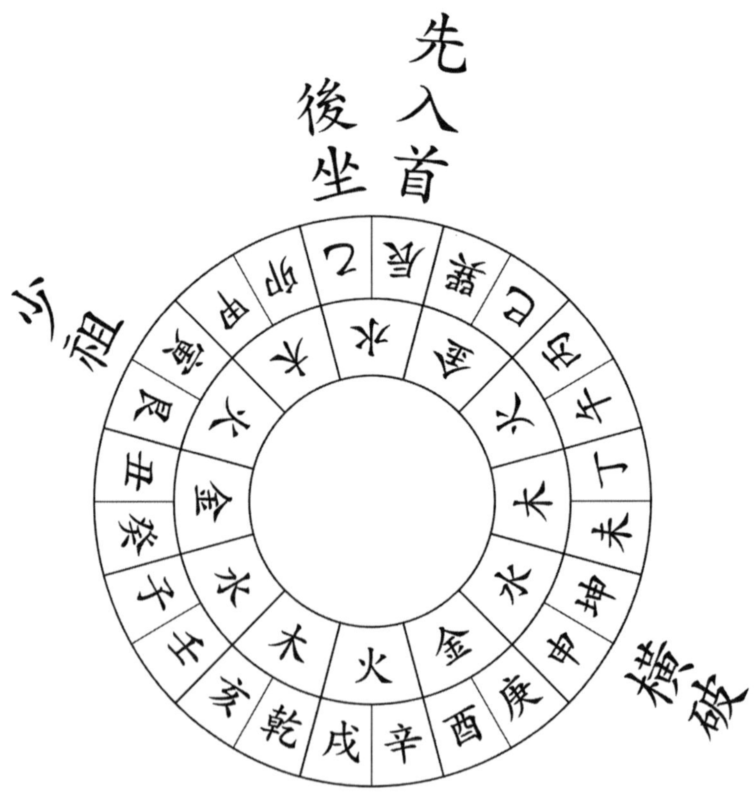

아. 계축(癸丑)횡소조 - 좌선(左旋)

선입수(先入首) - 묘(卯)

후좌(後坐) - 갑(甲)

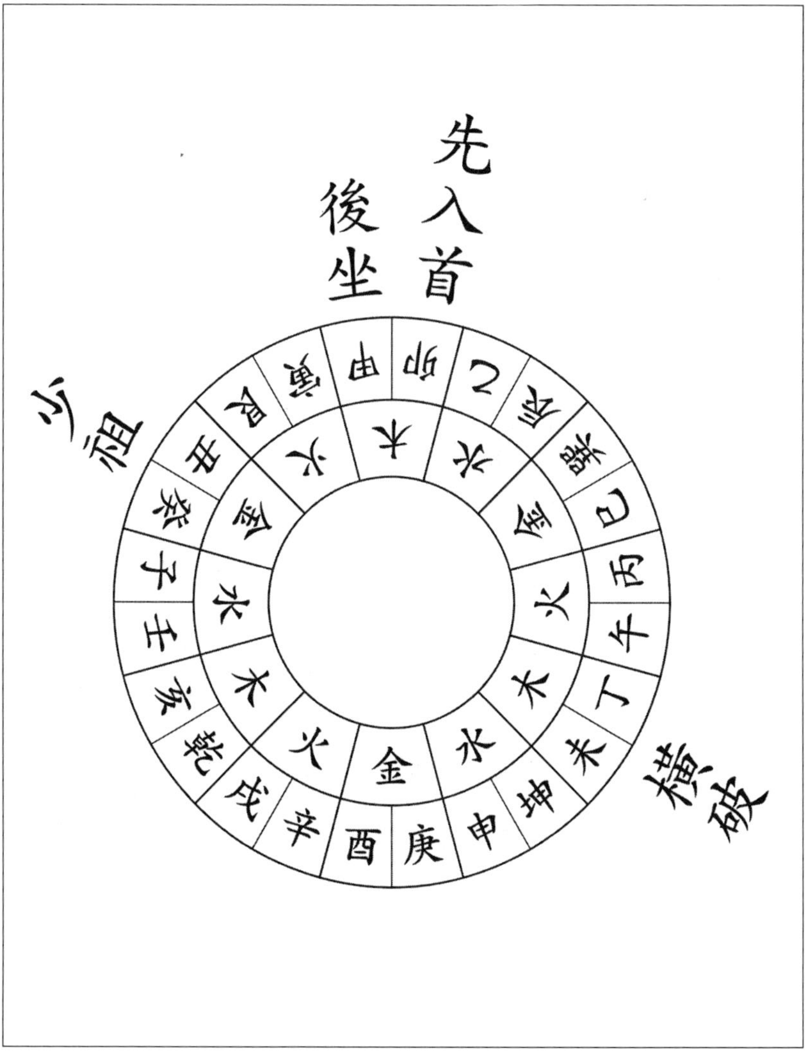

자. 임자(壬子)횡소조 - 좌선(左旋)

선입수(先入首) - 인(寅)

후좌(後坐) - 간(艮)

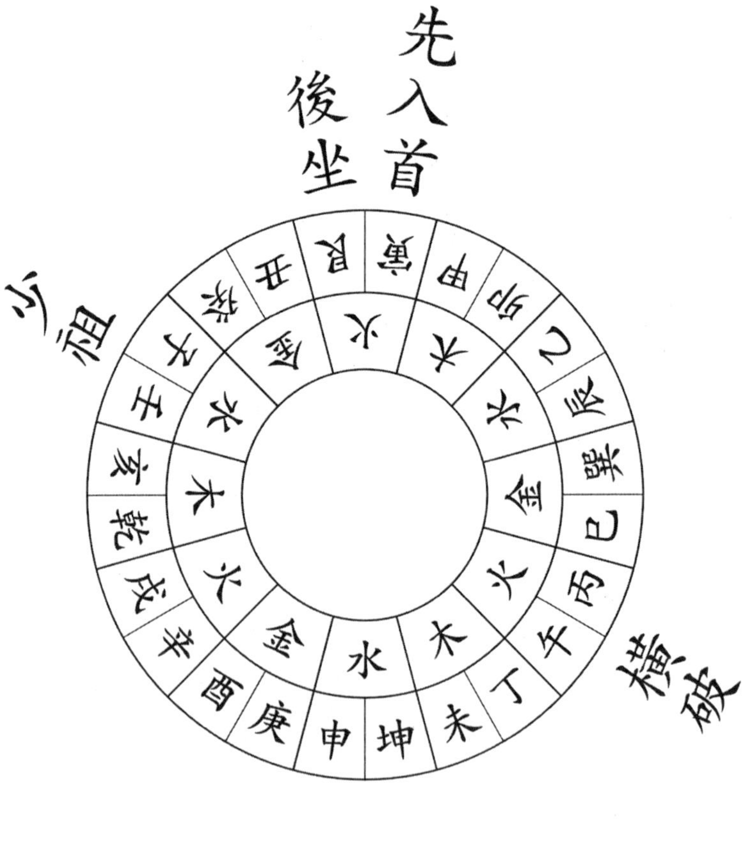

차. 건해(乾亥)횡소조 - 좌선(左旋)

선입수(先入首) - 축(丑)

후좌(後坐) - 계(癸)

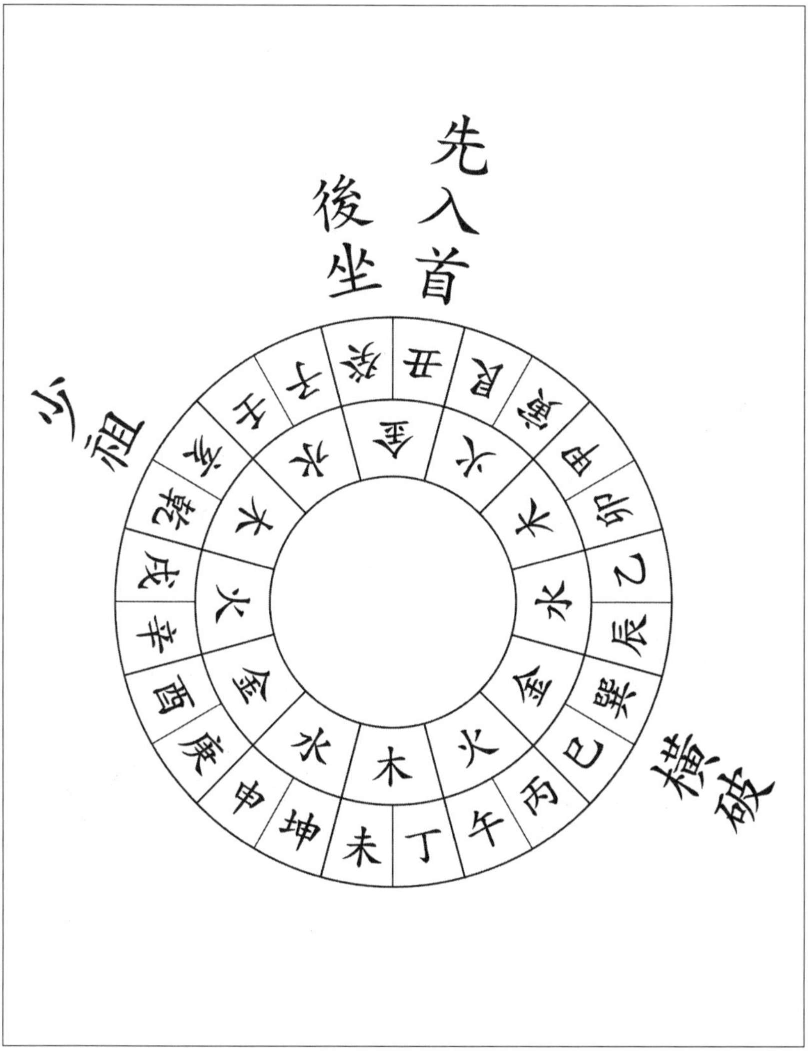

카. 신술(辛戌)횡소조 - 좌선(左旋)

선입수(先入首) - 자(子)

후좌(後坐) - 임(壬)

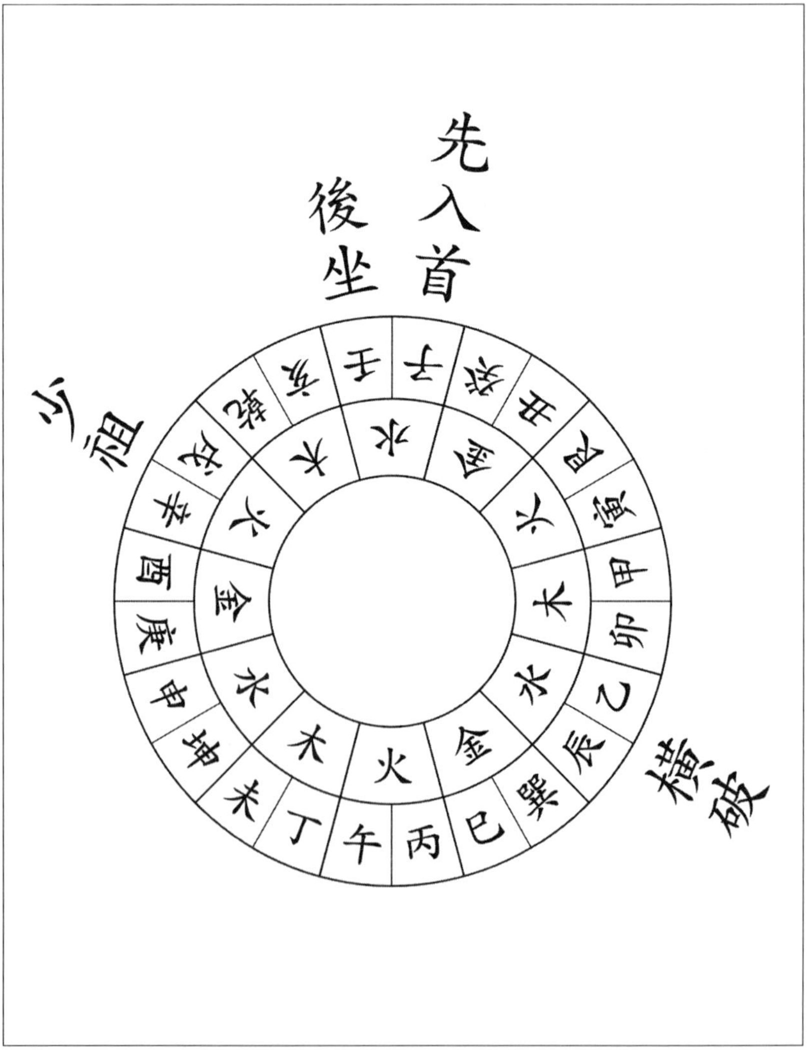

타. 경유(庚酉)횡소조 - 좌선(左旋)

선입수(先入首) - 해(亥)

후좌(後坐) - 건(乾)

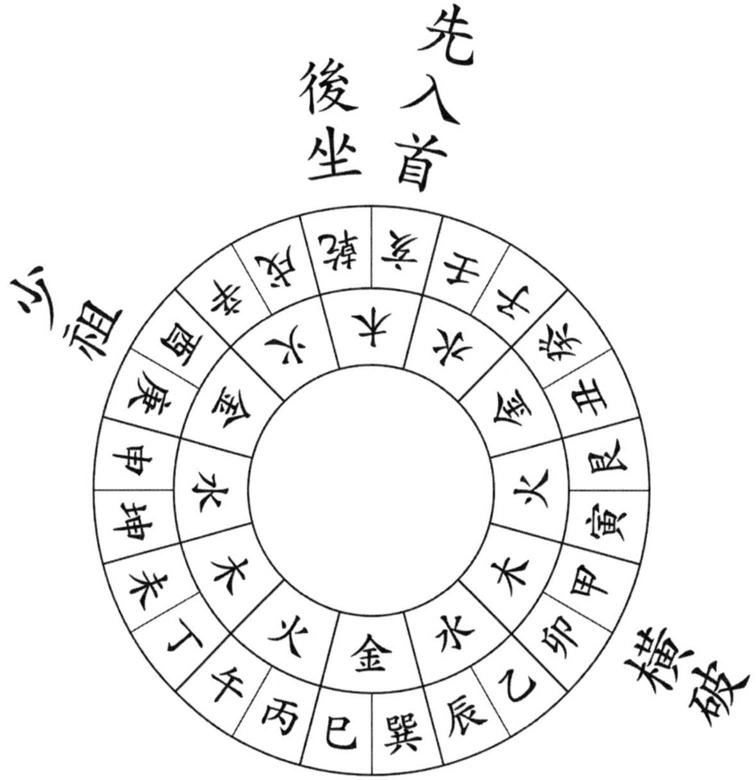

## 5. 횡소조 우선후좌(橫少祖右旋後坐) 12

가. 을진(乙辰)횡소조 - 우선(右旋)

선입수(先入首) - 간(艮)

후좌(後坐) - 인(寅)

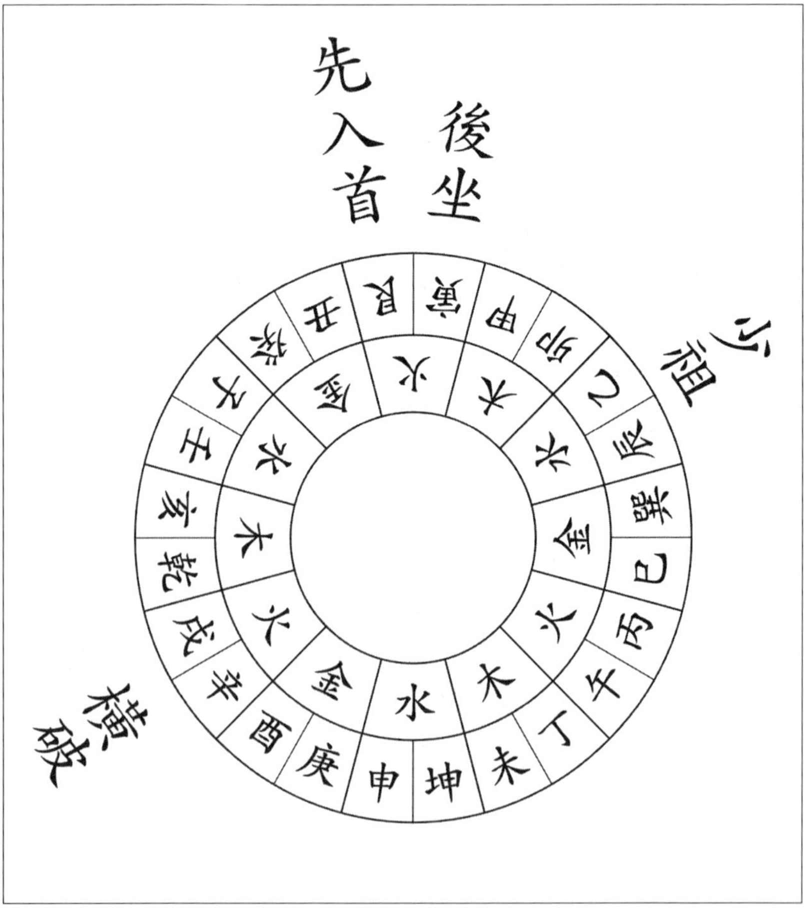

나. 손사(巽巳)횡소조 - 우선(右旋)

선입수(先入首) - 갑(甲)

후좌(後坐) - 묘(卯)

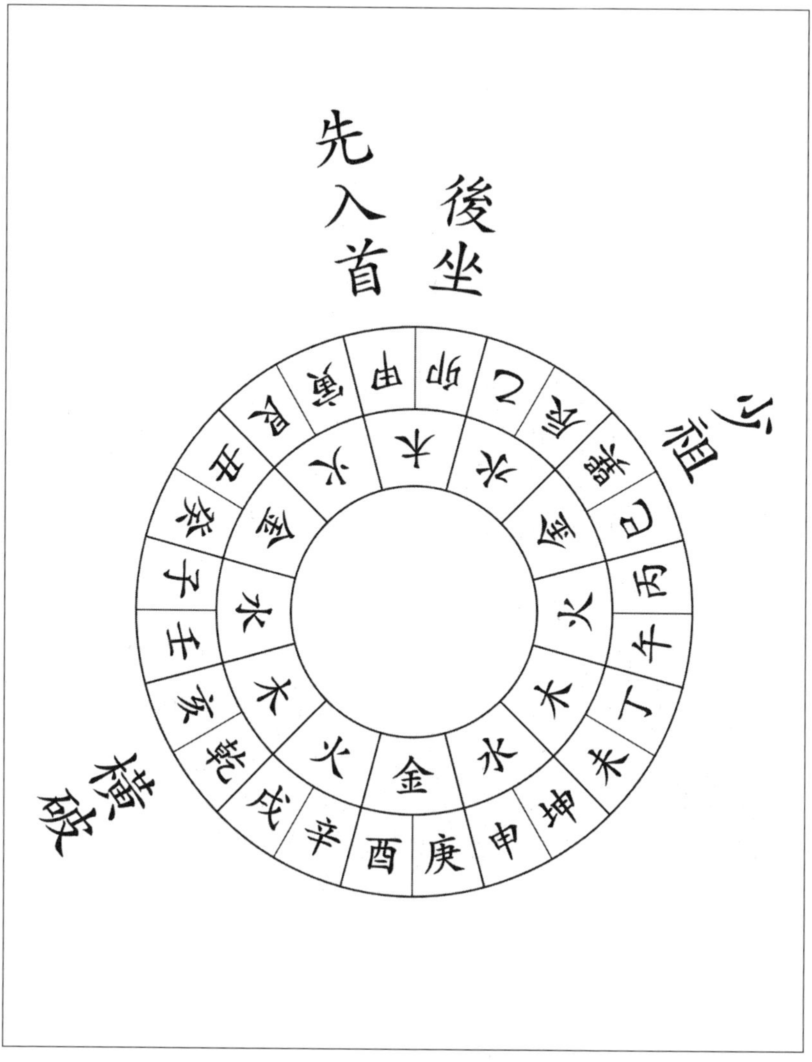

다. 병오(丙午)횡소조 - 우선(右旋)

선입수(先入首) - 을(乙)

후좌(後坐) - 진(辰)

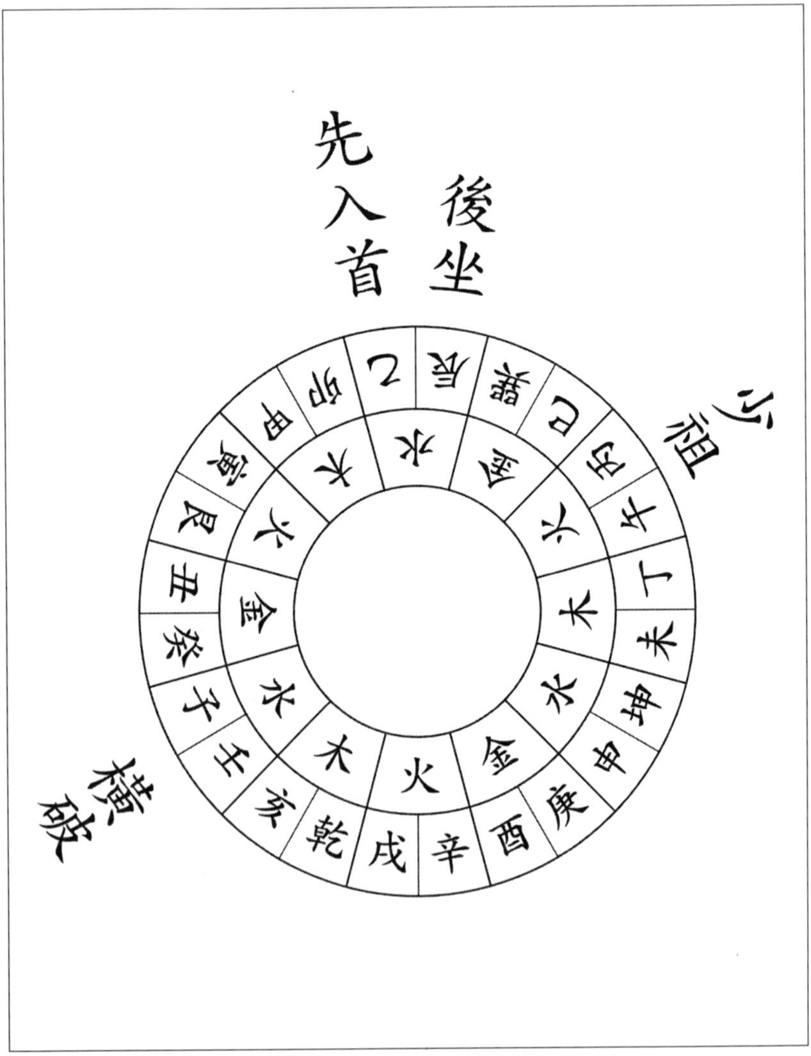

라. 정미(丁未)횡소조 - 우선(右旋)

선입수(先入首) - 손(巽)

후좌(後坐) - 사(巳)

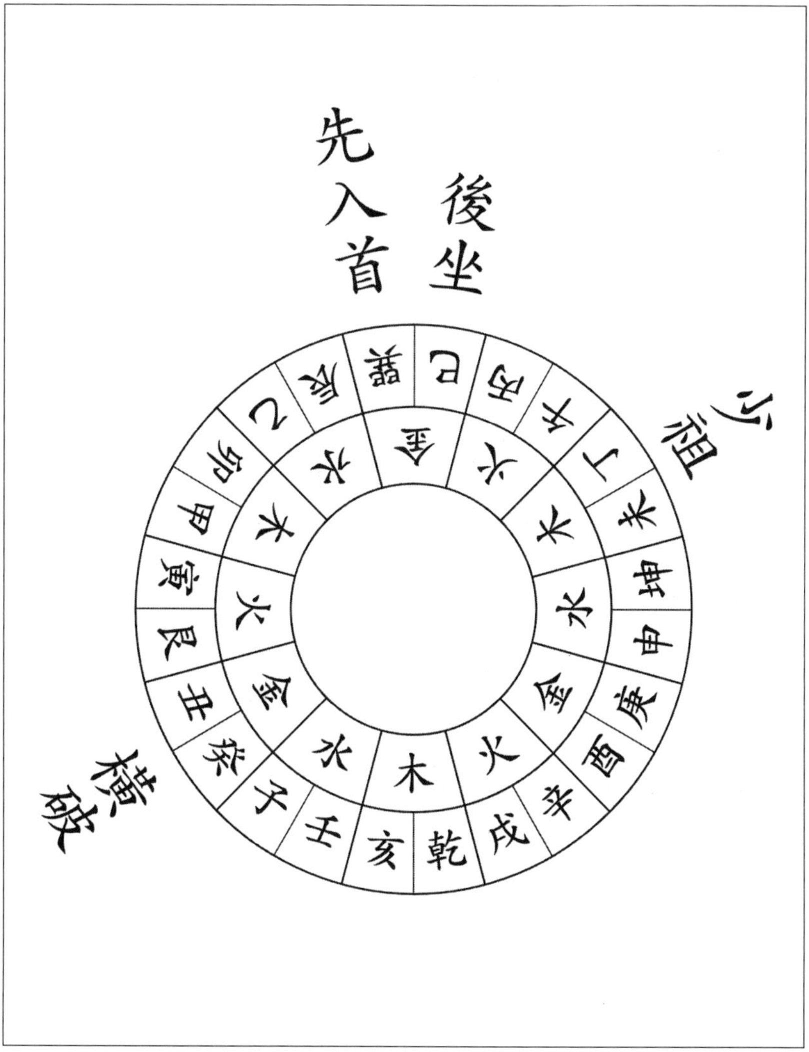

마. 곤신(坤申)횡소조 - 우선(右旋)

선입수(先入首) - 병(丙)

후좌(後坐) - 오(午)

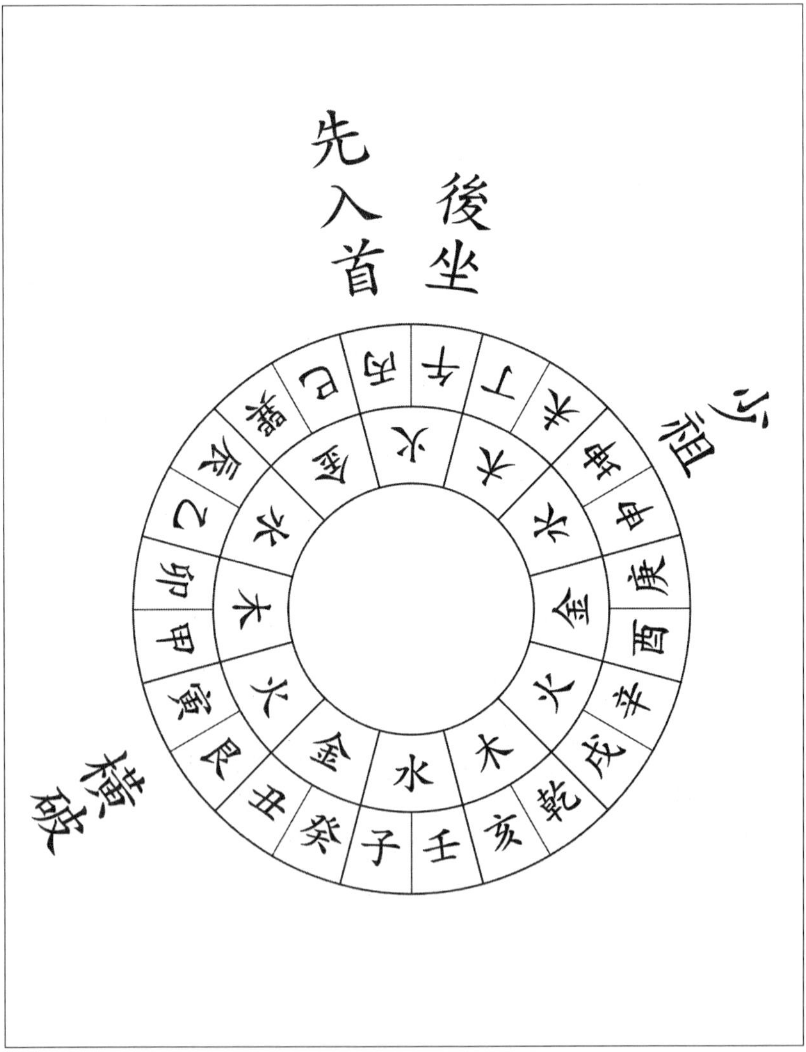

바. 경유(庚酉)횡소조 - 우선(右旋)

선입수(先入首) - 정(丁)

후좌(後坐) - 미(未)

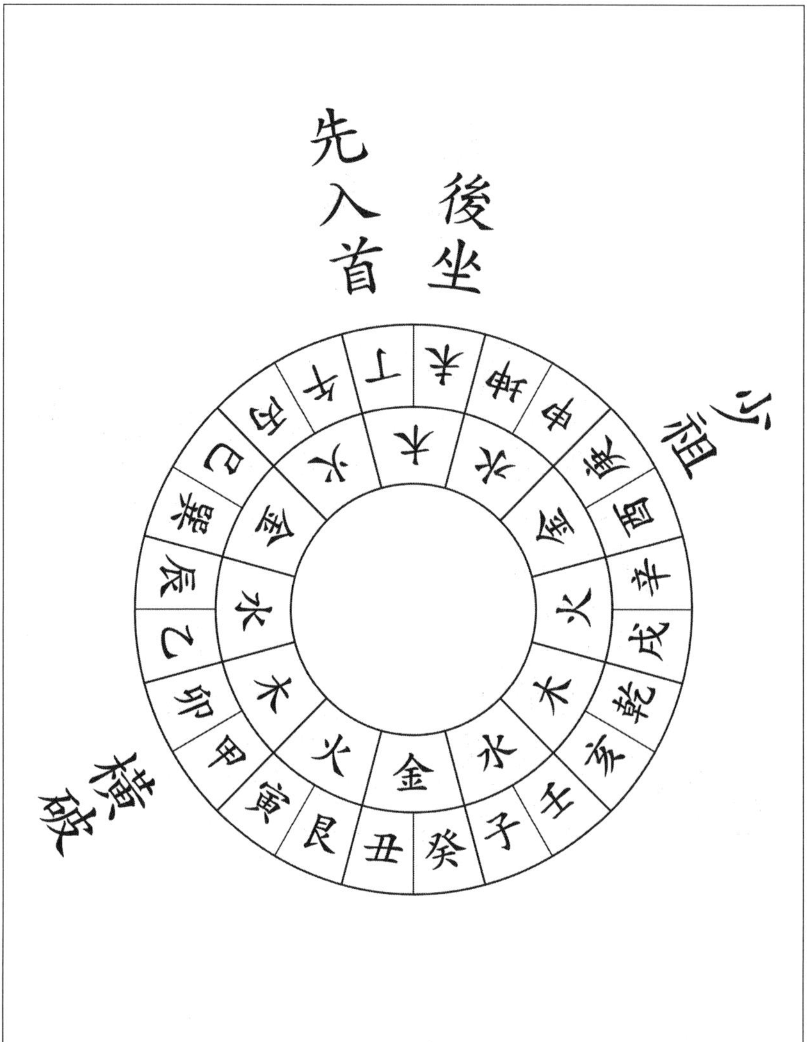

사. 신술(辛戌)횡소조 - 우선(右旋)

선입수(先入首) - 곤(坤)

후좌(後坐) - 신(申)

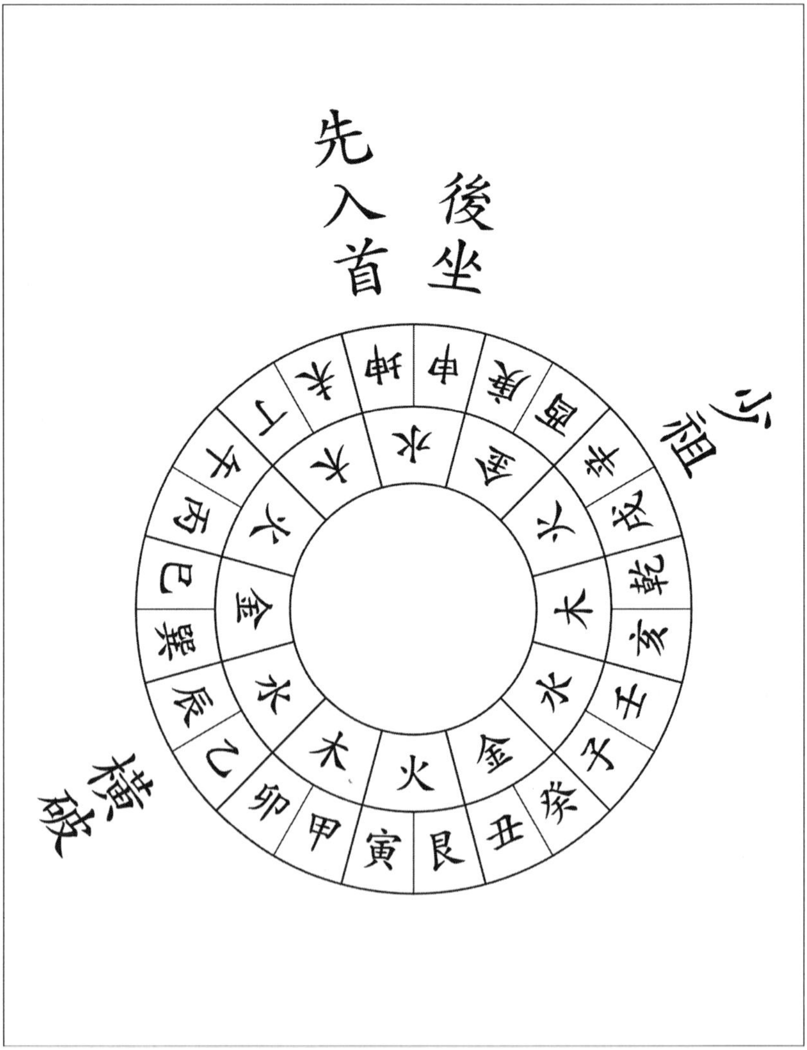

아. 건해(乾亥)횡소조 - 우선(右旋)

선입수(先入首) - 경(庚)

후좌(後坐) - 유(酉)

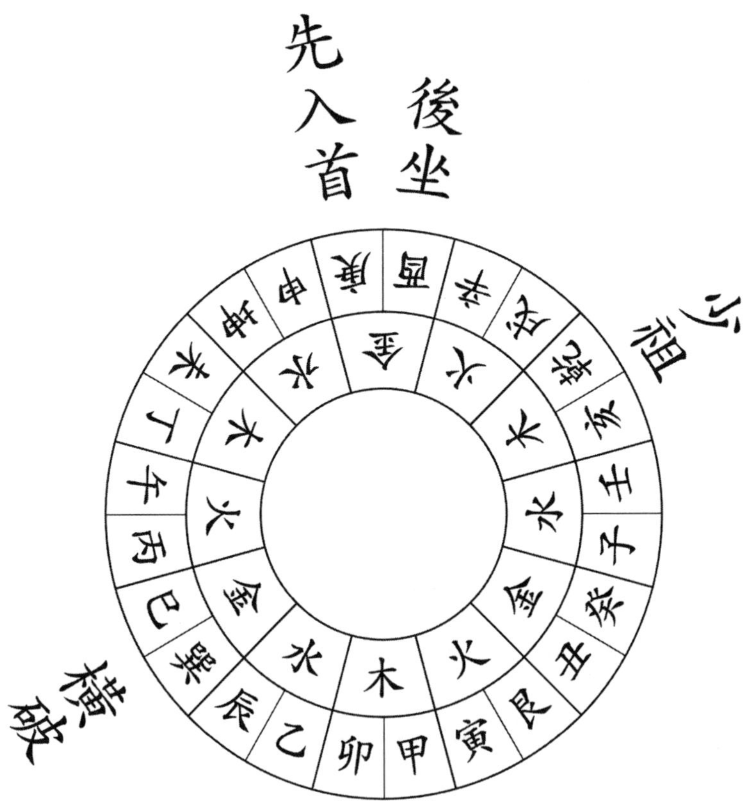

자. 임자(壬子)횡소조 - 우선(右旋)

선입수(先入首) - 신(辛)

후좌(後坐) - 술(戌)

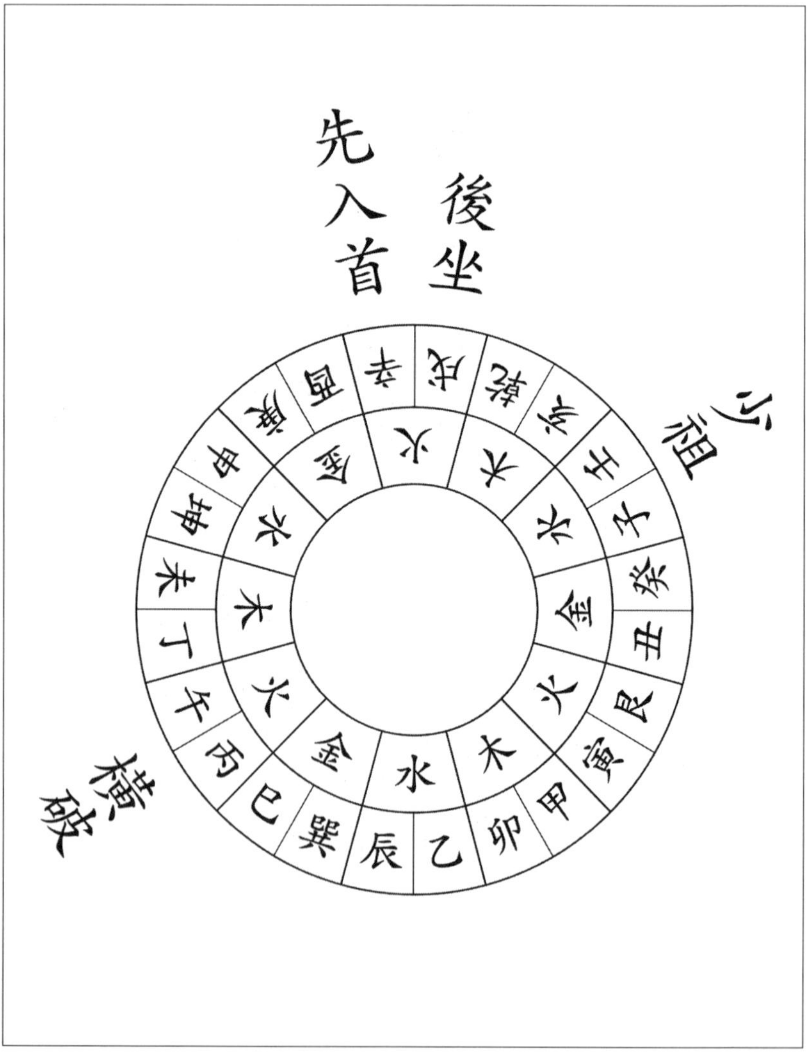

차. 계축(癸丑)횡소조 - 우선(右旋)

선입수(先入首) - 건(乾)

후좌(後坐) - 해(亥)

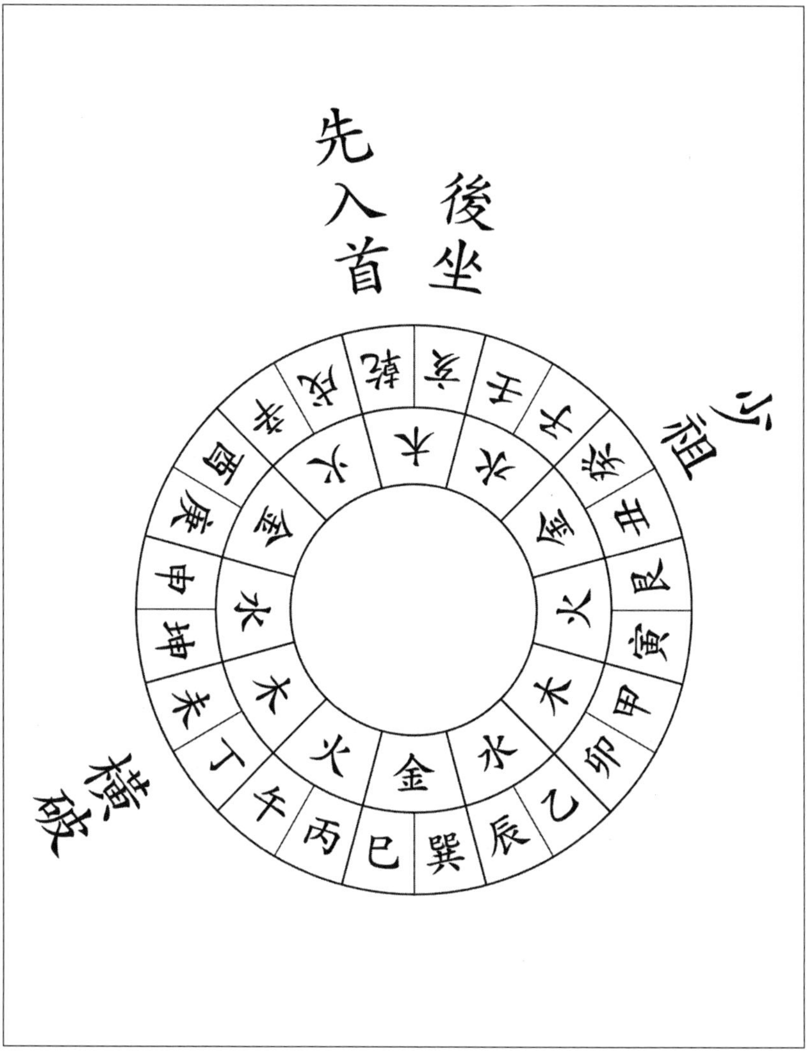

카. 간인(艮寅)횡소조 - 우선(右旋)

선입수(先入首) - 임(壬)

후좌(後坐) - 자(子)

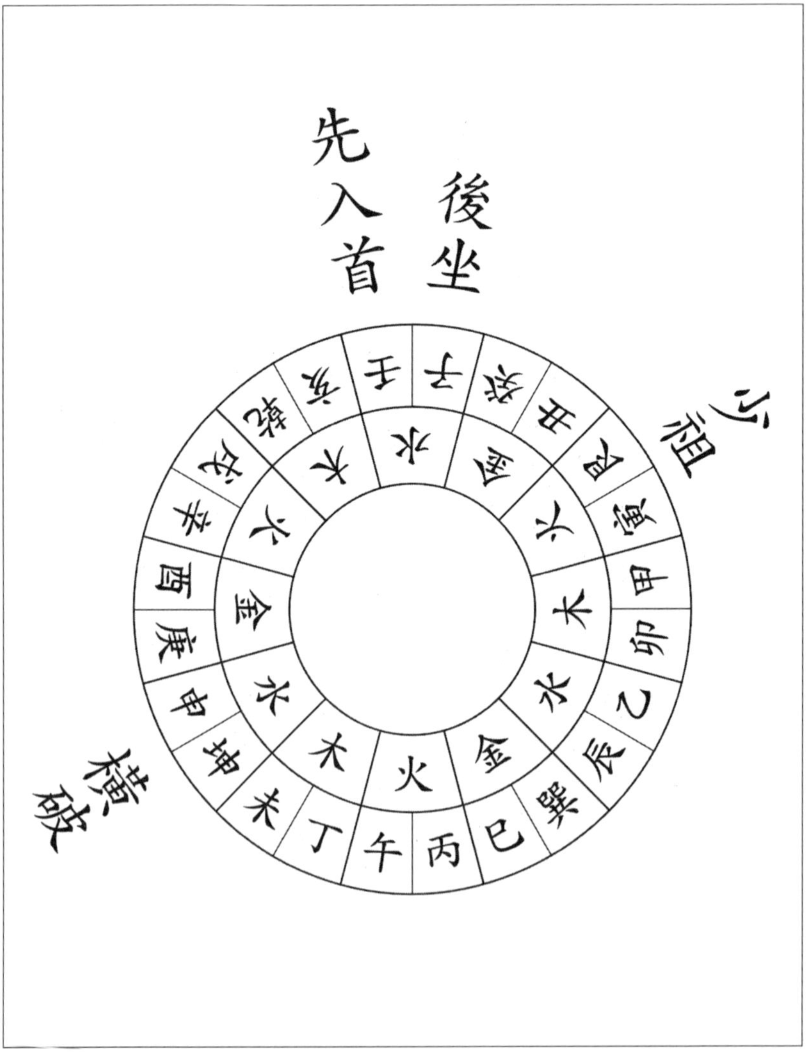

타. 갑묘(甲卯)횡소조 - 우선(右旋)

선입수(先入首) - 계(癸)

후좌(後坐) - 축(丑)

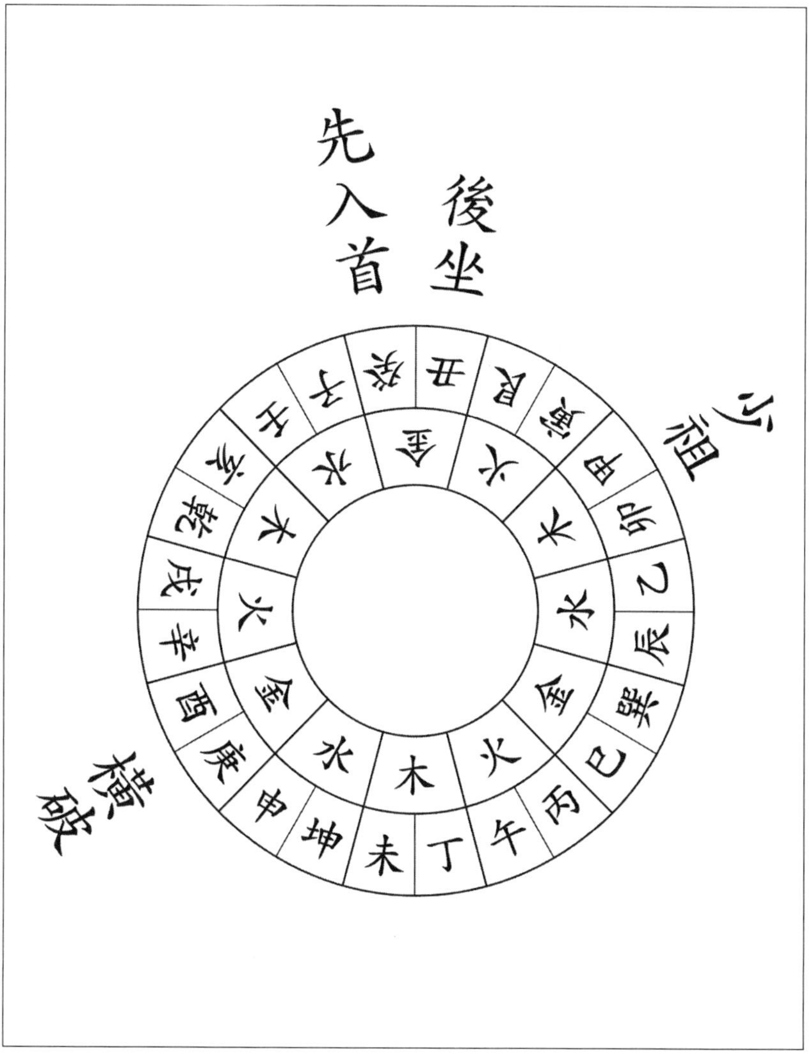

산 보는 법 혈 찾는 법

# 제 七 장
# 건물배치방법

# 1. 건물(建物)

단독주택, 아파트, 상가, 은행, 학교, 관공서, 병원, 호텔, 빌딩, 교회, 사찰 등 그 외 각종 건물 배치에 반드시 유념(留念)할 것은 직(直)으로 난 파(破)는 횡좌(橫坐)에 건물을 세우고, 횡(橫)으로 난 파(破)는 직좌(直坐)에 건물을 세우면 자연순리(自然順理)에 따라 뒤로는 산이 둘러주고(山環) 앞으로는 물이 돌아서(水廻) 합법(合法)한 터(址)에 건물이 세워진다.

좌(坐)는 건물(建物)자리요, 득(得)은 대문(大門)의 위치(位置), 파(破)는 수구(水口)이니 하수구를 가리킨다.

소조(少祖)를 기준으로 하여 좌선건물(左旋建物)에 우선수(右旋水), 우선건물(右旋建物)에 좌선수(左旋水)가 올바른 배합건물(配合建物)이다.

p28. **대지조견표 참조**

## 2. 직소조좌선건물(直少祖左旋建物) 12

가. 갑묘(甲卯)건물

건해(乾亥)대문

정미(丁未)수구

나. 갑인(艮寅)건물
신술(辛戌)대문
병오(丙午)수구

다. 계축(癸丑) 건물
경유(庚酉) 대문
손사(巽巳) 수구

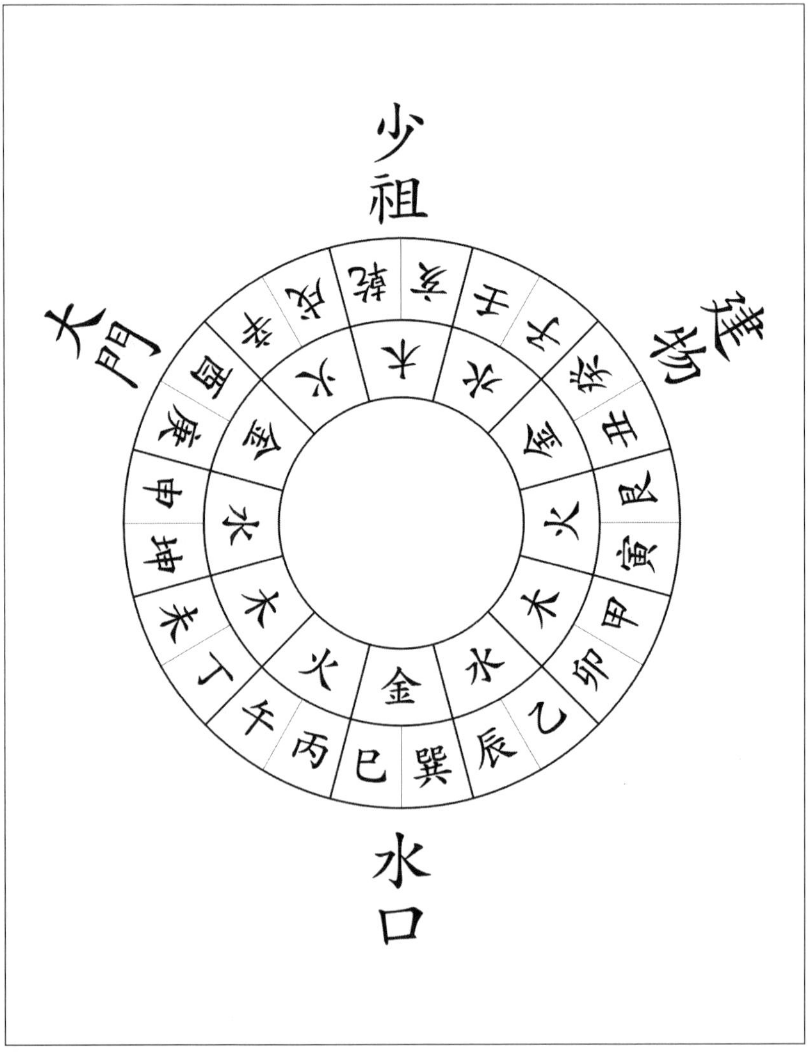

라. 임자(壬子)건물
곤신(坤申)대문
을진(乙辰)수구

마. 건해(乾亥)건물
정미(丁未)대문
갑묘(甲卯)수구

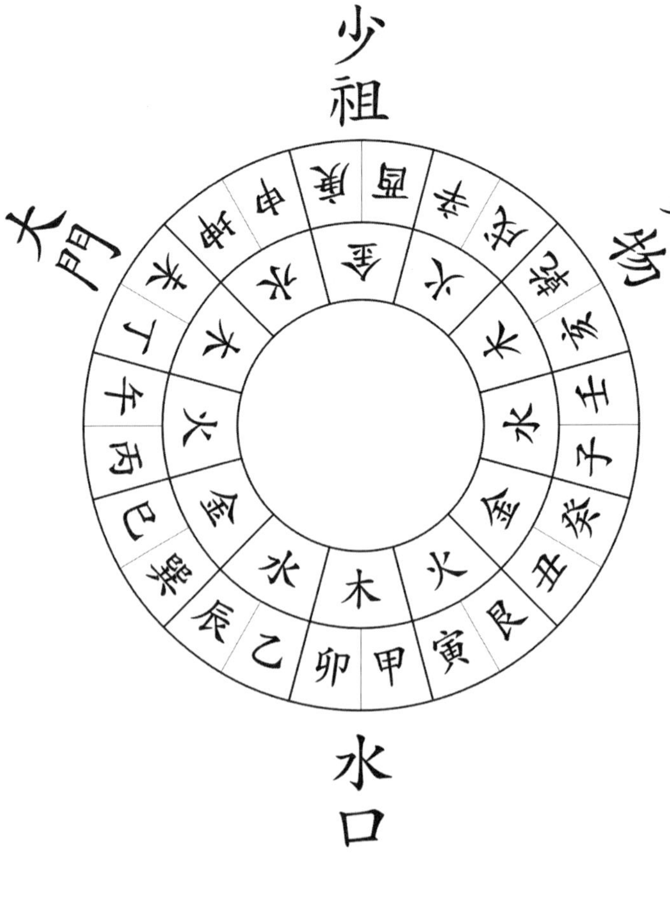

바. 신술(辛戌)건물

병오(丙午)대문

간인(艮寅)수구

사. 경유(庚酉)건물

손사(巽巳)대문

계축(癸丑)수구

아. 곤신(坤申) 건물
을진(乙辰) 대문
임자(壬子) 수구

자. 정미(丁未)건물

갑묘(甲卯)대문

건해(乾亥)수구

차. 병오(丙午)건물

간인(艮寅)대문

신술(辛戌)수구

카. 손사(巽巳)건물

계축(癸丑)대문

경유(庚酉)수구

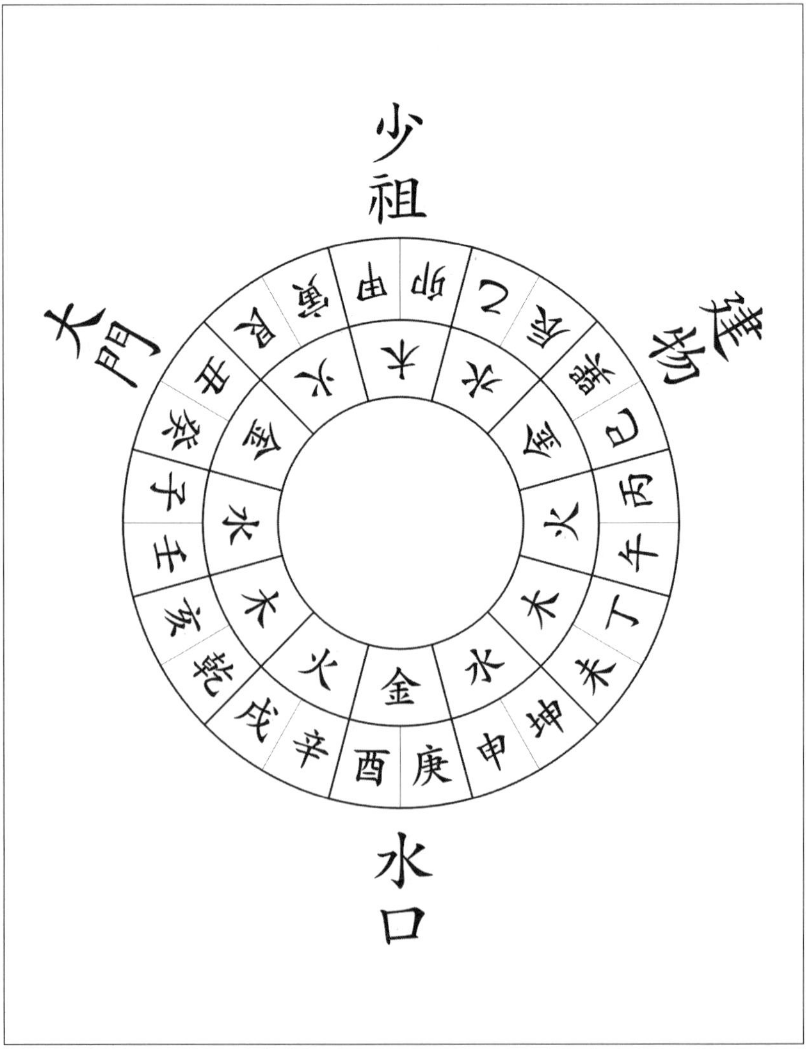

타. 을진(乙辰)건물

임자(壬子)대문

곤신(坤申)수구

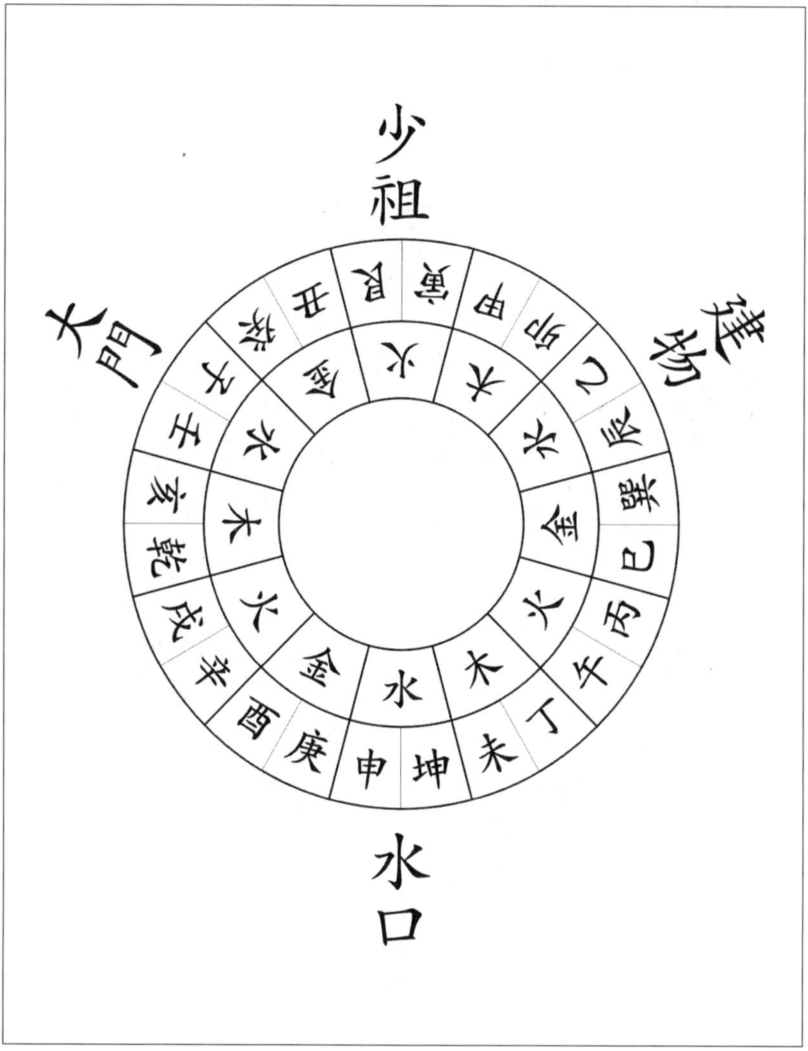

## 3. 직소조우선건물(直少祖右旋建物) 12

가. 곤신(坤申)건물

임자(壬子)대문

을진(乙辰)수구

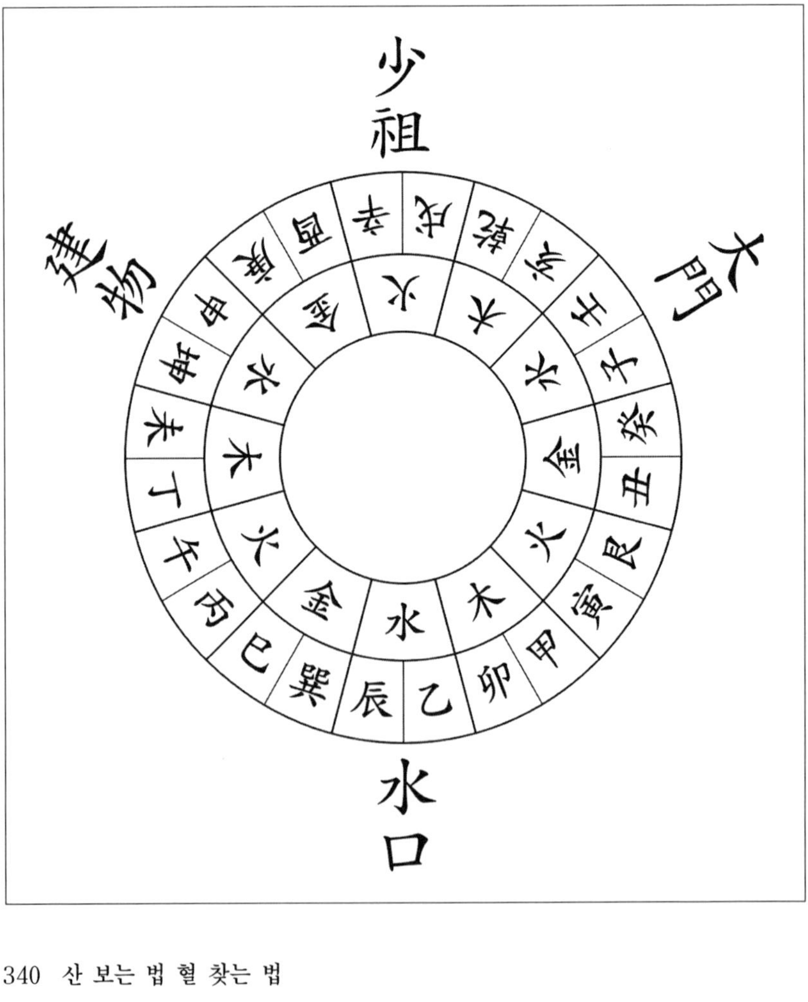

나. 정미(丁未)건물

건해(乾亥)대문

갑묘(甲卯)수구

다. 병오(丙午)건물

신술(辛戌)대문

간인(艮寅)수구

라. 손사(巽巳)건물

경유(庚酉)대문

계축(癸丑)수구

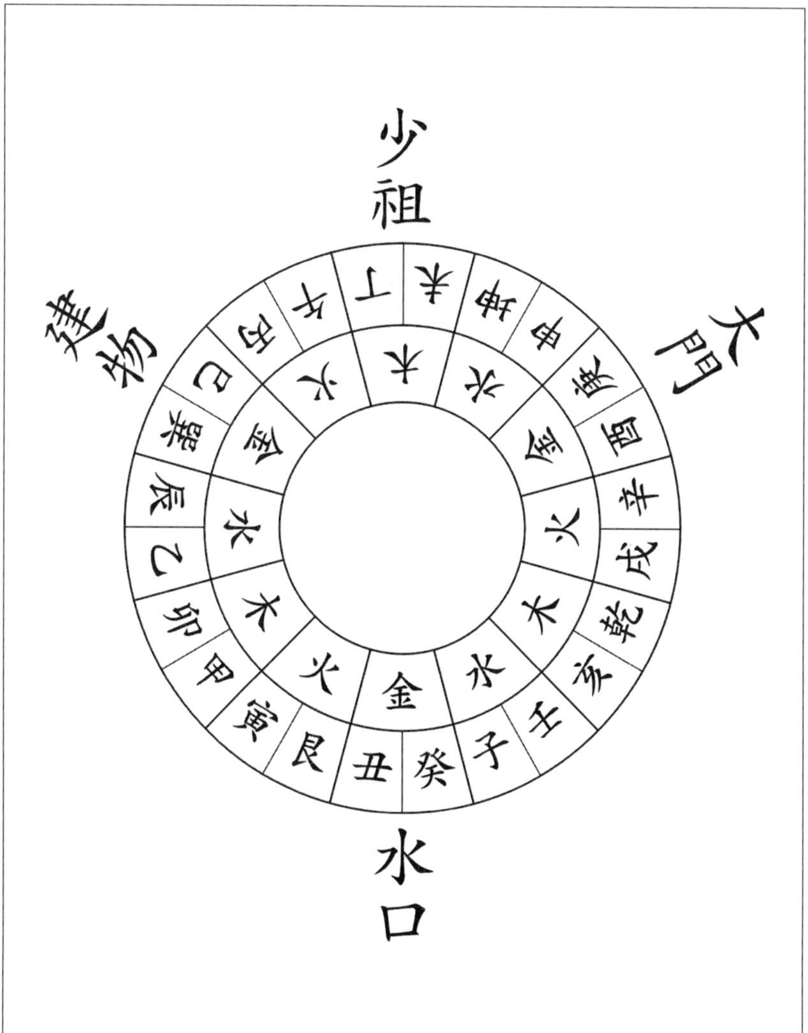

마. 을진(乙辰)건물

곤신(坤申)대문

임자(壬子)수구

바. 갑묘(甲卯)건물
정미(丁未)대문
건해(乾亥)수구

사. 간인(艮寅)건물
병오(丙午)대문
신술(辛戌)수구

아. 계축(癸丑)건물
손사(巽巳)대문
경유(庚酉)수구

자. 임자(壬子)건물

을진(乙辰)대문

곤신(坤申)수구

차. 건해(乾亥)건물
갑묘(甲卯)대문
정미(丁未)수구

카. 신술(辛戌)건물

간인(艮寅)대문

병오(丙午)수구

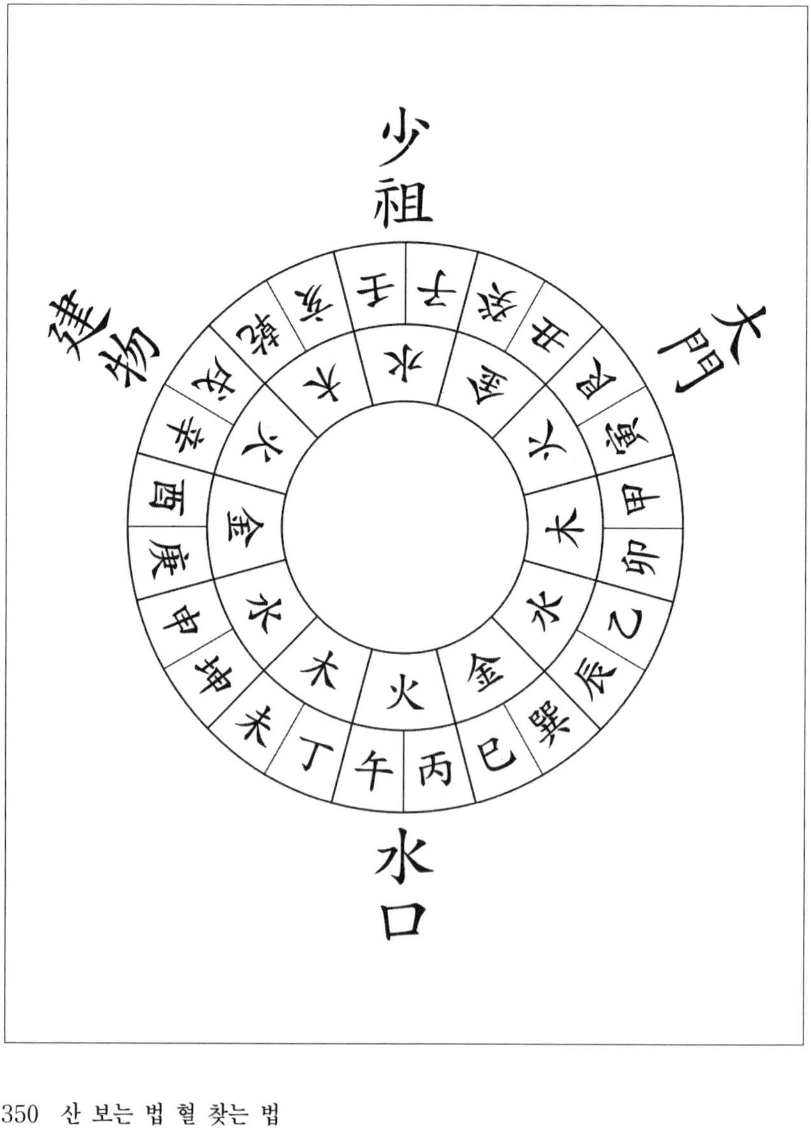

타. 경유(庚酉)건물

계축(癸丑)대문

손사(巽巳)수구

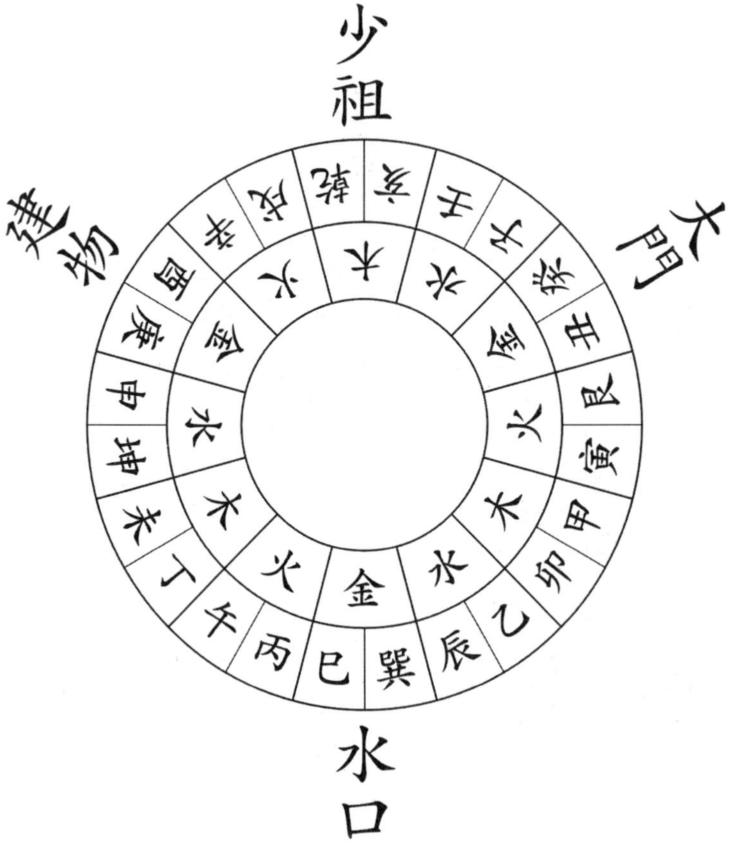

## 4. 횡소조좌선건물(橫少祖左旋建物) 12

가. 임자(壬子)건물
곤신(坤申)대문
을진(乙辰)수구

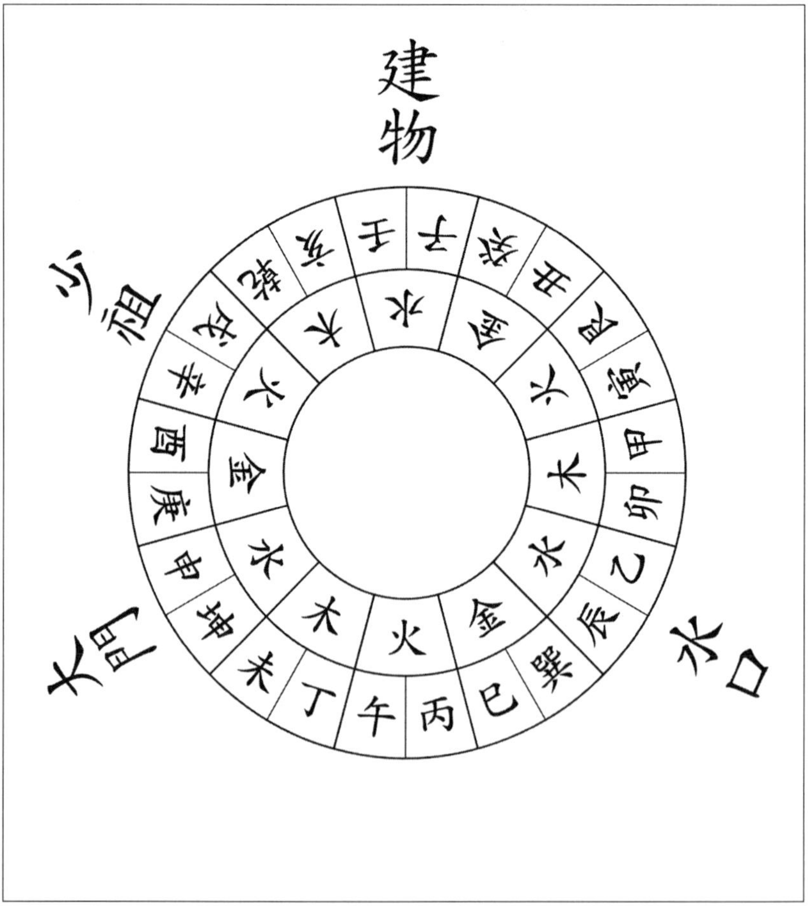

나. 계축(癸丑)건물

경유(庚酉)대문

손사(巽巳)수구

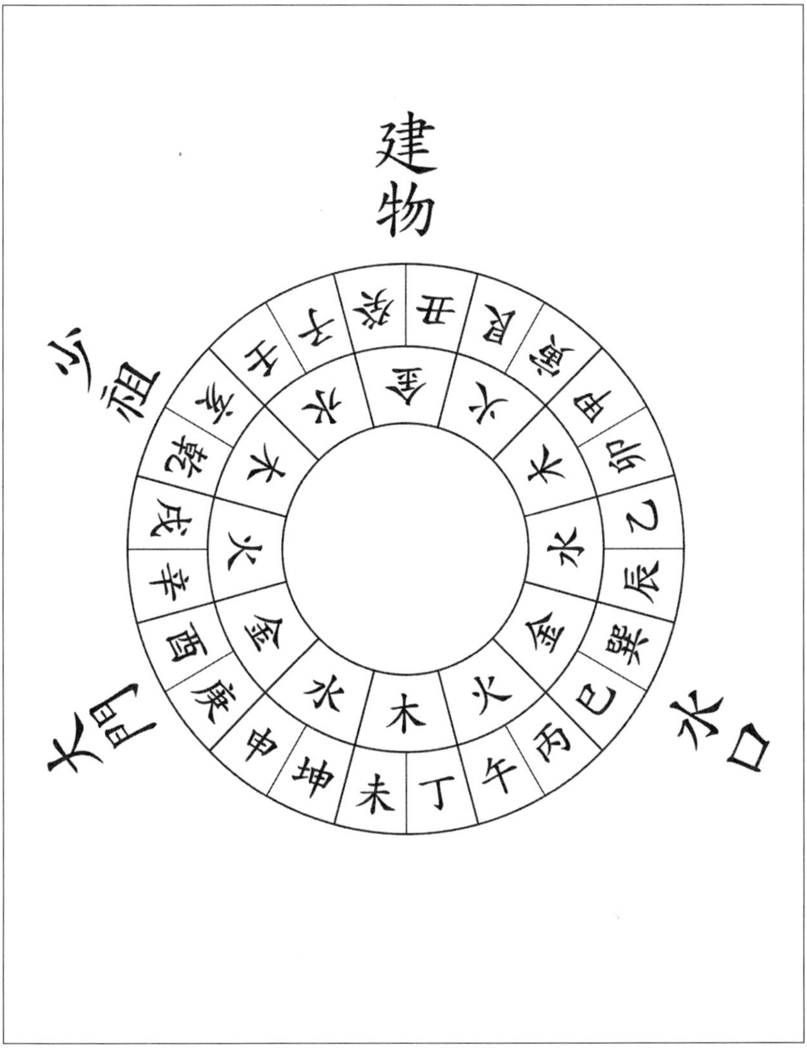

다. 간인(艮寅)건물
신술(辛戌)대문
병오(丙午)수구

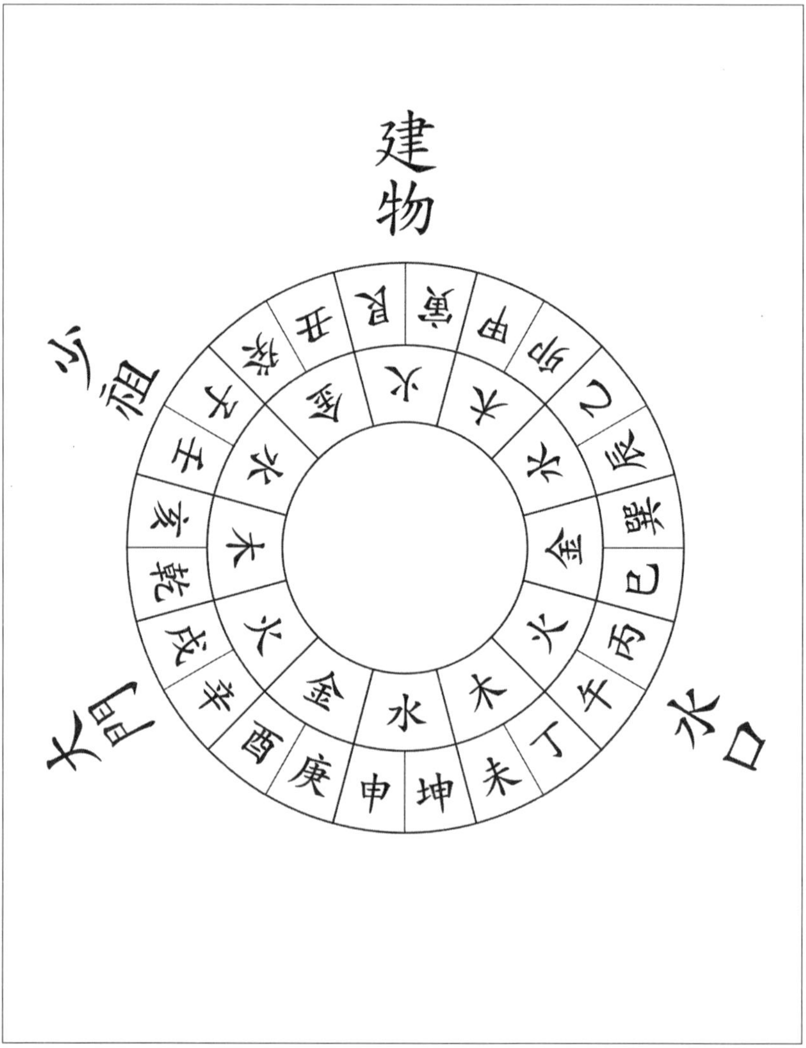

라. 갑묘(甲卯)건물
건해(乾亥)대문
정미(丁未)수구

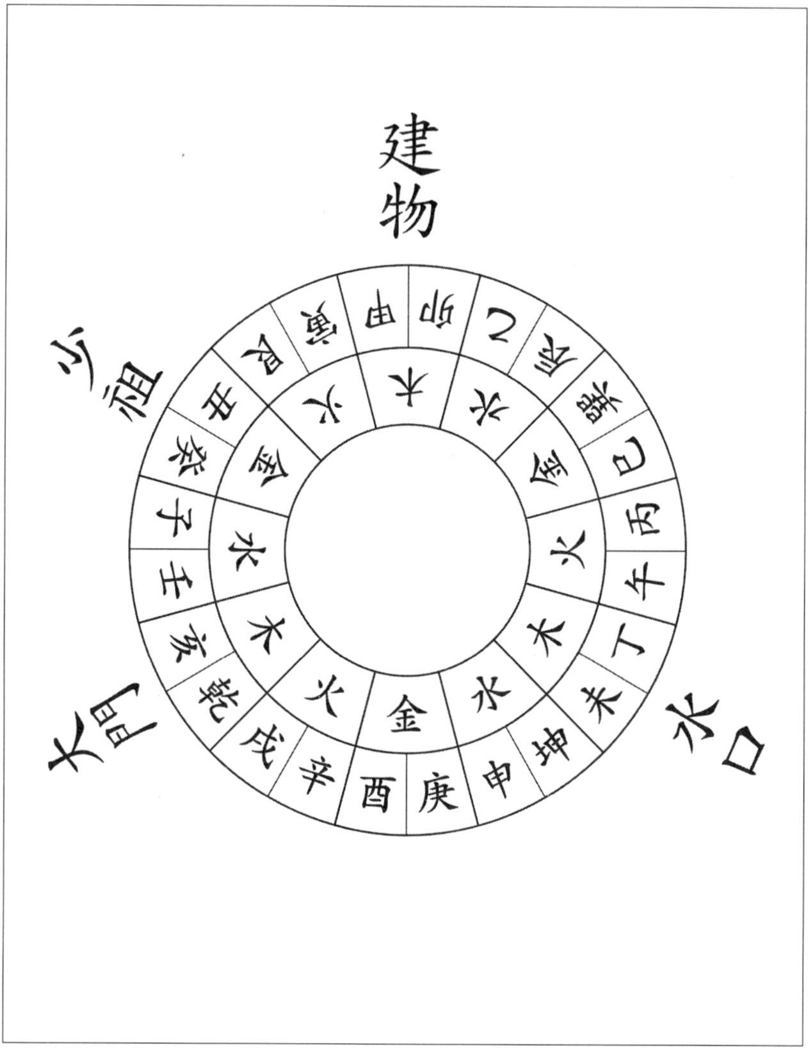

마. 을진(乙辰)건물
임자(壬子)대문
곤신(坤申)수구

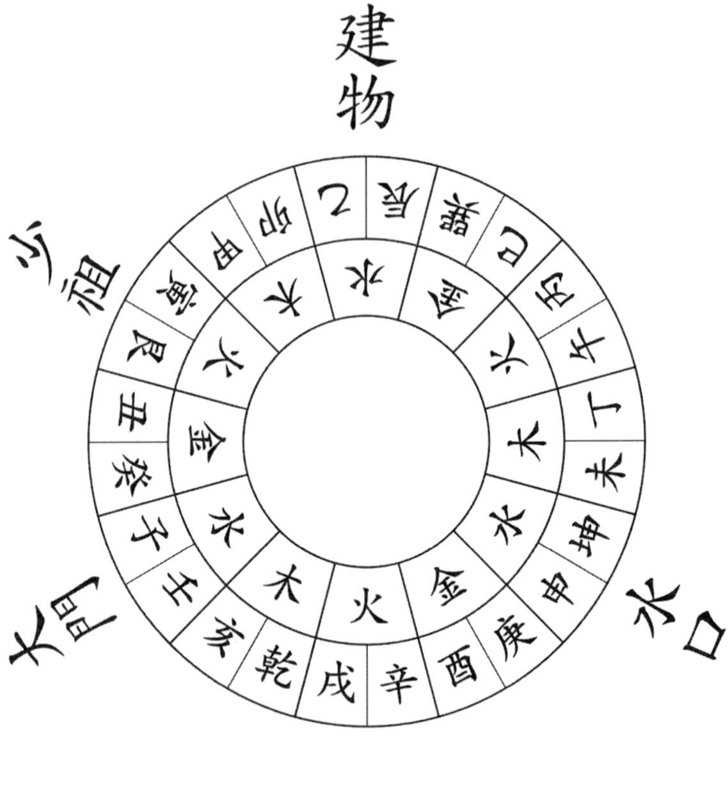

바. 손사(巽巳)건물

　　계축(癸丑)대문

　　경유(庚酉)수구

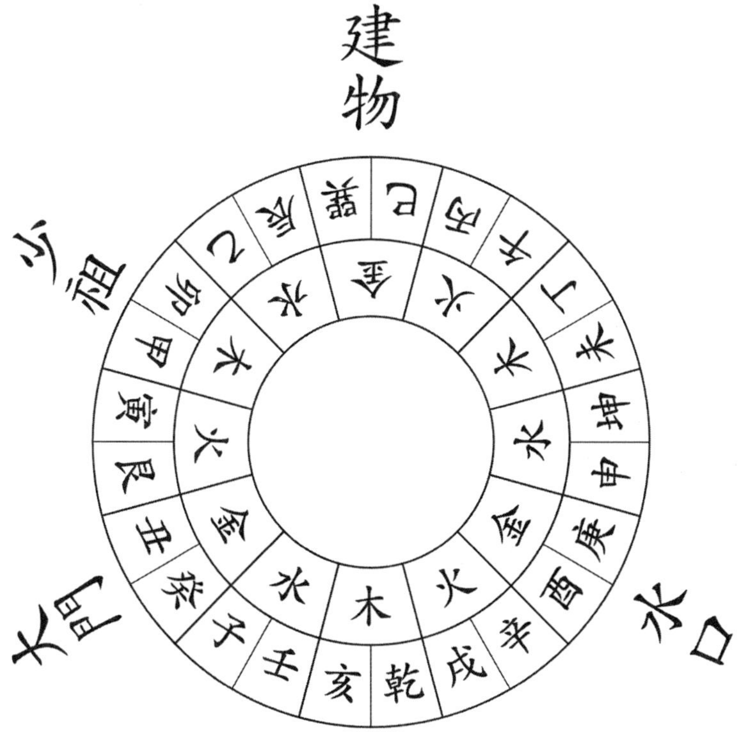

사. 병오(丙午) 건물

간인(艮寅) 대문

신술(辛戌) 수구

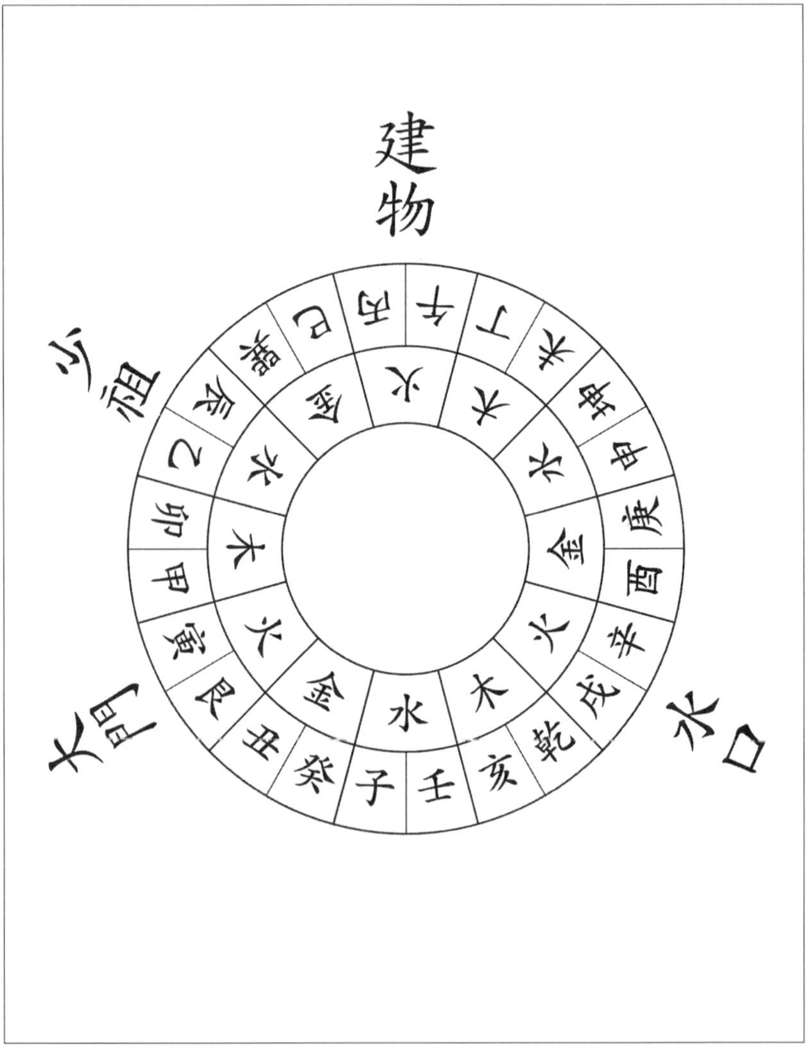

아. 정미(丁未)건물

갑묘(甲卯)대문

건해(乾亥)수구

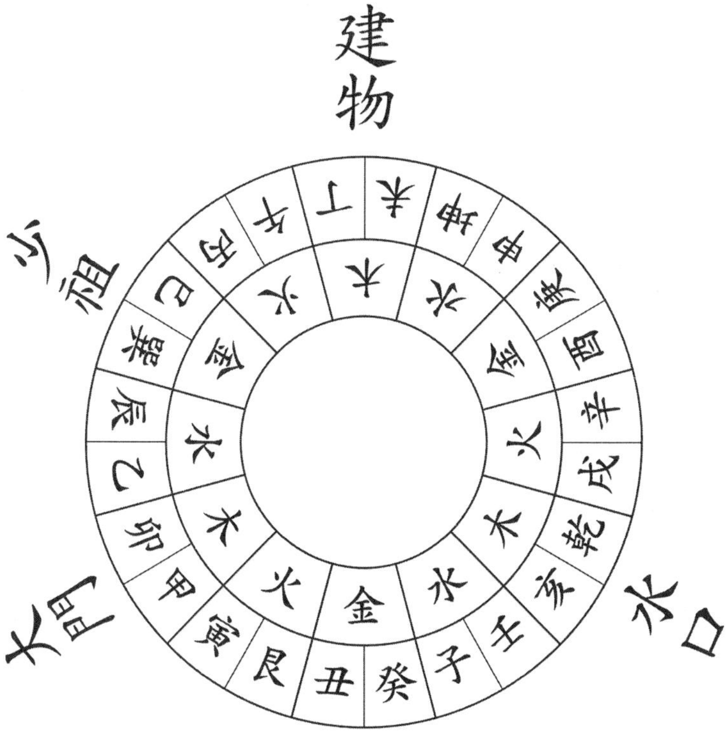

자. 곤신(坤申) 건물

을진(乙辰) 대문

임자(壬子) 수구

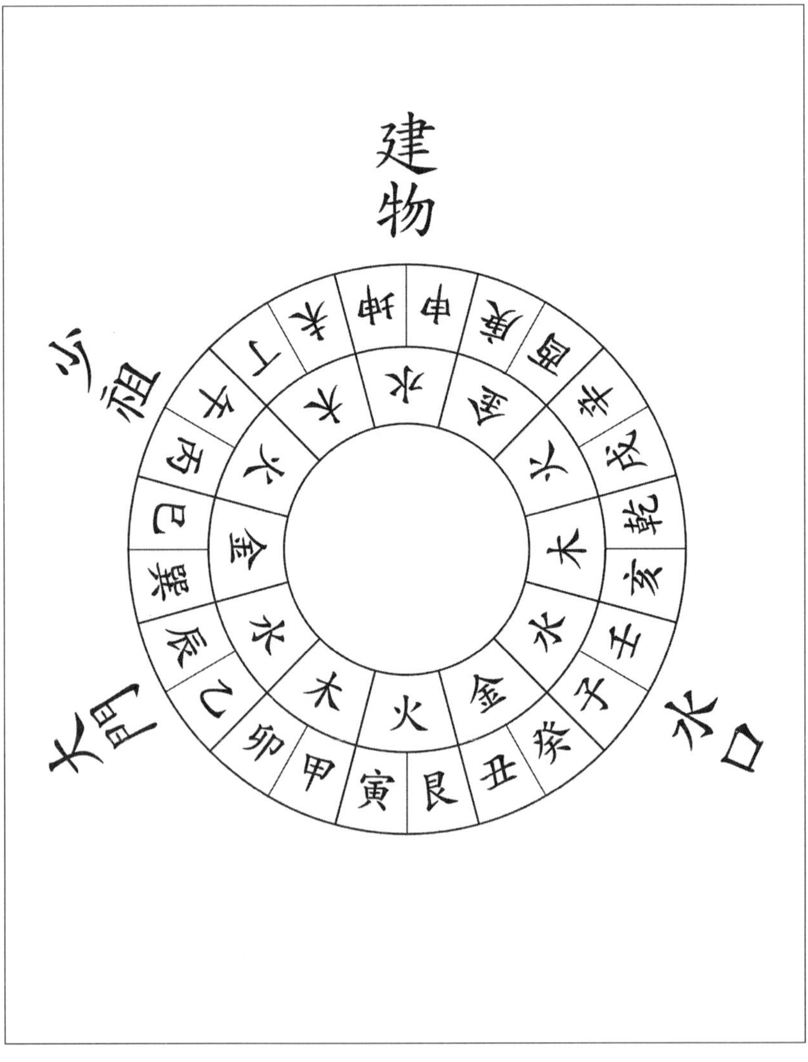

차. 경유(庚酉)건물

손사(巽巳)대문

계축(癸丑)수구

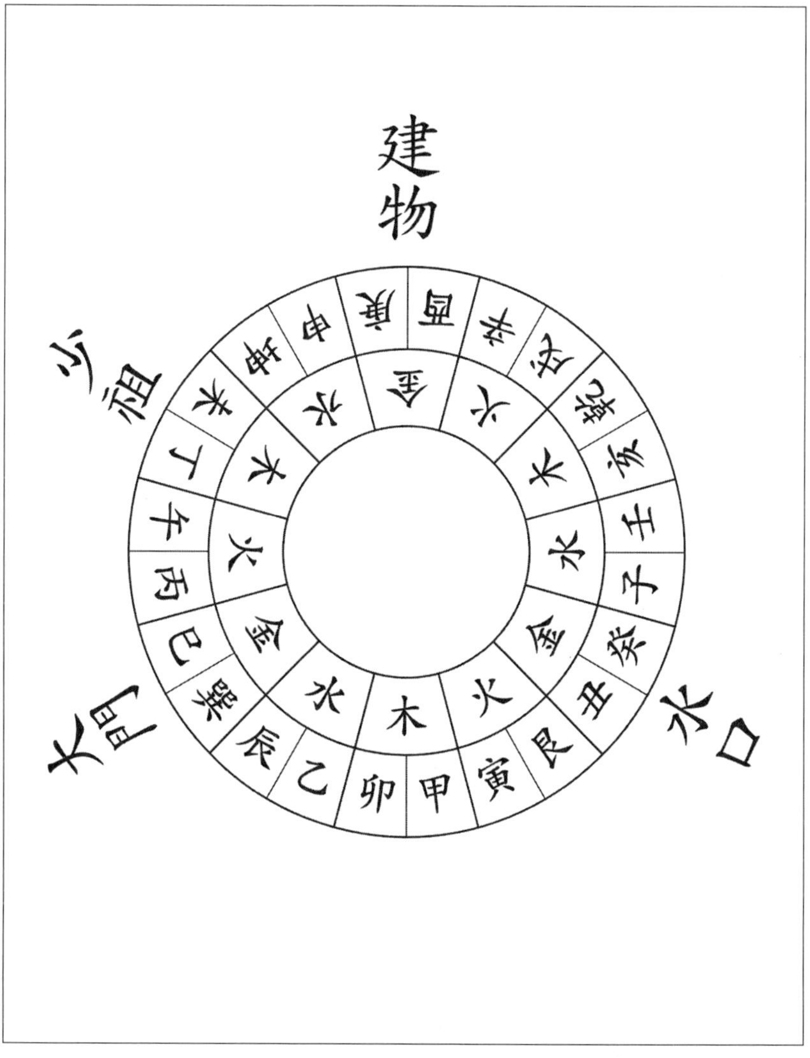

카. 신술(辛戌)건물

병오(丙午)대문

간인(艮寅)수구

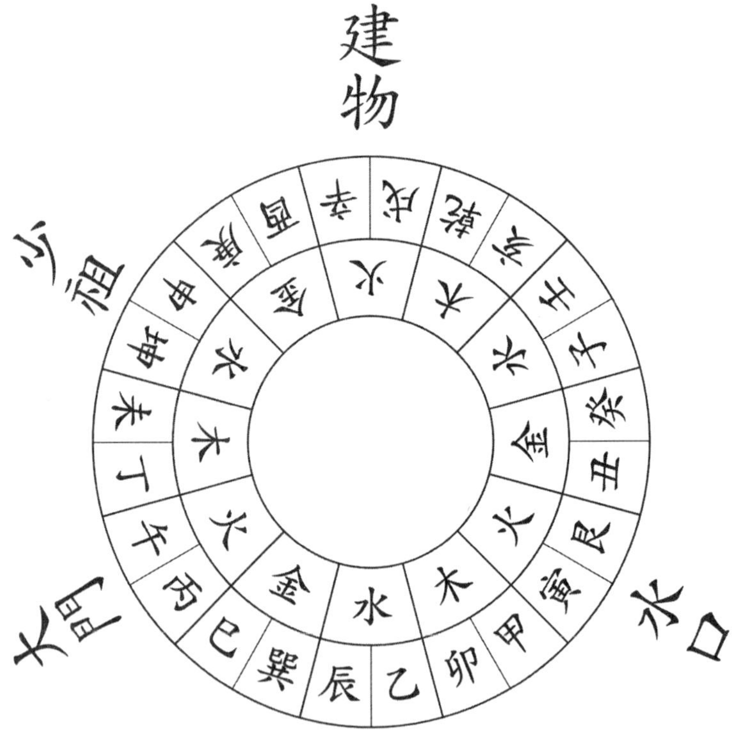

타. 건해(乾亥)건물

정미(丁未)대문

갑묘(甲卯)수구

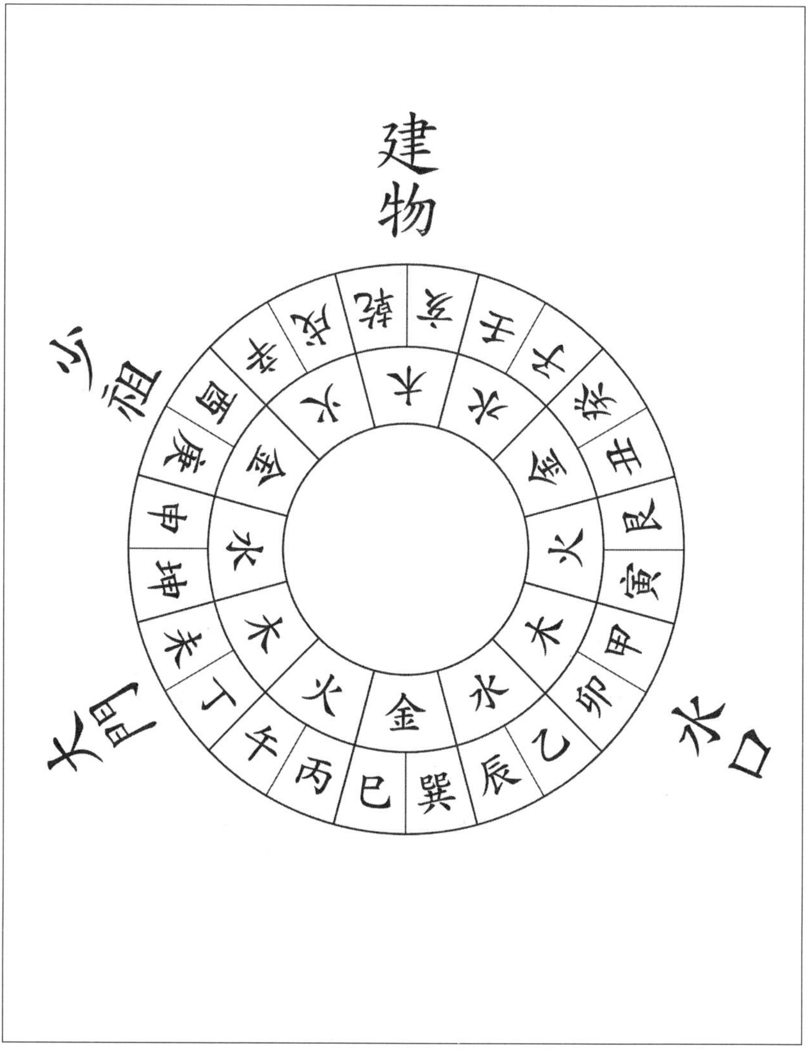

## 5. 횡소조우선건물(橫少祖右旋建物) 12

가. 손사(巽巳)건물
경유(庚酉)대문
계축(癸丑)수구

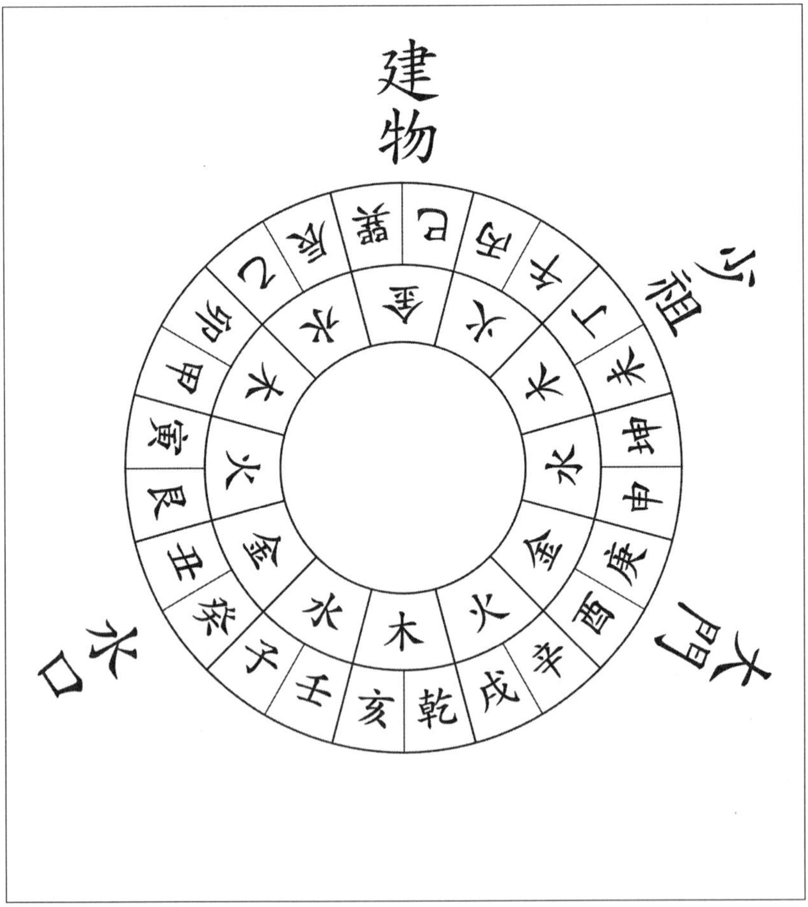

나. 을진(乙辰)건물
곤신(坤申)대문
임자(壬子)수구

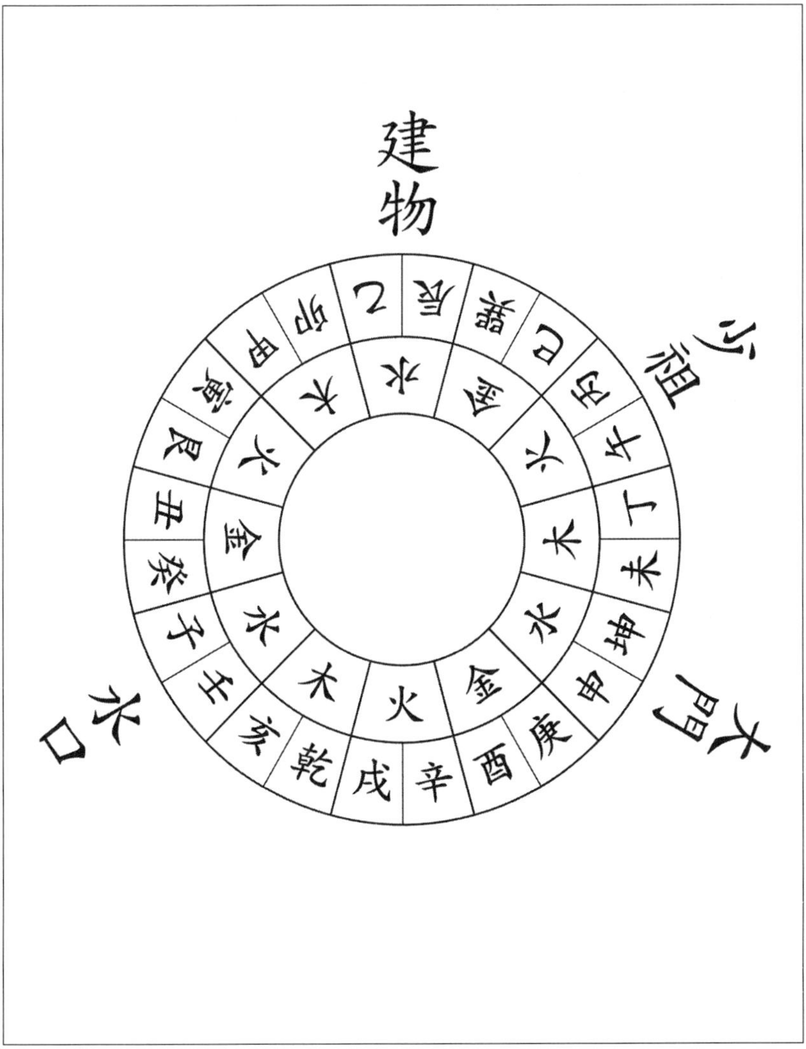

다. 갑묘(甲卯) 건물
정미(丁未) 대문
건해(乾亥) 수구

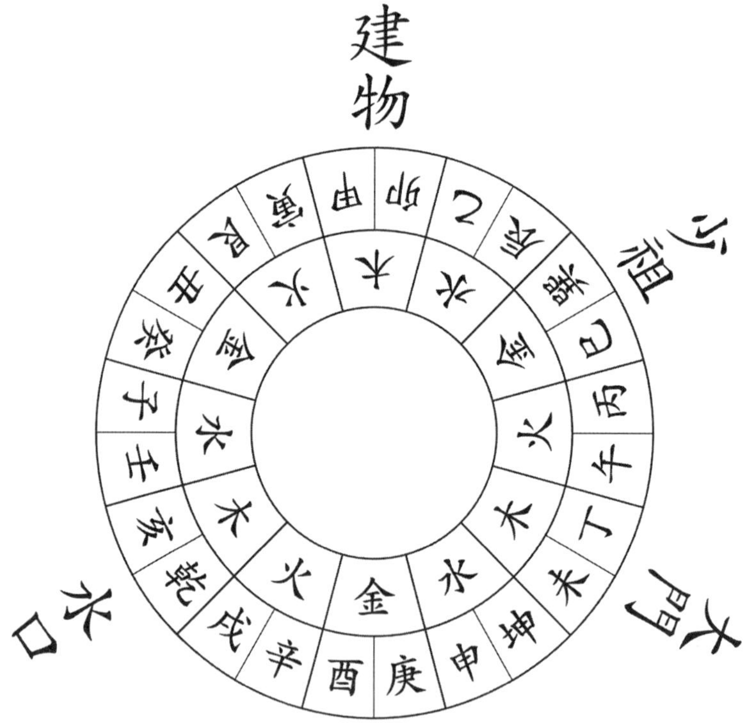

라. 간인(艮寅)건물
병오(丙午)대문
신술(辛戌)수구

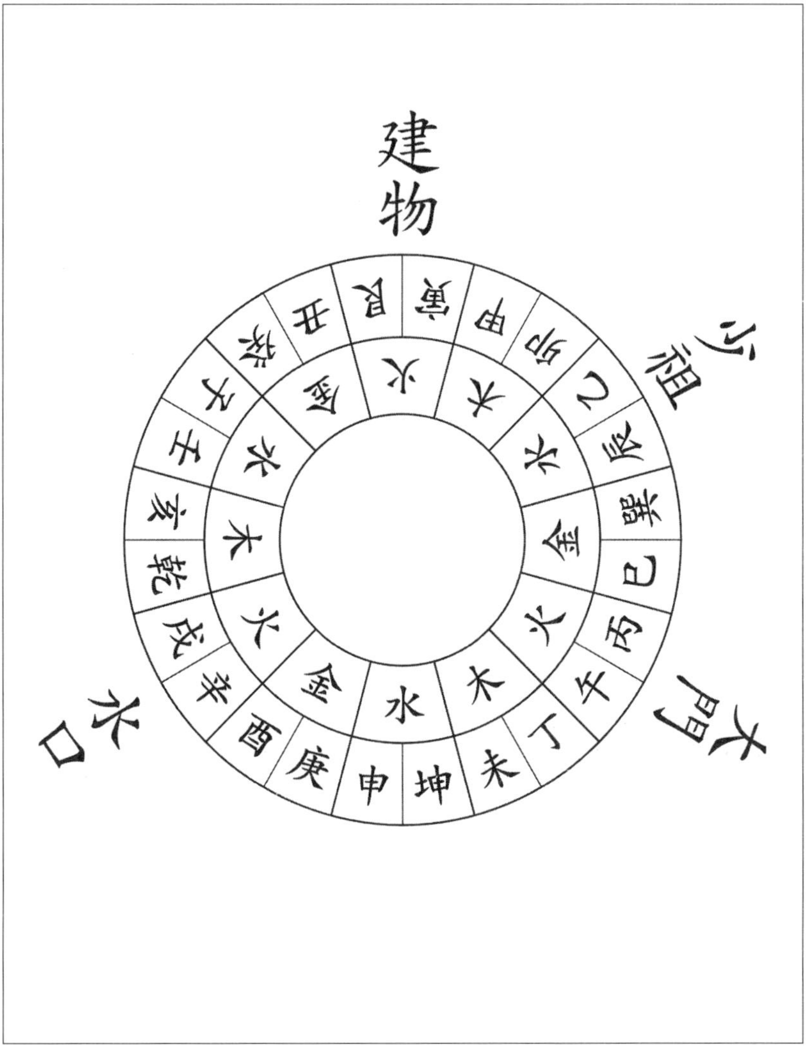

마. 계축(癸丑)건물

손사(巽巳)대문

경유(庚酉)수구

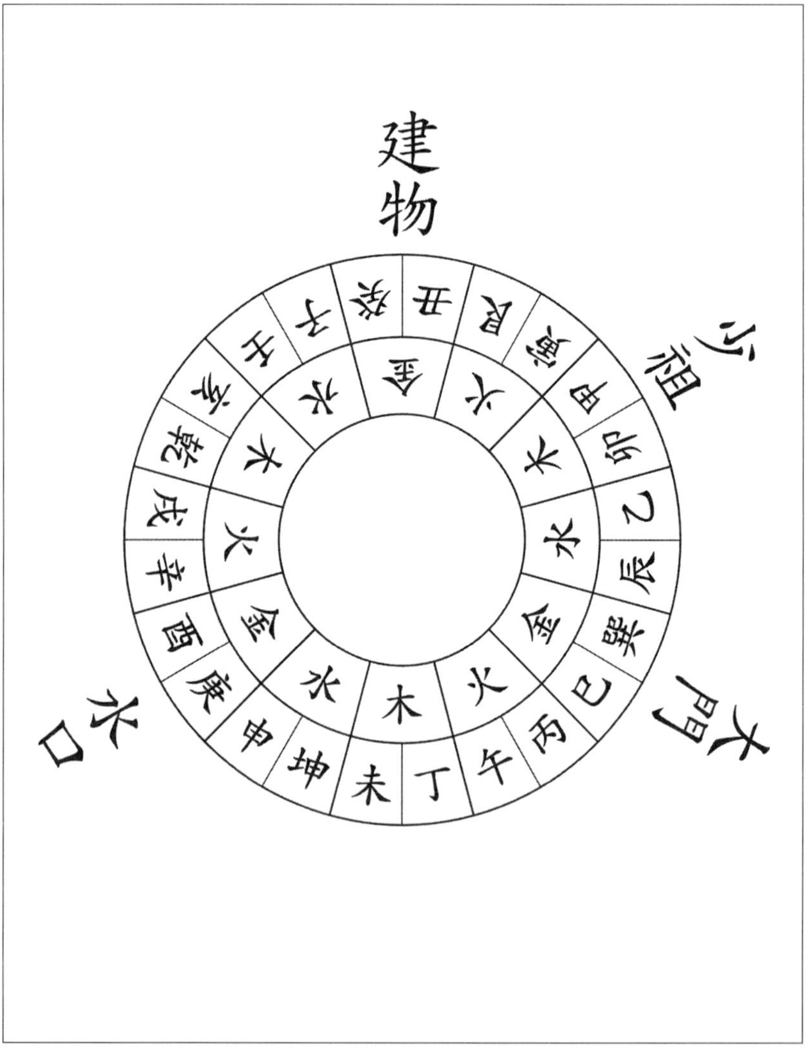

바. 임자(壬子)건물

을진(乙辰)대문

곤신(坤申)수구

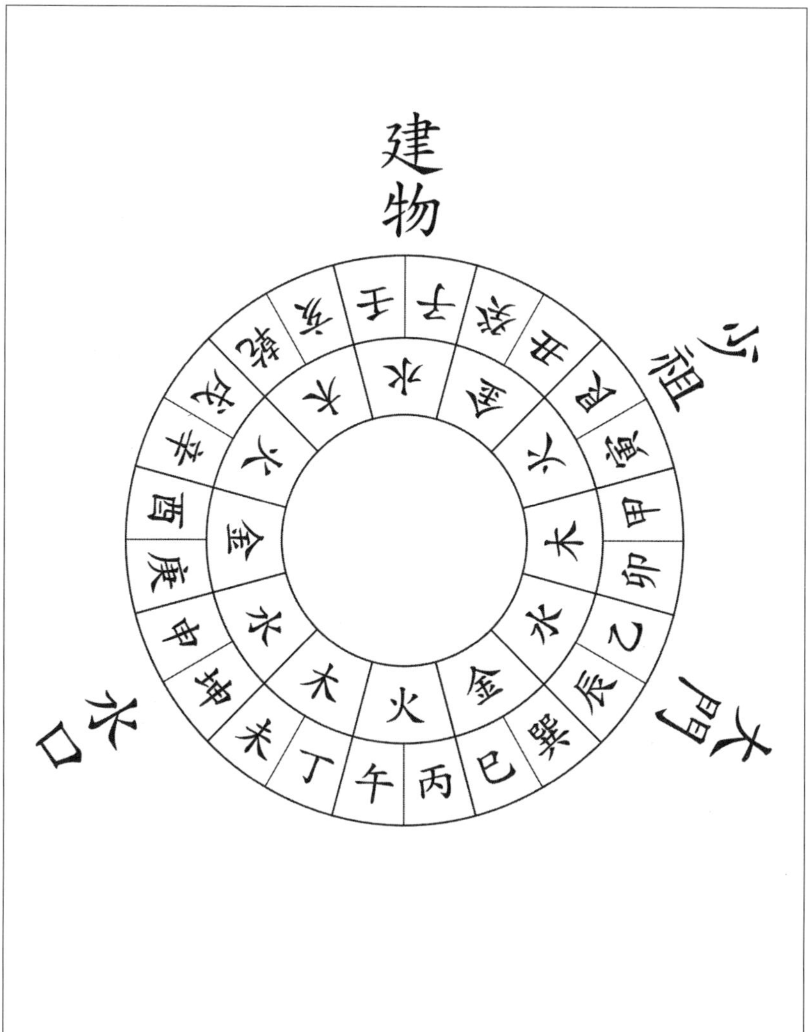

사. 건해(乾亥)건물

갑묘(甲卯)대문

정미(丁未)수구

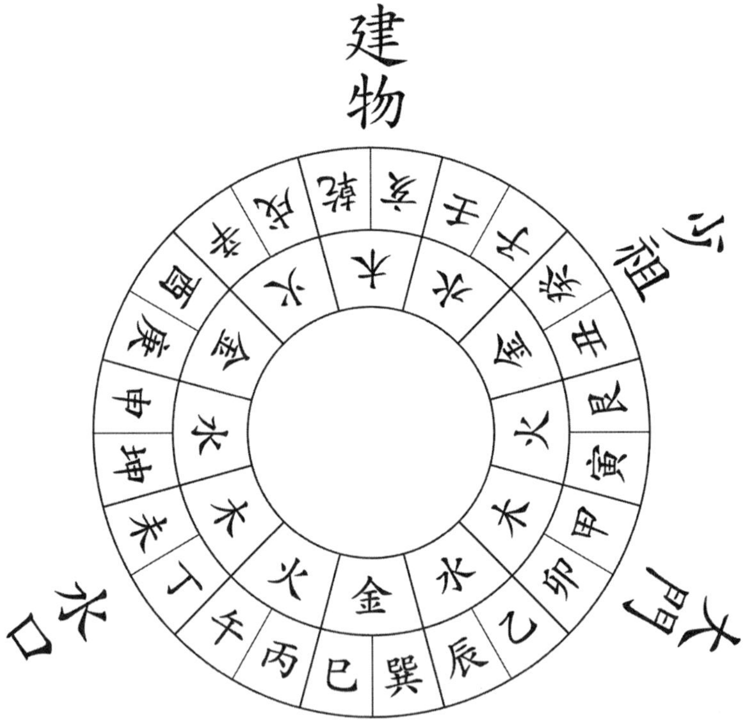

아. 신술(辛戌)건물
간인(艮寅)대문
병오(丙午)수구

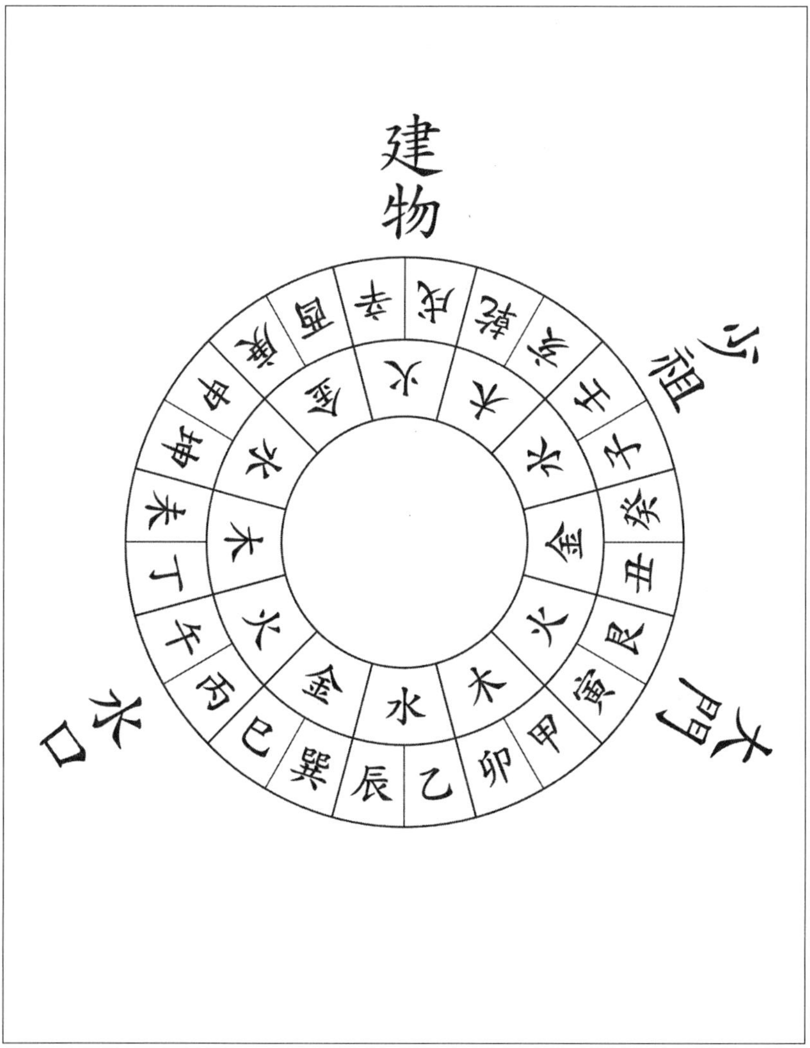

자. 경유(庚酉) 건물

계축(癸丑) 대문

손사(巽巳) 수구

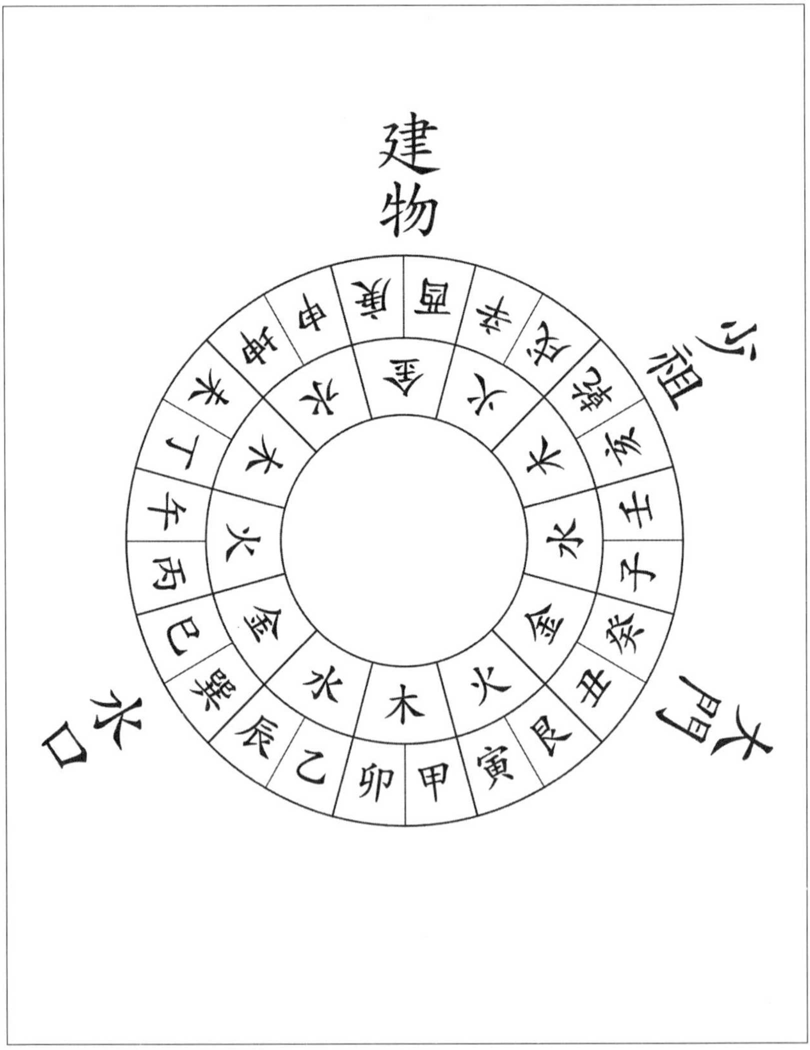

차. 곤신(坤申)건물

임자(壬子)대문

을진(乙辰)수구

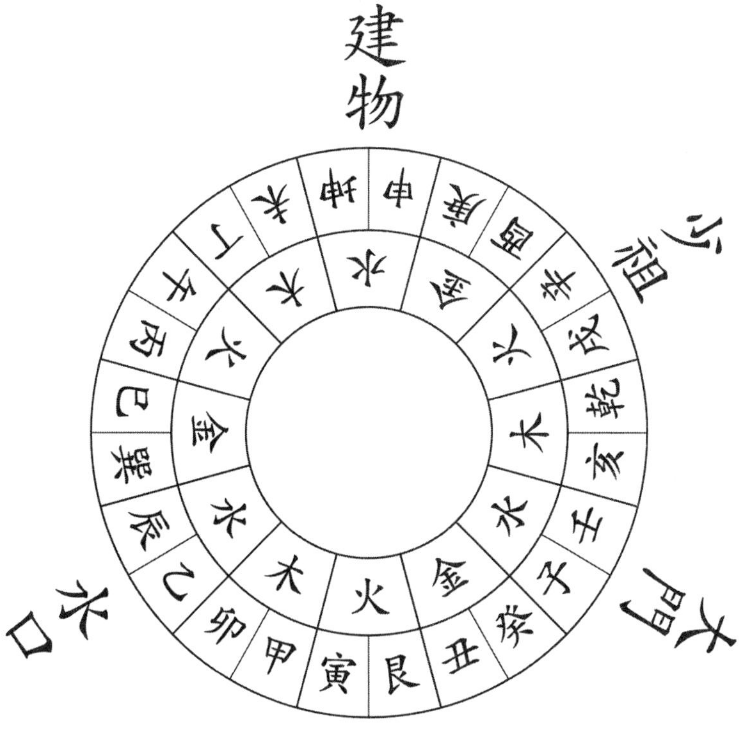

카. 정미(丁未)건물

건해(乾亥)대문

갑묘(甲卯)수구

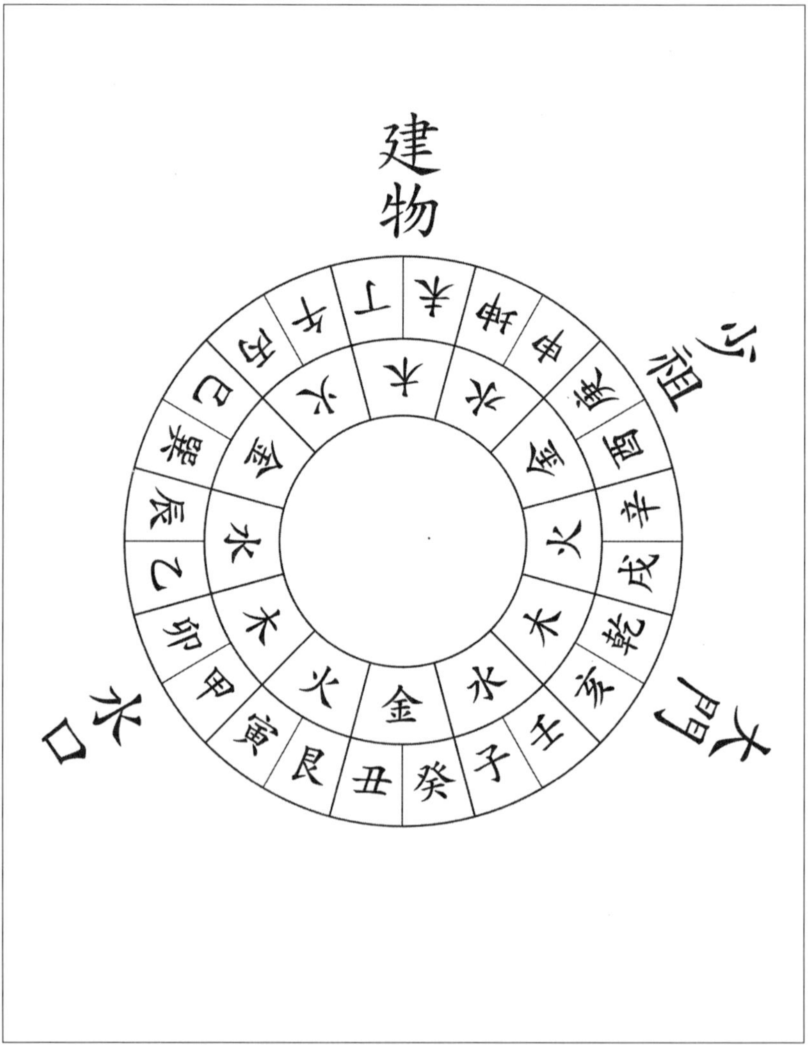

타. 병오(丙午)건물

신술(辛戌)대문

간인(艮寅)수구

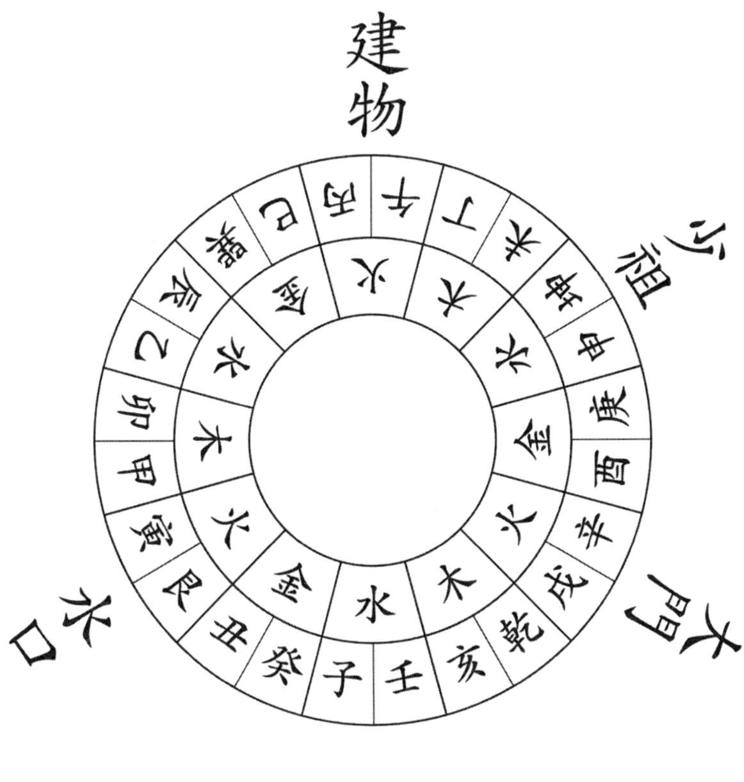